《资本论》的
社会存在理论研究

郭继海 著

中国社会科学出版社

图书在版编目（CIP）数据

《资本论》的社会存在理论研究／郭继海著．—北京：中国社会科学出版社，2016.7

ISBN 978－7－5161－8372－4

Ⅰ．①资…　Ⅱ．①郭…　Ⅲ．①《资本论》—马克思著作研究
Ⅳ．①A811.23

中国版本图书馆CIP数据核字（2016）第133314号

出 版 人　赵剑英
责任编辑　田　文
特约编辑　丁　云
责任校对　张爱华
责任印制　王　超

出　　版　中国社会科学出版社
社　　址　北京鼓楼西大街甲158号
邮　　编　100720
网　　址　http://www.csspw.cn
发 行 部　010－84083685
门 市 部　010－84029450
经　　销　新华书店及其他书店

印　　刷　北京明恒达印务有限公司
装　　订　廊坊市广阳区广增装订厂
版　　次　2016年7月第1版
印　　次　2016年7月第1次印刷

开　　本　710×1000　1/16
印　　张　15.5
插　　页　2
字　　数　262千字
定　　价　59.00元

凡购买中国社会科学出版社图书，如有质量问题请与本社营销中心联系调换
电话：010－84083683

其实地上本没有路，走的人多了，也便成了路了。

——鲁迅：《呐喊·故乡》

一件衣服由于穿的行为才现实地成为衣服；一间房屋无人居住，事实上就不成其为现实的房屋。

——马克思：《〈政治经济学批判〉导言》

土地只有通过劳动、耕种才对人存在。

——马克思：《1844 年经济学哲学手稿》

尽管奴隶或农奴可以被看作并且仅仅当作生产或物的工具来使用，但事实上，他们并不是真正的物。

——马克思：《1857—1858 经济学手稿》

目　录

第一章　引言 …………………………………………………………… (1)
　一　本书的任务及其意义 ………………………………………… (1)
　二　基本思路和安排 ……………………………………………… (9)

第二章　客观实在和社会存在 ……………………………………… (13)
　一　客观实在 ………………………………………………………… (13)
　二　社会存在 ………………………………………………………… (38)

第三章　《资本论》的研究社会存在的方法 ……………………… (65)
　一　对《资本论》的研究方法的不同理解 ……………………… (66)
　二　两个基本特点 …………………………………………………… (67)
　三　辩证历史分析方法 ……………………………………………… (69)

第四章　自然与社会相统一的劳动 ………………………………… (95)
　一　《资本论》中的劳动不是卢卡奇所理解的劳动 ………… (96)
　二　劳动的自然性和一般性 ……………………………………… (99)
　三　如何看待劳动的意识性 ……………………………………… (117)
　四　劳动的社会性 …………………………………………………… (125)
　五　劳动是劳动的产物 …………………………………………… (138)

第五章　作为社会存在的生产力 …………………………………… (141)
　一　熟悉而又令人疑惑的生产力 ………………………………… (141)
　二　生产力的社会意义和物质载体 ……………………………… (142)

三　作为社会存在的生产力的特点 …………………………… (160)

第六章　作为社会存在的生产关系 ……………………………… (167)
一　内涵明确外延略有伸缩的概念 …………………………… (168)
二　简单或一般的生产关系 …………………………………… (169)
三　研究发展了的生产关系需要明确的几个问题 …………… (175)
四　生产关系的全面物化 ……………………………………… (195)

第七章　社会关系中的人 ………………………………………… (206)
一　人退居资本物幕后的原因 ………………………………… (206)
二　劳动的主体和被生产关系统治的对象 …………………… (208)
三　个人和社会（关系） ……………………………………… (228)

参考文献 ………………………………………………………… (240)

第一章　引言

一　本书的任务及其意义

本书将显示：《资本论》是有物质概念的，并且这个物质概念就是后来列宁明确表述的在人的意识之外并且是人能认识的客观实在。《资本论》作为物化的资本主义生产关系和生产力来论述的商品、货币、资本等社会存在，就是在绝对的不依赖于人的意识的自然存在的基础上，在生产等客观的、物质性的社会历史活动中逐步生成的。在唯物主义物质概念的基础上建立起来的社会存在理论自然是唯物主义的社会存在理论。《资本论》的独特之处在于，它主要不是通过纯粹的哲学形而上学的方式来直接论述和使用物质概念，直接论述社会存在理论。《资本论》主要是通过辩证历史分析方法的使用，通过对资本主义社会的生产方式的实证性的经验研究来呈现唯物主义的社会存在理论的。因而，《资本论》的物质概念和社会存在理论就是和它的经验性实证性的社会历史理论融为一体的。《资本论》是把哲学理论和经验科学理论完美结合在一起的典范。

对于为什么要研究《资本论》的物质概念和社会存在理论这样的问题，即使作最简略、最粗糙的描述，也一定至少涉及两个大的领域：马克思主义理论诞生之前或马克思主义理论之外的自然物质理论方面的研究以及马克思主义理论方面的研究。

在马克思主义诞生之前，或者在马克思主义理论之外，唯物主义的物质理论首先是在自然哲学和自然科学的框架下建立和发展起来的。因此，旧唯物主义所说的物质存在往往指自然存在，是与人无干的冰冷的客观实在。因此，物质的时空性、运动性以及各种自然存在物的形态或者结构方面的特点被研究、描述得比较多。自然演化这类问题也随着科学的发展而逐步进入研究的视域。生命（包括人本身）的奥秘，目前也受到了越来越多的关注或研究。但这种研究主要是自然的研究。对人的研究，主要就是对人的自然肌体的研究以及人的自然生命和人周围的自然环境的研究。这类研究也主要是自然的方法。甚至于对人的社会组织和社会关系、社会活动等的研究也采取了自然的态度和自然的方法。地理环境决定论就是这种自然主义态度的代表。对包括人在内的生命进行自然的研究，在自然的层面上是非常有意义的；对人基于环境的压力所采取的活动以及在此基础上逐步形成的社会组织社会关系进行自然的研究也是十分有意义的。而且，与人无关的自然物质概念的建立，对于唯物主义的意识之外的客观实在这个观念的形成也是十分有价值的。但十分明显，对人和社会完全采取自然主义态度，是不能达到对人和社会的准确理解的；也不能准确呈现唯物主义物质概念的完整图像。

近代以来的西方形而上学，无论是唯物主义，还是唯心主义，从大的方面看，对人与物或者意识与物质的关系这个重大问题进行了直接的和持续的研究，尽管不是所有哲学家都合理解释了意识与物质的关系，但他们持续专注于意识与物质之关系问题的研究，却是事实。可以看出，机械唯物主义过于简单地处理了物与人、自然与社会、存在与意识的关系。机械唯物主义哲学认为，自然物先于意识而存在，在意识之外独立存在。在这种理论框架下，人或社会如何安置呢？机械唯物主义的办法是，人或社会要么被还原为自然，要么被神秘主义的对待。把人或社会还原为自然，毫无疑问不能对社会历史作出正确而彻底的解释，因为社会虽来源于自然，却与自然有本质不同。而且这种不彻底的解释还表现为哲学对经验的粗暴的异族统治，因而是典型的形而上学的僭越。因为这种哲学缺乏经验研究的根基，往往只是逻辑思辨或心灵的想象。而对社会历史的神秘主义解释也不是对社会历史的正确解释，而且与唯心主义也难以区别开来。事实上，包括费尔巴哈在内的许多杰出的哲学家在社会历史观方面就是完完全全的唯心主义。总体而言，近代以来的西方哲学，也就是马克思主义之外的西方哲学，唯心主义似乎仍占据主导地位。各色各样的唯心主义哲学在西方哲学的历史舞台上长盛不衰，原因是多方面的。一个方法论方面的原因大概就是屈服于所谓意识之外的物质是不能言说的“逻辑”压力。在一部分人看来，既然意识之先或者意识之外的物质是不能言说的，那就干脆将之悬置不顾，只承认意识，只承认意识之中的物质，或者与人相关的客观实在。但只讲意识，或者只承认意识之中的客观存在，这样的理论观念就只能是百分百的唯心主义了。唯心主义就这样大行其道并长盛不衰了。作为有目的的人的实践活动及其结果的社会肯定是与意识密切相关的，肯定是与人密切相关的。因而唯心主义哲学对社会现象的解释，从某种角度看，自然并非都是没有任何意义的无稽之谈。但如果不承认意识之先或者意识之外的物质存在，那就与常识，与经验科学不协调。而与常识和经验科学不协调的理论，是很难称之为合理的观念的。而且不少唯心主义哲学家在解释社会现象时往往有意无意忽略了社会存在的硬性或刚性，即客观实在性。忽略社会存在的硬性或刚性，或者不能有效解释社会存在的硬性或刚性，毫无疑问，都是错误的，是不能让人接受的。因此，近代西方的形而上学尽管专注于意识与物质的关系问题研究，但却没有正确回答这个问题。因此，如何处理物质和意识的关系，如何处理自然实在与社会存在的关系，如何更加合理的理解社会存在，仍然是哲学需要深入探讨的问题。

马克思主义哲学通过创立科学的唯物主义的实践观，从社会出发，从人的生产劳动出发来理解人与自然的关系，人与社会的关系，理解人或社会本身，从而建立起了彻底的历史辩证唯物主义或辩证历史唯物主义，实现了哲学的伟大变革。从此，对整个客观实在的研究，对社会历史的研究，从总体上说，就迈向了彻底的唯物主义的康庄大道，迈向了科学的康庄大道。

但对客观实在尤其是对社会存在的认识也像对其他许多问题的认识一样，不是一帆风顺的。

现代西方哲学的主流似乎并没有沿着马克思主义指引的康庄大道前进。现代西方哲学的主流大体是唯心主义、现象主义、经验主义、主观主义的混合。比如新康德主义、语言分析哲学、新老实证主义、新老实用主义、现象学哲学、存在主义、解释学哲学等，无论具体的哲学观点，哲学立场，哲学研究方法如何不同，但从大的方面看，大体都是唯心主义和主观经验主义合流的产物。主观经验唯心主义哲学潮流的出现，不仅使唯物主义的物质概念受到了强烈的冲击，而且像存在、何物存在等传统的形而上学问题，也被冲击得支离破碎，甚至面目全非。存在问题或者被完全排斥，或者转换为经验问题，或者转换为语言问题。存在在语言层面上的研究，就是把存在看成是语言表达式的值。这种观点假定，在正常情况下，一个语言系统中，一定有些语言表达式是有意义的并且是真的，否则，我们不能利用语言进行交际。而这些表达式如果有意义并且为真，这就意味着某些东西是存在的。这样的论证方式，和传统的唯心主义从思维出发来推断物的存在完全是一样的；这样的理论，和传统的唯心主义的说某物存在某物就存在的观点是完全一样的。因此，把存在作为语言表达式的值就是百分百的唯心主义观点，唯心主义的论证方式。对存在的经验研究大体有自然的经验研究和艺术的经验研究两个方面。所谓艺术的经验研究，大体就是通过艺术作品或者其他社会历史现象的审美经验而获得的存在物对人的意义。比如画布上的一双农鞋，按照一些解释学哲学的看法，它不仅呈现了农鞋作为存在物的意义，而且呈现了农人穿着农鞋进行劳作的艰辛，以及通过艰辛劳作所获得的丰收的甜美。这些所谓存在物的意义，其实就是农鞋的审美意义。而农鞋的审美意义就是作为社会存在的农鞋本身。艺术如此，历史亦然。在解释学哲学看来，所谓历史，其实就是各种历史物（包括历史记载以及实物等）对人的呈现，即历史物在一定的人那里产生的历史经验或审美经验。我们阅读历史，获得了怎样的历史意识或审美经验，历史就是怎样的。可见，被存在主义、解释学哲学弄得玄虚莫测的存在、存在者，其实不过是某些人的审美经验或艺术经验的描述。对存在的经验描述，除了艺术经验、审美经验、历史经验之外，就是日常经验或者科学经验。比如，实证主义、经验主义、现象主义、实用主义等，基本就属于这一路的经验主义。在哲学层面上，它们往往只注重研究所谓认识问题，语言问题，对存在问题予以排斥。对自然的探究，如对宇宙演化的描述，对生命秘密的追寻等，则完全交给经验科学去做了。对各种社会现象，也基本都是纯粹的经验研究，实证的研究。所以，在当代西方，存在问题要么遭排斥，要么只是存在物对人的某种意义的经验描述。存在本身或者被作为没有经验意义的问题而被彻底放逐，或者被作为在语言之外的不合法、不合式的问题而被彻底放逐。可见，将经验或语言之外的物质实在悬置或放逐，是当代西方各种不同的哲学流派表现出来的共同倾向。这是值得我们注意并系统反思的。

可以肯定，对自然和社会的经验研究是必要的。马克思对社会，尤其是对资本主义社会，也有深入而系统的经验研究。而且对自然和社会的经验研究决不会停滞不前，而是会不断深入、深化。西方主观经验主义哲学的错误是把经验研究和形而上学研究对立起来，甚至用经验研究完全代替哲学形而上学研究。这种做法不仅使哲学理论哲学观念本身问题百出，而且使西方各种社会问题得不到正确合理的解释。在这样的哲学理论或哲学思潮的冲击之下，要对《资本论》的充满经验内容的历史辩证唯物主义哲学思想进行系统研究就是困难的。也就是说，《资本论》开创的把经验研究和哲学研究结合起来的研究方法和研究成果没有得到西方主观经验唯心主义哲学的继承和弘扬。因此，就目前的整体状况而言，如何在对自然和社会进行经验研究的同时，呈现社会现象的人与物之结合的形而上学本质，从而为合理论说“不依赖于我们的感觉而存在”的唯物主义物质概念提供更丰富、更可靠的证据，仍然是需要学术界共同努力而为的一件艰巨而复杂的任务。

与唯物主义比较接近的各种实在论也是西方学术思潮中的一股强大的力量。实在论名目繁多，观点纷呈，但从本书的立场看，实在论大体表现出两种倾向：一是在承认自然的客观实在性的同时，把社会存在看成是意识的创造或心灵的构建；一是认为客观精神（主要指外化的意识）具有与物理世界同样的实在性，社会历史主要是客观精神，所以社会及其历史发展过程也具有客观实在性。这两种倾向，尽管各有某些有价值的观念。比如，前一种倾向看到并强调了社会有不同于自然的本质特征，后一种倾向承认了历史过程的客观实在性，等等。但本书认为，实在论，从总体上看，同样没有正确处理物质和意识，自然和历史，实体存在和功能价值的关系，因而不能对社会存在作出合理的解释。因为实在论尽管在一定程度上肯定了社会存在，也可以解释社会现象的价值性、精神性或者属人性的一些特点，但它明显不能说明社会存在独立于意识的客观实在性。因为心灵构建说或者赋值说其实仍然是“我说它是什么它就是什么”、“我说它存在它就存在”的旧唯心主义的翻版；而客观精神说，同样与传统的客观唯心主义理论一脉相承，而且客观精神说还是典型的多元论，它与唯物主义一元论是完全不一样的。多元实在论明显不能区分一首小诗、一件泥塑和强硬的法庭、监狱等之间的界限，因而不能对社会存在作出完全合理的解释。具有这样的哲学背景的学者，同样缺乏对《资本论》的社会存在理论的系统而科学的研究。

与西方近现代哲学不同，马克思哲学以及宽泛意义上的马克思主义哲学，总的来看，对物质实在，对社会存在的研究，是非常重视的，并且取得了许多重大成果。

马克思主义理论的创始人，尤其是马克思，他主要是通过把对社会历史的经验研究和形而上学的哲学思辨相结合来阐述唯物主义物质理论的。这种结合完美体现在《资本论》中。《资本论》既是经济学巨著，也是更一般的社会历史理论杰作；既是宽泛意义上的历史科学巨著，也是唯物主义哲学经典。而且《资本论》的经济学的内容、历史的内容、经验的内容，或者科学的内容和辩证法的方法、形而上学的理论是完全融为一体的。《资本论》的经济学的内容就是用辩证分析方法研究资本主义生产方式以及和它相适应的生产关系和交换关系，描述资本主义生产方式的特点、历史起源以及发展过程，揭示资本主义社会必然灭亡的历史趋势。《资本论》的辩证法不是黑格尔式的纯哲学思辨，而主要是对社会历史现象的矛盾分析。而用矛盾分析方法揭示的社会历史的本质特征，许多都是能够用实证科学证实的事实。《资本论》描述的资本主义社会的特点既有资本主义社会独有的特点，也有为所有社会都具备的一般本质。进一步说，马克思是从人类社会的一般特点出发来考察资本主义社会的，又从对资本主义社会的考察中丰富了对人类社会的一般发展规律的认识。因为人体解剖是猴体解剖的钥匙。资本主义社会作为马克思的“现代社会”和高度发达的社会，就是描述和研究一切社会形态的钥匙，就是理解社会存在的本质的钥匙。马克思把资本主义社会作为社会发展的比较高级的社会形态来解剖，从而得出了具体而科学的结论。而这些结论也刻画了一般社会存在的一些基本特征。所以，在《资本论》中，科学内容也是形而上学内容，经济学内容也是辩证法的内容。实证的经验内容和思辨的哲学内容是一体的。

以前由于学科建制的限制，在我国，《资本论》基本上是被分割在政治经济学、哲学、历史学等不同的学科之中来进行研究的。分门别类的研究可以集中研究某些问题，可以使某些问题得到深入而系统的探讨，可以促进马克思主义政治经济学和马克思主义哲学学科独立地发展。因此，分门别类的研究的积极意义是不言自明的。但这种过于纯粹的学科限制对于从整体上研究《资本论》，却未必是非常有利的事情。在一段时间内，专门研究《资本论》的经济学思想的学者事实上对它的辩证分析方法、历史学说以及社会存在本体论的思想往往没有予以足够重视，甚至把它作为劣于西方主流经济学的方法和思想而予以排斥。马克思主义哲学研究家尽管对《资本论》中的辩证法思想、历史学说、社会发展理论以及本体论思想有许许多多研究（王东等在《江汉论坛》撰文回顾了《资本论》的哲学研究60年的概况），但对《资本论》的哲学研究又往往是在屏蔽了《资本论》的经济学思想之后进行的。因此，这样的哲学研究往往缺乏系统性、丰富性和整体性。不少学者对马克思从商品、货币、资本的矛盾分析中得出的具有丰富社会历史内容的辩证法命题缺乏系统理解，他们所理解的辩证法往往是直接从黑格尔那里获得的抽象命题，甚至用黑格尔的观点诠释马克思，将马克思黑格尔化；对马克思从社会历史研究中获得的唯物主义理论也缺乏系统认识，直接从机械唯物主义那里获得自然唯物主义的基本结论，甚至用自然的机械的唯物主义诠释马克思。马克思哲学的历史性、唯物性、实践性、革命性、科学性以及丰富性、深刻性、完整性等逐渐隐而不彰了，马克思哲学在理论上、方法上所实现的革命，马克思哲学对唯心主义哲学和机械唯物主义哲学的超越，对各种实证主义、主观经验主义的超越，也都逐渐隐而不彰了。所以，从总体上看，《资本论》中的与经验的社会历史理论融为一体的丰富的哲学思想还需要系统而专门的研究。

附带说一句，目前国内外学术界关于马克思主义哲学是辩证唯物主义，还是实践唯物主义的争论，是物质本体论，还是实践社会生产关系本体论的争论，历史是马克思的研究对象，还是解释原则的争论，甚至恩格斯的思想和马克思的思想之关系的争论，尽管从研究对象来看，已经远远超出了《资本论》研究的范围，但从理论内容上说，这些争论仍然与对《资本论》的态度有关。本书尽管不能全面系统研究这些争端，但从对《资本论》的社会存在理论的本体论研究中可以获得对社会存在的某些合理理解，也可能获得对马克思主义哲学的某些合理理解，因而可以间接对以上的学术争论形成某种看法。

总之，无论从推进《资本论》的研究向纵深发展的角度，还是从推进社会存在理论的研究向纵深发展的角度，还是从推进历史辩证唯物主义的研究向纵深发展的角度，对《资本论》中的充满了经验事实的辩证历史唯物主义的社会存在理论进行研究都是十分必要和迫切的。

需要指出的是：许多西方马克思主义研究家还是非常重视对马克思的社会存在理论的研究的。卢卡奇、古尔德、威廉姆·肖、费彻尔、柯亨等在他们各自的研究问题上都取得了举世公认的成就。本书也在不少方面从这些人的论著中获得了教益。但这并不意味着本书没有任何独立的价值。

第一，他们的研究都不是以《资本论》为对象的。按照古尔德的概括，西方对马克思哲学的研究，基本上是以《1844 年经济学哲学手稿》为基础，为出发点而进行演绎的，很少涉及《资本论》；而对《资本论》的研究，基本上是经济学的研究，很少涉及哲学方面。① 古尔德自己对马克思的哲学研究也不是以《资本论》为对象，而是以《1857—1858 经济学手稿》为对象的。西方马克思主义对马克思哲学的研究和对《资本论》的研究的脱节现象与国内学术界在一段时间内的做法类似。

第二，从研究的目的或要解决的问题看，彼此也都有差异或侧重点。卢卡奇写作《关于社会存在的本体论》的目的是要写出马克思主义的本体论原则，从而建立一个庞大的本体论体系。古尔德的《马克思的社会本体论》则写得集中而紧凑。古尔德明显受到了卢卡奇的影响，她仍然有理论体系方面的追求，仍然写出了社会本体论、劳动本体论、自由本体论、正义本体论等五大本体论。但因为古尔德的书主要是研究《1857—1858 经济学手稿》的，因而五大本体论写得十分集中。没有涉及太多方面。费彻尔则主要通过对马克思的早期著作和黑格尔的比较研究来理解马克思的社会历史理论，也可以说是从马克思的思想转变方面来理解马克思，理解马克思的社会理论的。概括说来，这些研究家都没有专门以《资本论》为研究对象，都没有集中探讨《资本论》中的唯物主义的物质理论。

第三，以上几位研究者的理论立场难以称得上是坚定而彻底的唯物主义立场。比如，有的学者在唯物主义与唯心主义之间摇摆不定，在马克思和黑格尔之间摇摆不定，有的学者受经验主义影响十分明显，因而在研究马克思时也采取了经验主义的立场，因而有意无意回避意识之外的客观实在这个唯物主义的基本命题。与他们不同，本书的作者始终强调唯物主义的物质概念，努力把意识之外的客观实在说通并贯彻到底。

下面再简略说说分析的马克思主义者柯亨（G. A. Cohen）所做的工作。柯亨在《卡尔·马克思的历史理论：一种辩护》一书中对马克思的本体论思想有比较系统的论述，尤其是对社会存在这个概念有系统

---

① ［美］古尔德：《马克思的社会本体论：马克思社会实在理论中的个性和共同体》，北京师范大学出版社 2009 年版，第 11 页。

分析。柯亨在论述社会是物质性与社会性的统一时使用了内容与形式这对概念，并认为社会的物质性、自然性是社会存在的内容，社会性则是社会存在的形式。柯亨举例说，人和生产力是社会的物质内容，生产关系则赋予这些内容以社会形式。黑人就是黑人，但黑人在特定社会关系下则成了奴隶；机器就是机器，机器在特定社会关系下就成了不变资本；如此等等。柯亨认为，黑奴、不变资本等就是社会存在形式，而黑人、机器则是内容。本书认为，柯亨的确意识到了社会存在不同于自然存在的特殊之处，并力图从理论上予以说明。但内容和形式这对范畴未必是论说社会存在的合理的概念工具。按一般理解，内容是比形式更加重要的因素，或者说内容决定形式。如果把社会的自然物质性理解为社会存在的内容，社会性是社会存在的形式，那就要认为自然物质性比社会性更重要，自然实体性决定社会历史性。这样的观点表面看来是强调了社会的物质性，自然性，或硬性，但实质上却降低了社会存在的社会性。可见，这种观点与机械唯物主义并没有实质性不同。这样的理论观点很难说准确解释了社会现象的本质。以货币为例来说，按照柯亨的观点，充当货币的金、银或者其他贵重金属，或者别的具体的有用物，就是货币的物质内容，而一般等价物或价值尺度则是货币的社会形式。也就是说，在柯亨看来，具体的物对于货币而言是更重要的。但事实是，具体的有用物到底是什么，对于货币之为货币其实是无关紧要的事情。而一般等价物才是货币的本质。但这个货币的本质在柯亨的概念工具中恰恰成了受自然物质材料决定的东西，成了无足轻重甚至可有可无的东西。总之，在柯亨的概念框架下，社会成了被自然决定的东西。这应当说是退回到康德哲学之前的水平了。

二　基本思路和安排

本书既不打算对社会进行经验研究，也不打算通过对各种社会现象的纯经验研究来论述社会的物与人、物质与意识、实体与价值之统一的形而上学本质，也不打算对意识与物质的关系作纯形而上学的理论思考。本书的任务是向《资本论》学习，分析《资本论》中的唯物主义的物质理论和社会存在理论。在合理解说列宁的物质定义的基础上，理解各种社会现象的客观实在性和形而上学本质。因为在《资本论》中，马克思对社会现象的实证性研究和对社会存在之本质的形而上学思考是一体的。它的形而上学的研究为实证性的经验研究提供了唯物主义的基础，它的实证性的经验研究为唯物主义哲学提供了全新的论证方式和丰富的社会历史方面的材料，也为我们认识社会存在的形而上学本质提供了充分的证据或丰富的养料。本书大体按以下思路来写。

唯物主义的物质概念。列宁的物质定义被认为是唯物主义的物质理论的一个概括性表述，是非常合理的。本书将充分论证物质在意识之外独立存在的命题是合理的，并不包含所谓逻辑困难。唯心主义所说的逻辑困难其实是唯心主义虚构的。《资本论》对商品、货币等社会现象的分析，既揭示出了它们各自的经验特质，又呈现出了它们作为社会存在的形而上学本质，既有经济学的丰富内涵，又是在意识之外的客观存在的生动例证。《资本论》的外物、存在、社会存在等说法和列宁的物质定义完全一致。

《资本论》的研究社会存在的方法。概括地说，《资本论》的方法可以称之为辩证历史分析方法。这个方法有两个特点：一是以唯物主义的物质理论为前提；二是矛盾分析和历史分析的统一。《资本论》的唯物主义的物质前提严格说来也不是纯粹的形而上学命题，而是有经验支持的理论前提。或者说，唯物主义的物质概念，在《资本论》中已经转化为经验性的理论前提，和它的经验研究已经融为一体了。而矛盾分析和历史分析相统一的分析方法的主要特点将通过与现代分析哲学的分析方法的比较论述来阐释。《资本论》的研究方法的这两大特点都显示：《资本论》的研究方法和它的物质理论以及实证性的社会历史理论是密切联系的，甚至就是它的物质理论和社会历史理论的一部分。

劳动是化自然存在为社会存在的“点金术”，是连接自然和社会的桥梁。劳动本身主要是社会存在。劳动作为社会存在与其他社会存在一样也是在劳动的基础上生成和发展的。劳动既是其他社会存在的根据，也是它自身作为社会存在的根据。这是由劳动的规定性（自然性与社会性的统一）决定的。劳动的自然性主要指劳动的一般性、普遍性、客观实在性、绝对不变性。劳动的社会性大致有两层意思：一是一般意义上的社会性，这个社会性仍然是劳动的普遍性、一般性，因而它就与自然性有更多相通之处。劳动的社会性的第二个含义指特定社会条件和社会关系下的劳动所呈现出的不同社会特点或社会差异。特定社会历史条件下的劳动大体就是马克思所说的生产。劳动、生产和实践这三个概念在马克思的著作中既有相同、相通处，也有一定程度的分工。

生产力是社会改造或影响自然的物质力量，是劳动力的社会化、实体化或物化。劳动者、劳动资料和劳动对象是劳动力的社会化或物化的最基本成果，也是生产力的最基本的物质载体。劳动者、劳动资料和劳动对象作为生产力的要素就是在这样的意义上说的。生产力的构成要素不同于影响生产力大小的因素。从劳动构成的角度所区分的生产力的物质载体就是劳动者、劳动资料和劳动对象三个方面。作为生产力的物质载体的劳动者、劳动资料和劳动对象本身不是生产力，但如果要在劳动者、劳动资料和劳动对象等物质载体之外寻找作为社会存在的生产力，那也无异于缘木求鱼。作为物质载体和社会意义之统一体的生产力的社会意义和它的物质载体都是客观的。作为社会存在的生产力，就在生产过程中存在，在生产过程中不断发展壮大。

生产关系及具体表现。生产关系是内涵大体明确，外延略有伸缩的概念。按照马克思的看法，生产关系始终是物质生产得以在其中进行的社会关系。而物质生产得以进行的社会关系又是社会生产不断生产出来的。这是生产关系在历史唯物主义理论中非常确定的含义。生产关系的不确定之处，主要就是物质生产得以在其中进行的社会关系本身是不断发展的。最简单的劳动得以在其中进行的简单而直接的社会关系就是劳动者彼此之间的活动关系。随着生产的发展，生产在其中得以进行的社会关系也变化了。社会分裂为物质生产者集团和非生产者集团后，不仅出现了生产关系和非生产关系的区别，而且还出现了所有权这个特殊的社会因素。在资本主义社会，生产关系表现为物，或者作为物出现，这是颠倒或异化。但也表明生产关系这类社会存在有和自然存在相同相通之处。《资本论》正是通过分析资本的具体体现——商品、货币等来揭示资本的本质并论述资本主义生产方式、论述资本主义社会的生产力和生产关系的矛盾运动的。

《资本论》尽管主要研究物化的资本主义生产关系，但透过《资本论》的论述，我们仍然可以发现马克思的人学思想。包括《资本论》在内的成熟的马克思主义著作主要不是用抽象的形而上学方法论述一般的人，而是从人的社会历史活动尤其是生产劳动出发理解人的，从人的社会关系出发理解人的。人处在怎样的社会关系之中，如何从事物质生产等社会实践活动，人就是怎样的。人在物质生产等实践活动中创建了各种社会关系，而社会关系又是人的生存、生活、生产的基本条件。或者说，人就是利用各种社会条件、社会关系来改造自然的社会存在。不同的社会条件或社会关系对人的影响是不一样的。但从大的方面看，人随人所创造的社会一同发展或进步。任何脱离社会关系的人学思考都是不得要领的。

第二章　客观实在和社会存在

按照通行的一般的用字习惯，社会存在属于客观实在，是客观物质实在的一部分。在马克思主义哲学中，社会存在被理解为是在自然存在的基础上逐步生长而成的，因而社会存在除了是整个客观实在的一部分之外，它还是整个客观实在中最高级的部分。也就是说，自然存在可以只是纯粹的自然，不是社会，而社会存在一定包含自然存在，它是社会存在的同时，还是自然存在，具有自然存在的全部特点。本章先说客观实在，主要就是论说列宁的物质定义的合理有效。在列宁的定义的基础上再论说社会存在。在论说中一般把物质、存在、实在、客观实在等词不加区别地使用。

一　客观实在

1．列宁的物质定义

列宁的物质定义是学者们都熟悉的。这个定义，概括说来，就是两点：物质“不依赖于我们的感觉而存在”，又能“为我们的感觉所复写、摄影、反映。”① 即物质既在人的意识之外存在，又能为人所认识。

本书认为，列宁的这个定义其实是对近代以来的唯物主义物质观的一个概括或总结，代表了唯物主义物质理论的最高水平，也是马克思主义的唯物主义物质理论的浓缩，而不仅仅是列宁个人的私见。列宁自己也说，“这个概念很早很早以前就制定出来了”②。这样说丝毫没有否认列宁的创

① 《列宁选集》第2卷，人民出版社1995年版，第89页。

② 同上。

造性贡献的意思，更没有否认这个定义的理论价值的意思。说列宁的定义不仅是列宁个人的意见，是要强调这个定义在整个马克思主义理论中的普适性，甚至在整个唯物主义理论中的普适性。列宁的定义特别强调了“不依赖于我们的感觉而存在”这个命题，从而把唯物主义的最根本的特性突出出来了，使这个概念和朴素的唯物主义的物质观念，自然科学的唯物主义物质概念区别开来，更使唯物主义和各式各样的唯心主义彻底区别开来。因此，这个定义一明确制定出来就受到了所有真心相信并坚持唯物主义理论的哲学家的欢迎。

但也不必讳言，历史唯物主义的物质定义也受到了各式各样唯心主义的怀疑、责难或批判。这里不必详细列出各式各样的唯心主义哲学攻击物质概念的具体观点和分析论证的细节，只说最有影响力的观点，或者各式各样唯心主义哲学中的共同倾向。这个共同倾向就是：认为唯物主义的物质概念不能有效言说。一说就陷入自相矛盾的困境之中。因为说某物在意识之外存在，这个物必定已经在意识之中了。一个必陷于自相矛盾的定义，或者不能有效言说的定义，在一些学者看来，自然就是不中用的定义。贝克莱大概是明确说出这个意思并有反复论证的唯心主义哲学家。有些唯心主义哲学家即使没有明确说出类似的话，也大体认同这类说法，因而，在他们的理论构造之中，要么回避物质概念，要么干脆倒向唯心主义。就连不少实在论者，甚至是马克思主义研究者也感觉到唯物主义物质定义有自相矛盾的嫌疑，因而对唯物主义的物质概念信心不足。比如，有学者主张马克思主义哲学是实践本体论哲学，或者实践社会生产关系本体论哲学，或者历史本体论哲学，这些观点彼此有差异，持这些看法的学者要坚持和发展马克思主义哲学的理论目的更值得称赞。但本书猜测，这些学者都可能或多或少包含有对物质概念信心不足的想法。西方从 19 世纪中后期开始的经验主义、现象主义、主观主义、实用主义潮流也或多或少、或明或暗、或直接或间接地与相信唯物主义的物质定义可能存在自相矛盾的嫌疑有关。在主观主义、经验主义、现象主义、唯心主义的合力冲击下，唯物主义的物质概念目前有被淡化的危险。

就本书的目的而言，本章要解决两个问题。第一，维护列宁的物质定义的权威，和贝克莱的“幽灵”说再见。第二，让列宁的物质定义和社会存在更协调。因为人类社会就是人的实践活动及其结果，社会存在无论如何是与人的意识密切相关的。社会在何种意义上能够说在意识之外？社会如果不能说成在意识之外，就要么承认社会不是客观实在，要么修改列宁的物质定义。而这两个结果都是彻底的唯物主义不能接受的。

列宁代表唯物主义哲学所说的物质在意识之外的基本意思是：物质可以脱离意识而独立存在。物质既可以在时间上先于人的意识而绝对的在人之外独立存在；也可以与人同时，从而相对的在人的意识之外独立存在。列宁的定义与某一物质甚至所有的物质事实上是否进入某人的意识（即被反映或认识）是没有关系的。在意识之外的客观存在可以在某个时间某个地点进入某个人或者某些人的意识，也可以不进入某些人甚至所有人的意识。唯物主义的物质定义不是说物在意识之外，物就是绝对不能被认识的；而物一旦在某个时地被认识，它就被吸入大脑之中了，它就只在大脑之中或者意识之中而不可能在意识之外独立存在，更不可能在时间上先于意识而独立存在，即物质一旦被认识，它就不在意识之外不在大脑之外因而不是物质了。不是！不是！完全不是！马克思主义哲学所说的物质不依赖于人的意识而存在，或者在意识之外独立存在，从本原的意义上说，仅仅意味着物质可以脱离意识而存在，而意识明显不能脱离物质而存在；物质可以先于意识而存在，而意识明显不能先于物质而存在。卢卡奇说，“存在相对于意识，它具有本体论上的优先的地位，在本体论上这无非是说：一种存在即使没有意识也可以存在，而任何意识都必须以某种存在的东西为前提和基础。”① 卢卡奇的这个论说是非常清楚、准确的，并没有所谓逻辑上的困难，至少不比反对唯物主义命题的言论有更多、更明显、更直接、更严重的逻辑困难。如果我们有正确而合理的态度，情况就是如此。

为了把这个问题论说得清楚一点，本章打算先说物质独立于意识，再说意识不能独立于物质。

2. 在意识之外的不同含义或用法

物质在意识之外独立存在，这个命题有其简单的一面，也有麻烦的地方。就麻烦的一面看，就是如何合理言说的问题；就其简单的一面看，物质在意识之外独立存在是事实，与常识或科学知识完全一致。在日常经验的层面，事实的问题和言说的问题基本是统一的。因为陈述事实就是合理的言说，而合理言说，至少某些合理言说就是陈述事实。把事实准确陈述

---

① ［匈］卢卡奇：《关于社会存在的本体论》上卷，重庆出版社 1993 年版，第 665 页。

出来，也就把问题言说清楚了。但在哲学领域，在物质独立于意识而存在这个问题上，事实的方面和言说的方面就有点复杂了。一方面，两者有重大差异，因为事实的方面，主要是经验的问题；而言说的方面，主要是形而上学的问题。尤其在对意识作了唯心主义理解后，存在更是难以言说。另一方面，事实的方面和言说的问题也仍然有其统一性，如果对意识作出了唯物主义的界定之后，事实的陈述就成了对唯物主义物质概念的合理言说了。可见，从道理上说，应当先界定意识，再陈述事实，或者论述物质在意识之外存在的命题。本书这里仍从常识出发，先陈述事实，并利用事实进行论述，最后通过对意识的唯物主义定义完成物质第一性的论证。

物质在意识之外独立存在，作为事实来看，它的意思无非是：第一，在人类出现之前，在人的意识出现之前，就有自然物的存在，就有变化万端、汪洋恣肆的宇宙洪流的存在；在人类灭绝之后，自然界仍然存在，就像恐龙灭绝之后，以及其他许多物种灭绝之后，自然界仍然存在一样。这是十分确定的事实。第二，在人类出现以后，人的活动范围是有限的，不仅特定历史条件下的特定社会的活动范围十分有限，就是人类整体的活动范围，到目前为止，也仍然是非常有限的。可以肯定，到目前为止，尽管已经有许许多多的自然物由与人没有任何关系而变成了人的认识对象或者实践对象，但仍然有许许多多的自然物与人类没有发生任何实际的关系，认识的关系，实践的关系都没有。也就是说，仅以地球论，地球的不少空间仍然绝对的在人之外，这也是十分确定的事实。第三，就是与人发生了认识或者实践关系的客观对象，它们也仍然可以在意识之外。比如，月球，早就进入人的意识之中了，并且月球上已经留下了人的足迹。但我们不能因此说，月球只在意识之中，留有人的足迹的月球不在人的意识之外。第四，即使完全由人制造出来的东西，也同样在人的意识之外，比如商品。商品如果不在意识之外，就不能成为交换或消费的对象，因而不可能是商品。这同样还是十分确定的事实。不能直接承认这类事实的理论，一定不是合理的理论。

第一条陈述的是没有人的自然界。无人的自然界，就是莽苍，或者自然生灭的宇宙洪流。这样的莽苍自然是绝对的在意识之外，绝对的与人无关。因为没有人与自然界相对嘛！现代科学告诉我们：人大体由小类人猿灵长目动物演化而来。人以人的方式在大地上行走或生活的历史可能就是几百万年的时间。即使像有的学者所主张的那样，把南方古猿属归入人科，把人科的起源时间提前到第三纪，也就是距今几千万年的时间。和大爆炸理论所说的上百亿年的宇宙演化史相比，人类的几百万年或者几千万年的历史就是十分短促的。也就是说，宇宙形成之后，宇宙有过一段漫长的无人的自在而绝对的历史。这段漫长历史中的各类自然物都是绝对与人无关的，绝对独立于人的意识的。即使大爆炸理论不完全正确、甚至完全不正确，其他科学理论所确定的有意识的人出现的时间也不正确，那也只是具体细节上的问题。包括地球在内的天体的具体形成方式及形成时间，能思维的人的正式产生的时间等问题可以继续由科学去研究，并给出更加科学而准确的答案。但能思维的人肯定是在一定时间段出现的，是比现在已经知道的许许多多的存在物要晚出现的。这是基本被确认的事实。也就是说，现代科学已经肯定：人是自然界长期演化的一个结果。人类诞生之前的自然界就是一个无人的世界。无人的世界就是一个莽苍，一个混沌。一个自在的、无涯的莽苍，一个不断变化着的混一。因为没有人与之相对，所以此时的自然就是无对的。无对就是绝对。因此，如果不请全能的无所不在的上帝出场，人出现之前的自然界就是绝对的不依赖于人的意识的客观存在！整个人类灭绝之后的自然界，与人尚未出现的自然界一样，也是绝对的莽苍。

第二、三、四条陈述的是人出现之后以及意识完全消灭之前的情况。人出现以后，从理论上说，从总体上看，自然界就和人处于同一时间流之中了。物质实在就可能和人相对了。准确地讲，应当是人可能和物相对了。但人，无论是个体，还是集团，还是整个人类，在特定历史条件下，他的活动范围都是非常非常有限的。也就是说，人现实的面对的物是很少的。与人有了现实关系的物和苍茫的宇宙相比，可能不及沧海之一粟。各个原始部落的对象可能就是他们周围的少数易于捕获的几种动物，鱼，以及可以砍伐的树木，饮用水以及脚下的大地，等等。现代人异常宝贝的一些地下资源如石油等肯定在原始人之外，既在他们的认识之外，也在他们的实践的范围之外。甚至原始人周围的许多野花，小草也没有真正进入原始人的视野，成为原始人的认识对象或者实践对象。在原始人之外的对象还可以列出许许多多。或许上面列出的一些对象可能不恰当，比如，本书认为在原始人之外的对象如路边的野花，它实际上可能已经进入某些人的视野，或成了某些人的双脚的踩踏物。但可以肯定，从人作为人生活在地球上开始到现在，仍然有许许多多的物实际上与人没有建立起任何实际的关系。认识关系、实践关系，或者我们所能想象的任何其他现实关系都没有。这样的存在物虽然从可能性上看，是和人或者人的意识相对的，但实际上没有和人相对。有对等于无对。所以，人类诞生以后的仍然与人没有任何现实关系的物，也可以说是绝对的在人之外，是绝对的不依赖于人的意识的。

随着社会生产力的不断发展和社会的不断进步，人的认识能力，实践能力也不断发展，与人发生现实关系的存在物也就不断增多。人之先、人之外的存在物逐渐成为人周围的存在物，成为人的对象。人的对象，从大的方面说，主要就是实践的对象，或者认识的对象。认识对象不一定是实践对象，但实践对象，人对之一定有某种程度的认识。所以，我们大体可以把认识对象作为人的对象的极限。在宽泛意义上的认识以外的东西就可以认为不是人的现实的对象，就是和人没有现实关系的自然物，也就是无对的。当自然物成为认识对象，就现实的和人相对了。前面说了可能与人有关、相对，但实际与人无关、无对。这里则是实际的与人有关相对。与人实际的有关相对，就是人以人的方式和物发生了人的关系。可能与人有关相对，但实际与人无关无对，就是人与物之间没有人的关系，只有人作为一个时空中的物与其他物之间存在的自然物之间的时空关系，就像天狼星和其伴星之间的关系一样。而所谓人以人的方式和相关物发生了人的关系，就是人不仅作为一个时空中的自然物与其他物之间有物的时空关系，而且人还意识到了人自己，意识到了物，意识到了物与人自身是不同的，意识到物在人的大脑之外存在，意识到物有这种那种特点、特征、属性，等等，意识到人作为一个时空物与意识对象之间除了物的时空关系外，还可以有其他关系，如实践关系，审美关系，如此等等①，因此，实际的与人相关有对的客观存在物，就是相对的在人之外或人的意识之外。所谓相

① “人对世界的任何一种人的关系——视觉、听觉、嗅觉、味觉、触觉、思维、直观、情感、愿望、活动、爱，——总之，他的个体的一切器官，正像在形式上直接是社会的器官的那些器官一样，是通过自己的对象性关系，即通过自己同对象的关系而对对象的占有，对人的现实的占有；这些器官同对象的关系，是人的现实的实现（因此，正像人的本质规定或活动是多种多样的一样，人的现实也是多种多样的），是人的能动和人的受动，因为按人的方式来理解是受动，是人的一种自我享受。”（马克思：《1844 年经济学哲学手稿》，人民出版社 2000 年版，第 85 页）马克思强调的人对对象的人的关系是丰富、细腻而全面的。但丰富、细腻、全面的关系，若从形而上学的角度看，又可以归结为一点：意识关系。人如果和某物之间没有意识关系，就可以说，人与这个物之间没有人的关系。

对的在意识之外，也可以说是：客观实在既在某种意义上的意识之外，又在某种意义上的意识之中（下文对不同意义上的意识的分析可进一步说明这一点）。因为十分明显：如果不在意识之中，没有和意识发生关系，那就不是相对的在意识之外，而是绝对的在意识之外；而如果不在意识之外，只在意识之中，那就不可能和人相对。所以，只在意识之中，或者根本不在意识之中，就都不是相对的。既在意识之中，又在意识之外，而且意识之中无碍其在意识之外，意识之外也无碍其进入意识之中，这就是相对的在意识之外。从事实的层面看，人类的历史过程大体就是化绝对的在人之外的物为相对的在人之外的物的过程。

这里结合历史上的一个具体事例，说说认识对象如何在意识之外存在。有科技史常识的人都知道：天狼伴星进入人的意识，根据现有的可靠文献记录，是在 19 世纪。1834 年，德国天文学家贝塞尔发现天狼星的移动轨迹呈波浪状，他于是推断：这种现象可能是由天狼星的一颗伴星对它的吸引所致。1862 年，美国科学家克拉克用望远镜捕捉到了这颗天狼伴星。很明显，这颗体积比地球还大，质量与太阳相当的白矮星是不可能在 19 世纪 30 年代突然冒出来的。可以肯定：从作为宇观天体存在于宇宙洪流之中，到进入贝塞尔的意识之前，天狼伴星有一段漫长的“自在”存在史。也就是说，在“自在”存在阶段，天狼伴星一直是绝对的在人的意识之外的。即人没有和这颗星发生人的关系。天狼伴星没有与人发生人的关系，责任自然在人。贝塞尔推断存在这个伴星之时，我们就可以认定这颗伴星开始成为人的意识对象了，它的一些属性、特点等就逐步被人认识到了。天狼伴星在成为意识的对象以后，它作为一颗天体，仍然在贝塞尔以及所有人的意识之外独立运行。它仍与天狼星存在时间空间关系，存在力的相互作用的关系，它和人的自然的生物有机体之间也存在空间上的关系。总之，天狼伴星与其他自然物（包括作为自然有机体的人）之间的物的关系没有也不可能因为贝塞尔的认识而有任何的改变。也正因为如此，克拉克的望远镜才能观测到它。其他的人，如果借助一定的观测工具，也是可以观测到它的身影的。如果天狼伴星只在贝塞尔的意识之中，克拉克，或者今天的天文学家如何能用望远镜观测到它？自然，前文提到的有关天狼伴星的文献记载可能不完全正确，甚至完全不正确。实际情况是：在贝塞尔之前，早就有人意识到了天狼伴星的存在。即使这种假定完全正确，我们也可以断定：天狼伴星进入人的意识是很晚很晚的事情。这是有历史常识和科学常识的人都承认的。也就是说，即使克拉克不是实际观测到天狼伴星的第一人，贝塞尔不是意识到天狼伴星的第一人，也不影响我们利用这个例子所陈述的物质独立于意识而存在这个事实。只要我们愿意，像天狼伴星这样的例子，是可以举出无数个的。前文说过，人类的发展史，在一定意义上可以说，就是不断将绝对在人之外的存在物变成相对在人之外的存在物的历史过程。成为相对的在人之外的物之后，人就可以言说它在人之外，又能通过实践证实它绝对的在人之外。

完全由人创制出来的物，在某种程度上可以说是意识的外化或物化，因为人工产品大体就是在意识的指挥下把另外某一意识（计划或方案）生产制作出来。一旦制作出来，物就在意识之外。因为所谓把意识生产制作出来，或者外化，就是使之成为意识之外的东西。这个问题后面还有论述。这里先利用《资本论》在论述商品交换的两个条件时表达的思想观点以及类似的观点来说明。马克思说，商品之所以可以交换，一是因为商品作为“物本身存在于人之外，因而是可以让渡的”①。二是因为商品持有者都是“独立的人”而彼此相对，“彼此当作外人看待”。② 人彼此相对，彼此视为外人，既是经济学命题，也是形而上学命题。作为形而上学命题看，人彼此相对，就是说人彼此都是独立的个体，彼此都在对方的意识之外。任何一个人都是独特的这一个！人彼此独立，彼此相对，作为经济学命题就是彼此在经济上独立，独立核算，核算各自的经济利益。很明显，人只有首先是形而上学意义上的独立个体，彼此在对方的意识之外，才可能成为经济学意义上的彼此独立的商品所有者或商品交换者。而彼此作为独立的商品所有者或交换者的生产交换活动又证实并且不断证实彼此是在对方的意识之外的。在《资本论》中，类似的陈述还有很多，比如：“商品首先是一个外界的对象，一个靠自己的属性来满足人的某种需要的物”;③ “价值只是存在于某种使用价值中，存在于某种物中。（人本身单纯作为劳动力的存在来看，也是自然对象，是物，不过是活的有意识的物，而劳动本身则是这种力在物上的表现。）④” “货币本身是商品，是可

---

① ［德］马克思：《资本论》第1卷，人民出版社2004年版，第106—107页。

② 同上书，第107页。

③ 同上书，第47页。

④ 同上书，第235页。

以成为任何人的私产的外界物"①。劳动资料是"把劳动的作用传达到劳动对象、因而以这种或那种方式充当活动的传导体的物"；劳动的"产品是使用价值，是经过形式变化而适合人的需要的自然物质"②。劳动"产品作为生产资料进入新的劳动过程，也就丧失了产品的性质。它们只是作为活劳动的物质因素起作用"。③《资本论》的论述告诉我们：马克思主义经典作家所说的在意识之外，不仅仅指与人无关的自然物，也包括人生产制作出来的物。《资本论》陈述的事实，其实也是唯物主义的大道理。以商品论，如果商品持有者彼此不是独立的外人，那就根本不需要交换；如果商品不在人之外，那就根本没有办法交换（人的肌体之部分或者器官的移植明显是另外的问题）。人尽管是意识的主体，但人本身也是生物有机体，也是物质实体，也在意识之外。如果人只在意识之中，只是意识，那么，人就根本不需要从事物质生产实践活动，根本不需要进行商品生产和交换。人只要意识就够了。但人并不是生活在意识之中，而是生活在现实世界之中的。人从自然界独立出来之后，人成了社会存在物，但人又始终是自然存在。因此，人除了要和自己以及他人的意识打交道之外，始终要和意识之外的他人打交道，始终要和人周围的自然打交道，即通过物质生产劳动以满足人自身的自然需要，解决自己生存于天地之间的自然问题。马克思主义理论就是利用这些常识来论证社会也是自然历史过程，论证社会历史的客观规律性的。所以，说马克思与其他哲学家在使用或论说物质概念的方式方法上存在某些差异是合适的，因为《资本论》不是专门而纯粹的形而上学著作，它没有对唯物主义的物质概念进行专门而系统的哲学论述。但认为"对于马克思的著作来说"，由恩格斯、列宁集中表达的唯物主义的物质概念"完全是'异己'的"，④ 则是没有任何根据的。

为什么物成了人的意识对象，即物出现在人的意识之中以后，仍然可以在意识之外独立存在？甚至人创制出来的产品也仍然在意识之外独立存在？基本的理由是：意识与物质异类且意识不能对物质产生任何实际影

① ［德］马克思：《资本论》第1卷，人民出版社2004年版，第155—156页。

② 同上书，第211页。

③ 同上书，第213页。

④ ［英］戴维·麦克莱伦：《马克思以后的马克思主义》，中国人民大学出版社2004年版，第11页。

响。无论是意识的动态过程，还是表达于外的静态意识，都不影响存在物丝毫。就意识或反映的过程看，它完全是大脑内部活动过程，大脑之外的物始终在大脑之外走着它自己的路，它是什么，仍然是什么；如何存在，就如何存在。就意识的静态结果来看，它主要表现为文字符号，静静地躺在本本之上，同样不可能影响外物本身。比如，观念形态的《资本论》，无论是中文版的，还是德文版的，法文版的，作为本本，不可能影响客观世界丝毫。《资本论》对世界的影响，是通过广大人民群众的社会实践活动来实现的。观念本身不能作用于物质世界。

物质与意识彼此异类，对意识的客观对象只能进行物质性的操作，不能进行意识的操作；对意识只能进行意识性的操作，不能进行物质方面的操作。以桌子为例。我们现在肯定有关于桌子的不少认识，如知道桌子是用什么材料做的，如何做的，什么样式的桌子有什么用处，什么材料的桌子有什么价值，如此等等。但关于桌子的这许许多多的认识，我们不能对之进行任何实践性或者物质性的操作，比如，不能对之刷油漆，不能贴装饰画，不能开饭，不能写字或者打麻将，等等。对于桌子意识，我们只能对之进行意识方面的操作，或者思维的加工。例如，可以说关于桌子的意识正确不正确，合理不合理，深刻不深刻，精确不精确。如果不精确，可以用更新的更精确的认识代替或者修改，等等。总之，任何意识性的操作都可以，但就是不能进行物质性的操作。而对于作为意识对象的客观的桌子，我们就能对之进行物质的或者实践性的操作，可以对之用刨子、锯子、斧子，可以改变它的式样，大小，功能等。可以在上面刷油漆，可以在上面贴装饰画，可以在上面开饭，可以在上面写字或者打麻将，甚至可以将它打个稀烂。对意识和意识的客观对象只能分别采用不同的操作方法对之进行操作，这充分显示了意识和物质的不同，显示了物质没有因为被意识反映而进入大脑之中、意识之中而变成非物质。对意识和意识的客观对象的不同操作显示了意识的客观对象在形而上学意义上仍然在意识的外面存在着。

有学者认为，由于计算机仿真技术的发展，两种不同的操作方法的区分因此变得模糊了，甚至完全没有差异了。关于对象的意识完全可以使用物质性的或者实践性的操作手段。本书不认可这种说法。按本书的说法，计算机仿真技术的重点是“仿”，即模拟，也就是把某些实在的活动在意识之中逼真地呈现出来。或者让意识、意识的活动模仿某些实际的活动。

比如，学外科学的学生，一定要通过手术，才能逐步掌握手术技巧。但学生要进行实实在在的手术，有时会遇到方方面面的困难。利用计算机仿真技术，就可以使在意识之中进行的想象性手术，达到或者接近和实实在在的手术同样的练习效果。可见，仿真技术的实质是使某些意识的活动具象化，让人感觉到意识的某些活动和实实在在的物质的活动过程没有差异。但严格说来，想象性手术不是手术。维特根斯坦说过，想象性的实验不是实验。如果一个人只能在意识之中进行想象性手术，那他就不是合格的外科医生。可以肯定，计算机仿真技术无论如何发展，无论发展到什么程度，都不可能使对物质的物质性操作和对意识的意识性操作之间的实际的界限真正消失，不能使物质和意识的区别消失。对物的意识没有也不可能使物不在意识之外存在，因为意识本身不能改变客观实在物分毫。

但是，人的意识通过实践是可以改变对象的。人要活着，就要通过劳动等物质实践活动或多或少的改变客观对象，使客观对象满足人的某种需要。劳动等问题后面还有论说。这里仅就实践或者劳动的对象略作说明。

人通过物质实践活动对实践对象的改变或改造“只能像自然本身那样发挥作用，就是说，只能改变物质的形式。”所谓改变物的形式，用马克思引用的彼得罗·韦里的话来说，就是“结合和分离”。[①] 即对已有的物进行结合和分离的改变或改造。也可以说，人对物的物质性改造，无论看起来多么巨大，但究其实，无非是对已有的物进行了结合和分离。仅此而已！劳动等物质活动没有也不可能有使存在物变得不存在，不存在的东西变成存在物这种惊天地泣鬼神的魔力。可见，意识通过实践来改变、改造客观物质对象这种现象进一步表明了物质和意识的不同。

人的生产劳动等物质性的实践活动毫无疑问是有意识的活动，是在意识的指导之下进行的有目的有计划的活动。因此，活动的结果就是有意识“凝结”于其中的，甚至把实践活动的结果视作意识的外化、物化也是可以的。但结果具有意识性或者有意识凝结于其中并不表明结果一定只在意识之中，而不在意识之外，就像商品有价值凝结于其中并不表明商品只是纯粹的价值一样。实际上，能感知到的只是商品的使用价值，价值看不见、摸不到。有意识凝结于其中的物也是物，而且和纯自然物没有不同。外化或者物化这样的说法本身就已经说明了问题。外化物化就是变成意识

---

① ［德］马克思：《资本论》第1卷，人民出版社2004年版，第56页。

之外的物嘛。还有别的什么意思吗？就事实来看，比如，资本主义社会生产的数量庞大的商品，它们毫无疑问都是有目的的活动的结果，就是具有意识性的。但商品都只在意识之中吗？只在意识之中的商品如何满足人的物质生活的需要？前文已经引述过《资本论》的观点，表明商品在人之外，是“外界的对象”，是“靠自己的属性来满足人的某种需要的物。”① 人的物质实践活动的意识性仅仅影响物满足人的需要的程度或方式。即如果人的活动的目的性计划性强一点，周密一点，也就是目的计划等更合因果律，更合理，那么，活动的结果就更能满足人的某方面的需要。仅此而已！活动的意识性决不能使存在的不存在，不存在的存在。我们知道，人类早期的物质活动的计划性并不是十分周详的，即不是事先把所有情况都想清楚了，再严格按计划执行。更常见的情况是，他们没有要如何如何的想法，但他们的行动的结果却如何如何了。比如，从事商品交换的人最初只是行动，他们并没有想到要通过交换发展出货币，更没有人想到一定要把金银等贵金属作为货币来使用，但商品交换的实际结果是货币从商品交换中产生了，货币最后固定在金银等贵金属上面了。本书的作者承认，今天的实践活动的计划性要周密而详尽多了，许多的行动都是严格按计划进行的。因而，今天的实践活动在很大程度上可以说是意识的完全的对象化或者外化（这几个词在这里没有贬义）。但这样的物化也主要是由实际的物质性的活动来实现或完成的，不是单纯的意识的客观化，就像某个人把自己大脑中的意识用声音，或者文字，或者身体动作，或者笔墨线条表达出来那样。实践活动，从总体上说，仍然是用一些客观存在物，作用、改造另一些客观存在物，结果一定还是客观存在物，只是被人作用过的物打上了意识的烙印，有了人的属性，能够更好满足人的某方面的需要。仅此而已！现代人的周详的意识也不能在实践之前实践之外把一切都想清楚，比如，有谁想到过，劳动力成为商品之后，资本这个魔鬼会把世界弄成今天的模样；资本会使50年以后的世界变成怎样的世界，今天恐怕也没有人能准确言说。现代人的周详的意识不仅不能完全规定实践的结果，有时甚至可能和实践的结果完全不一样。比如，晚清的洋务派发动洋务运动并不是想发展资本主义，而是要挽救风雨飘摇的清朝封建政权，但办洋务的实际结果却发展了资本主义，加速了清朝封建政权的瓦解。所以，作为实

① ［德］马克思：《资本论》第1卷，人民出版社2004年版，第47页。

践对象的客观实在，和作为认识对象的客观实在，从作为与人相关有对的客观实在来说，并没有实质性差异。从一个方面说，与人相关，和人的意识相关；从另外的方面说，仍然在人的意识之外。

以上所列事实，都可以认为是物质在意识之外存在的简单的方面。但本书承认：说人类出现之前的自然界，或者与人没有任何现实关系的自然界是绝对的在人的意识之外，而作为认识对象的物或者劳动产品的物，是相对的在意识之外。这是站在唯物主义的立场上说的。赞同唯物主义的人认为是简单事实，但在唯心主义哲学看来，可能是另外的事情了。贝克莱主义者会说：你上面的这些文字是什么？难道不是意识的表达吗？你说自然界绝对在意识之外，这个说法本身不正是意识吗？无涯的莽苍已经成了意识的内容了，已经在意识之中了，如何又说在意识之外？而且还是绝对的在意识之外？所谓相对的在意识之外其实是绝对的在意识之中。因为无论是什么意义上的相对，无论相对什么，都一定已经是意识。否则，如何说得出来？所以，在唯心主义看来，物不依赖于意识或者在意识之外就根本说不通。

前文已经指出过，贝克莱主义者的主张是利用了对意识的唯心主义理解而耍的一个把戏！

按照唯物主义的理解，意识是意识者的意识，而且即使是同一个人的意识，也是有结构层次的。这里就从这两个方面来说物在意识之外并反驳唯心主义。

从意识的主体说。意识是每个人的大脑活动。每个人彼此独立，彼此外在。这样的事实除了可以解释个人意识的彼此不同之外，就是能够有效言说物在意识之外独立存在。因为十分明显，任何一个人都在另一个意识者的意识之外；甚至每个人也在自己的意识之外。因为人都不是生活在自己的意识之中的。

个体意识是不断变化的，总体而言，意识的对象或范围呈现扩大的趋势。但这个不断扩大的意识范围也是有限的。尽管从可能性上看，不能在某些时地确定某些东西一定在某人的意识范围以外。但从事实上看，任何个体的意识范围都是有限的。因为任何一个人的意识都以他的大脑以及感觉器官的正常功能的发挥为限，都以他个人的生命活动为限。一个人出生之前，他是没有自己的意识的；他的大脑停止活动以后，他也不能意识了。因此，我们可以百分百肯定，任何一个个体生命区间以外的物，都在这个个体意识之外。比如，孔子出生之前没有他父母的意识，或者说，孔子的父母一定在孔子的意识之先存在过一个时段。还有，手机、计算机等也绝对在孔子的意识之外。按照贝克莱主义者的看法，某个现代人，比如本文的作者说人类诞生之前的自然绝对在人的意识之外也是自相矛盾的。现在清楚了，贝克莱主义者明显混淆了不同意识主体的意识，甚至把意识看成了可以脱离个体大脑的无所不在又无边无际、无始无终的东西了。

个体意识范围之外的物不仅是事实，而且可以明确说出来。比如，一个成年人的性伴侣完全可能在他的幼儿意识之外。现代许许多多的跨地域跨民族跨国家的婚姻都有明确的事实证实这一点。无论谁来说都没有逻辑困难。再如，一个经济学家可以说：我只研究经济关系，经济关系以外的事情我不管；一个神学家则可能对经济关系视而不见，而只关心上帝的存在；一个国学大师可以只研究《毛诗》、《左传》、《周礼》、《说文》、《广韵》、《史记》、《汉书》、《文选》，并放言：八部书外皆狗屁；如此等等。任何某一领域的学者或专家都有自己明确的专业领域，即什么是他的研究对象，什么在他的研究范围之外。这样的学术范围既可以由学者本人明确说出，也可以由学者以外的任何他人明确说出。这样的言说也决不存在唯心主义者所说的逻辑矛盾。当然，一个学者的学术范围不就是他的意识的界限。黄侃的意识范围决不限于八部书；一个神学家也不可能终其一生只想上帝；一个经济学家也必须意识到经济关系以外的事情。但可以肯定的是：任何一个人，即使是意识能力超强，意识范围超广的人，他的意识的范围，也一定是非常有限的。这个界限是可以明确说出来的。比如，孔子除了没有前面提到的关于手机的意识之外，他还肯定没有天狼伴星的意识，没有美洲的意识，没有煤炭、石油的意识，没有飞机、高速列车、宇宙飞船的意识，没有核武器、航空母舰的意识……这个清单可以无限。手机等东西在孔子时代的确不存在，但美洲、天狼伴星、煤炭、石油等，在孔子时代肯定是存在的，但却没有进入孔子的意识。这些东西，可以肯定地说，是绝对的在孔子之外的。这不是十分确定吗？逻辑矛盾何在？贝克莱主义者可能攥住最后的机会反击：在孔子意识之外的东西，孔子却说不出来；任何人都不能明确说出在他意识范围以外的东西来。

但这样的困难决不是唯物主义的物质定义的困难，它仅仅是个体在言说自己的意识范围以外的某物时可能遇到的困难，而且是完全可以解决的。这里讲三个要点。第一，从道理上说，某个人自己不能明确说出某物在他的意识之外，并不等于该物事实上不在他的意识之外，更不等于该物事实上就只在他的意识之中。第二，某人不能说出某物在他的意识之外，完全可以成为该物在他的意识之外而不在他的意识之中的一个有力证据，尽管这个证据不是充足的证据。第三，如果一定要拿出充足的证据或理由，证明不能明确说出的某物的确在他的意识之外，那我们是可以拿出充分的证据来的。这个证据其实很简单：某个人自己不能明确说出的在他意识之外的某物，任何一个他人都可以明确说出。比如，现代人完全可以说：美洲在毕达哥拉斯的意识之外；汽车、手机等在孔子的意识之外。人们可以认为这两个例子不大合适，甚至认为这两个例子是错的。但毫无疑问，只要愿意，是完全可以说出绝对正确、绝对合适的例子来的。因为任何一个个体的意识范围都是非常有限的，一定有许许多多的存在物在他的意识之外。这是常识。而承认了这样的常识，言说的问题就可以解决。A 不能说出在 A 的意识之外的存在物 a，可以由 A 之外的任何人比如 B 或者 Y、Z 等明确说出。在 B 之外的存在物 b，B 不能明确说出，可以由 B 之外的任何人比如 A、Y、Z 等明确说出。Y、Z 不能明确说出的存在物 y、z，可以由 Y、Z 之外的任何人比如 A 或者 B 等明确说出。这个办法既可以弥补个人意识及其表达的某些局限，而且也肯定不需要上帝来帮忙。因为处于特定社会关系中的数十亿的个体可以相互克服彼此的局限；不断发展的人类意识，更可以克服个体意识的局限。所以，在任何一个个体意识之外的存在物，是可以被明确言说的，并不存在任何所谓逻辑困难。赶紧补充说明：说出某物在另外某人的意识之外，这只是证实了某物在某个人的意识之外，决不是某人说它在意识之外，它才在意识之外。下文的论说同理。

或大或小的集团意识，为了方便，大体可以看成是个体意识的放大。因此，某个或大或小的集团意识之外的存在物也可以由这个集团之外的任何人明确说出，或者给出足够的证据。当然，集团意识最终也要落实到个体意识中。按照贝克莱主义者的逻辑，如果是集团内部的某个个体说出了在这个集团意识之外的存在物就又自相矛盾了。所以，本书只说：可以由这个集团之外的任何人明确说出。也就是说，在任何一个或大或小的社会集团之外的存在物，可以有人明确说出来而没有任何逻辑困难。

本书的作者清楚，作为哲学命题的在意识之外存在，一定涉及类的意识。人类诞生之前的自然就是在整个人类意识之外的。在整个类的意识之外的存在物由谁来明确说出呢？上帝吗？马克思主义哲学自然是不需要上帝的。因为马克思主义哲学所理解的人类不是一个静态的集合，而是生生不息的历史长河。人类就是在自然的基础上，通过人自身的实践活动，不断成长为自身的。在整个人类的意识之外的客观存在可以这样来合理言说：一定历史阶段的类意识之外的客观存在不能由这个阶段的人明确说出，但可以由后来者明确说出。人类诞生之前的自然，比如2亿年前的自然界，在2亿年前的时候是没有人能够说出来的。如果2亿年前真的有人说出了，科学史就要改写了，人类的历史也要改写了。2亿年前没有人能说出的事实，现代人可以明确说出。比如，古地理学、地史学、古地磁学、古生物学、古人类学、古生物化学等众多学科的全部或者部分内容，就是现代人在言说人类之先的自然界。可以肯定：随着认识的发展或科学的进步，现代人对人类诞生之前的自然界的理解将会越来越多，越来越全面，越来越精确。也可以说，随着现代科学的不断发展，后来人将对人类诞生之前的自然界有更多的言说或描述。而现代人对2亿年前的自然的描述，绝不意味着2亿年前的自然只在现代人的意识之中存在，而不在人类诞生之前绝对而自在的存在着。这不是十分清楚吗？逻辑矛盾何在？

在意识之外还可以从意识的结构层次说。严格说来，结构和层次是有某些差异的。比如，传统上将意识内容分为知情意就是对意识的结构分析。而意识的层次大体指对意识的意识。举例说，“人是要死的”这个命题是对客观存在物的意识，而“‘人是要死的’这个命题是对客观存在物的意识，因而是有真假的”就是对意识的意识。两者明显处于不同的层次。前者是后者的意识对象。织女爱牛郎，只是织女的某种情感态度，而织女爱牛郎是超凡脱俗的爱就是对织女的情感的反思或者再意识。意识的层次性和唯物主义所说的意识是对对象的意识是相通的。人是要死的和人是要死的是真的是不同层次的意识，也可以把它们理解为不同对象的意识。前者是对一类客观存在物的意识，后者是对一个命题的意识。可见，意识的层次性和意识的对象性都是常见的概念。

但意识的层次性却是非常用的概念。有了这个概念，我们就可以准确言说实践的对象或者认识的对象如何在意识之外了。比如，某人站立湖边看到荷叶在湖水中随风摇曳，人就有了关于荷叶的意识。还可以对观荷人与荷之关系进行反思。如此等等。如果站立湖边观荷的人与反思观荷人观荷事是不同的人，那么，反思者说出荷与人彼此相对、彼此外在，或者荷在观荷人之外，这就是非常自然的。不存在任何逻辑矛盾。即使观荷者与反思者是同一个人，只要明确把对客观对象的意识和对意识的意识区分开，即利用意识的层次性这个概念，也可以明确说出荷叶在观赏意识或认知意识之外。比如，写《荷塘月色》时的朱自清就可以说：我只是写了当时观荷的感受或体验，而作为我的观赏对象的荷叶仍然在我的意识之外的荷塘里摇曳。这不是清清楚楚明明白白吗？逻辑矛盾何在？

完全由人生产制作出来的物，它是意识的外化或物化，因而不是与意识无涉的。但人工物作为物与纯自然物并没有不同。因而，第一，可以说某个物只在某个人或某些人的某个时地的认知意识或者实践意识之中，经过实践或制作的过程，物就在这个认知意识或实践意识之外了。第二，人造物在设计者制造者的反思意识之外，这一点可以由设计者制造者自己以及他人明确说出。第三，人造物可以在设计者制造者之外的所有人的认知意识或者反思意识以外。比如，高速铁路在高斯之外等。再如，由众多工程技术人员和工人互相配合，共同努力，在武汉的江面上建起的二七长江大桥，它是建设者们辛勤劳动的结晶。十年前的这个江段，肯定是没有桥的。这座桥可以说是某些人的认知意识以及实践意识的物化或外化。桥一旦成为感性的、客观的、对象性的物质存在，它就在意识之外了，包括在那个原初的设计图纸（认知意识）之外以及施工人员的实践意识之外。任何人都可以把它作为对象进行再认识，再思考，或者再实践。无论是建桥的工人，还是工程技术人员，无论是他们其中的任何一个个体，还是他们作为一个整体，都可以明确说出：这座桥矗立在长江的武汉江面上了。人们可以说，这座桥是如何建造的，建桥是如何的辛苦，等等。本书的作者和其他市民一样，既可以静观大桥，也可以对施工者和大桥的关系进行再思考，即反思。可以准确说出：这座大桥的完整认知意识是什么时候形成的，设计图是什么时候完成的；江面上的桥尽管是按照设计图纸建造的，但江面上的与自然的江水发生着自然关系的大桥和设计师的大脑之中的关于大桥的观念是完全不同的，与设计图纸上的桥的模型也是不同的，如此等等。这同样是清清楚楚明明白白的事情。这里没有任何所谓逻辑困难。

本书的分析表明：对于人造物在人的意识之外的言说，与纯自然物的言说没有任何区别。因为人造物作为物的物性与纯自然物没有任何不同，《资本论》对此有充分论说。人造物和纯自然物的唯一区别是：自然物是自然的产物，无意识的产物，人造物在生产过程中有人的意识相“伴随”。但意识本身并不能影响或改变物的物性，对物进行加工改造的其实是另外一些物（包括生产劳动资料和人的自然力），所以，物的生产过程中的意识“伴随性”这个特点，在物作为静态的物呈现在人们面前时，是完全可以忽略不计的。利用意识的层次性这个概念，可以把这个问题说得非常清楚。

如果承认本书的有关物在意识之外独立存在的说法都是说得通的，那么贝克莱主义者对唯物主义物质概念的责难，从理论上看，就是十分荒唐的。陶德麟教授已经针锋相对的指出，说意识之外的物质存在是自相矛盾的只“是一个智力的戏法，是虚构的东西”，“是自己在要弄自己，折磨自己。”① 前文说过，贝克莱戏法本身就蕴涵有拆穿这个戏法的方法。贝克莱要弄自己，折磨自己，也要弄别人，折磨别人的伎俩，现在很清楚了：完全是建立在对意识的不正确的理解之上的。贝克莱对意识的不正确理解至少包括两个方面：一是把意识独立化、泛化、普遍化、绝对化、神秘化。或者说，让意识脱离大脑，脱离现实社会中的意识个体。总之，使意识脱离意识的大脑、意识的主体。而脱离了意识的大脑、意识的主体的意识就成为超越时空、充满整个世界的无所不在、无所不包而又无始无终、缥缈无依的神秘的东西了，它就可以穿越地质时代，穿越无垠的宇宙而成为笼罩整个奔腾不息的物质世界的恢恢“天网”了，因而无论什么时间什么地点无论如何发展变化的物质存在，都不能独立于这个囊括一切的意识天网。贝克莱对意识的第二个错误理解，就是把不同层次的意识混同了。也就是说，在贝克莱那里，意识就是一个混沌，什么差异都没有的混沌。既没有层次的差异，也没有主体的差异。这样的意识与神没有任何不同。

总之，贝克莱主义者对唯物主义物质概念的责难是建立在对意识的唯心主义理解之上的。即先假定唯心主义是对的，再来论证唯心主义是对的，唯物主义说不通。而如果恢复对意识的常识性理解，唯心主义对唯物主义的责难就没有意义了。可见，在论说物质独立于意识之外并批驳贝克莱主义者的问题上，科学界定意识是很重要的。

3. 意识不能独立于物质

前文的讨论已经对意识有所明确了，比如，把意识主要理解为人的意

---

① 《陶德麟文集》，武汉大学出版社2007年版，第534页。

识。尽管从可能性上说，意识可以不限于人的意识，唯物主义的意识概念也容易引申为包括人之外的意识。而且前文还涉及对意识的划分，如个体意识，集体意识，类的意识，不同层次的意识，等等。这些说法，不仅可以明确意识这个概念，而且可以帮助解决如何言说意识之外的物质问题。这里再进一步通过言说意识不能脱离物质而独立存在来彻底解决意识之外的物的言说问题。

从意识的主体看，有个体意识和大大小小的集体（团）意识；从意识的对象或内容看，有客观存在物的意识和意识的意识，即认知意识和反思意识；从意识的“存在”方式或状态看，有动态的意识和静态的意识；另外还有前意识、意识；潜意识、显意识等之类的说法。因为本书大致把意识规定为人的意识了，所以前意识就不用讨论了。潜意识、显意识无论如何定义，都或者可以归并到动的意识之中，或者可以放入静的意识之中。个体意识集团意识前文已有所涉及，而且集团意识无非是集团内部的个体的动态意识和静态意识的合取。所以，这里主要说说动态的意识和静态的意识。动、静意识，金岳霖在《知识论》中就有明确表述。但现行的马克思主义哲学教科书却重视不够。

动态的意识可以定义为内隐于大脑之中的意识。它就是大脑的动态的意识活动，意识活动的过程。存储于大脑中的意识结果，本书也把它归入动的意识这个范畴之中。因为只要意识存储于大脑之中，它就是动的，它随时都可能被有意无意的改动。尤其是无意识的改动，使存储于大脑之中的意识充满了变动性。这大概就是维特根斯坦所说的心理字典不能查阅因而不存在的基本理由。因此，大脑之中的意识大体都是“未完成”的，它随时可能因为这这那那的各式各样的缘由而呈现出新的内容，新的面貌。所以，大脑之中的意识就是动的。意识的创造性、创新性，也是针对动的意识而说的。所以，本书把大脑中的意识都视为动的意识。动的意识是意识的基本形式，甚至是意识本身。意识如果不动，严格说来，就不是意识。意识在动的过程中实现反映世界、解释世界、改造世界的目的。意识在动的过程中成为它自身。所以，意识流这样的说法，如果仅从描述意识的特点、特性来看，是有积极意义的。

静态的意识就是表达于外的意识，有些人又称之为物化的意识，凝固的意识，或者客观化的意识，外化的意识。本书把这些词都视为同义词。但物化的意识和意识的物化是不同的。物化的意识，就是暂存或寄居于大脑之外的意识，意识的物化，则是通过实践把意识变成客观的物质实在；物化的意识是面向人的大脑的，大脑在通常情况下也把它理解为意识；而意识的物化则主要是满足人的实践性需要的，是客观存在。静的意识或物化的意识，是人类社会独特的现象。正因为有了这样的意识，意识才可能有效突破意识个体的自然生命的时空局限，在整个人类社会的广阔舞台和历史发展的不竭长河中传承并发扬光大，从而成为真正的社会化的意识。人类的科学文化主要就在社会化的意识中呈现加速发展的态势。静的意识是人类社会的积极成果，历史演进的伟大奇迹！意识如果不通过一定物质手段形之于大脑之外，人类的科学文化决不会发展到今天的程度。也正是因为有客观外化的意识，意识才能全面物化，人类社会才真正成为它自身，从而彻底与动物的群居活动两样。从形而上学的角度看，客观外化的意识，无论把它的社会价值看得多大，都不是溢美之词。

但动、静意识的区分只在非常有限的意义上才成立，对此我们必须有清醒的认识。静的意识所以是意识，比如，书架上的一本书，山岩上的一块石刻，所以是书，或者石刻，是意识，其实是以这些东西进入人的大脑，并被理解为意识为条件的。一个本本，一块石刻，如果长期束之高阁，或者藏诸名山，完全和人脑隔绝，它就只是物质，不是意识。前文说，动的意识是意识本身就是要强调这一点。但本书的作者也清楚：社会历史中的各式各类的本本或者石刻事实上都是面向大脑，并且事实上都在一定时间进入了人脑，甚至都经过了大脑的反复理解，因而就是作为意识出现的。从这个意义上说，社会历史中的确有非常非常多的静的意识。而且静的意识无时无刻不在增加。静的意识的不断增长，在某种程度上，也是社会进步的表现。

动的意识是在大脑之中进行的。因此，动的意识是须臾离不开意识的大脑的，离不开意识的大脑的物质功能的正常发挥的。没有大脑，或者大脑不能正常有效的运转，就没有意识。这是常识，也是唯物主义的大道理。前文说过，每个个体都有不同的意识，每个个体的意识都受时空的限制，一个基本理由就是个体的大脑的彼此不同，大脑的正常的生物功能活动受时空的限制。

表达于外的意识，或者静的意识，则在更大的范围、更深的程度、更多的方面依赖于物质。因为前文已经指出：所谓外化的意识，就是利用一定的物质手段把大脑之中的意识拉出大脑之外，让其他人能够更好地理解或接受，从而变成其他人的意识的有效的组成部分或内容。把意识从大脑中拉出来的物质手段有许许多多，而且随着社会的发展，当会有更多的表达意识的物质手段被“创造”出来。表达意识的物质手段有些粗陋、原始、笨拙，有些丰富、便捷。最粗陋、最原始、最直接的物质手段可能就是意识者个人身体的动作，例如，颦蹙、笑靥之类。在文化系统中逐步形成的一些自觉的、规范化的、程序化的动作，则是表达意识的比较高级的手段了。舞蹈可以说是最系统、最集中、最自觉的利用人的肌体及其动作来表达意识的高级手段，它把人的肌体及其动作发挥到了极限。此外，青铜、石块、泥巴或者木头、声音等也都可以成为表达意识的物质媒介。但最有效、最经济、最便捷的物质手段毫无疑问是语言文字。如果说包括舞蹈、一部分美术作品在内的艺术品还是利用已有的物质手段来表达意识的话，那么语言文字则是专门创制出来并只表达意识的物质手段。因为比如人体、石块、泥巴、木头等本就是自然物，人不“拿”它来表达意识它仍然作为物而存在。语言不一样。自然界原本没有语言的，它是人专门创制出来表达意识的，而且只为表达意识而“存在”。如果语言不表达意识，它就不是语言，不是它自身。而且语言的表意功能无比的强大！

表达意识的不同物质手段，对于意识的作用或功能是不一样的。有些物质手段和另一些手段相比，差异还很大。但它们作为表达意识的物质手段对于意识又有一般的意义。这个最基本的通用意义就是：物是外化意识的必要条件，即只有使用一定的物质手段，才能把意识从大脑中拉出来并凝固住。没有物质手段，意识就只能存留于大脑的活动之中。这样的意识就难以与其他动物的大脑的生物学意义上的活动完全区别开。

把意识表现为某种物，意识就凝聚在物之中了，意识就成了凝固的东西了，意识就成为物了，意识甚至不是意识了。比如，人的肌体及动作，青铜、石块、泥巴或者木头，声音模式，文字符号，等等。这些表达意识的物，如果不遇上懂这些物的大脑，不进入人的意识并按相应规则来理解，它们就只是物。前文说过，石块、泥巴或者木头本就是自然物，即使承载了意识之后，也可以和纯粹的自在状态的物没有差异。即使是专门发明出来作为表达意识的工具的语言文字，如果不再次进入大脑，并被理解为意识，声音模式，或者符号，也与其他纯自然物没有不同。无论用“显微镜”还是“化学试剂”，都只能得到它们作为物的物理的、化学的属性，也就是物的物性。金岳霖早就指出：以维也纳学派为代表的一批哲学家把语言与心理或思维相对，认为语言客观而心理或思维主观是错误的观念，① 因为语言不进入意识并按约定俗成的方式来理解就根本不是语言，因而就根本不是意识的表达手段，只是物质材料。

凝固意识的物质材料，即使进入大脑并被理解为意识，它作为物的物性仍然会顽强不屈地呈现出来，从而使意识受到它的这种那种或大或小的影响。意识被表达它的物质材料所影响表现在许许多多方面，需要专门研究。这里只说一些基本的方面。

第一，物质材料在体现意识、表现意识的同时，也顽强不屈的展示着自己，表现着自己，从而对物化意识的再理解带来影响。这就像社会中的个人在扮演某个社会角色如警察，或者大学校长的过程中也会呈现他自己的个性色彩，从而对社会角色产生这种那种影响一样。大家知道，人的肌体，在舞蹈等艺术中，一方面，它表现着意识，是意识；另一方面，它仍然是人的肌体。即使艺术家为表达意识对肌体进行了许许多多的修饰、加工、塑造，甚至改造，肌体仍然是肌体，它仍然具有肌体的所有自然性，它仍然无时无刻不在影响着欣赏者对舞蹈的艺术美的把握，即影响着人对肌体所表达的意识的理解。人的肌体如果出现在美术作品中，肌体的自然性就少一些了，因为自然的肌体已经幻化为光影、笔墨、线条等媒质，但它仍然让人想象到人的肌体的自然物质性，笔墨、线条、光影所呈现的肌体的自然物质性仍然影响着人们对意识的把握或接受。其他表达或凝固意识的物质媒介同样。

第二，表达意识的物质手段对意识的影响或制约，决不是从意识凝固为物以后才开始，而且不只是表面的外在的影响；在意识的动的过程中，在意识成为它自身的过程中，在意识寻求某种表达物质手段的过程中，意识就受到了物质手段的这种那种影响。也可以说，物质手段影响意识的内容，影响意识本身。换句话说，某种意识用什么样的物质手段表达，对于意识而言，并不是无足轻重的。在某些人看来，同样的意识用不同的物质手段来表达是很不一样的。这后一句话可能有毛病。因为既是同样的意识，就应当无差异；如果是很不一样的，那就是不同的意识。这句可能引起误解的话的基本意思是这样的：人的意识受表达意识的物质手段的影响

① 金岳霖：《知识论》，商务印书馆1983年版，第223页。

是巨大的，因为凝固或表达意识的物质手段的不同，就可能使意识成为不同的意识。比如，习惯用声音模式来意识的音乐家、语言表演艺术家等，如果他的意识没有和某种声音模式联系在一起，他的意识就可能不清晰，不准确，不生动，不美妙，不感人，即可能没有新颖美妙的意识；习惯用文字思想的人，如果他的意识没有和文字联系在一起，没有用文字固定，他就觉得他的意识不精确、不连贯、不深刻、不全面，即他就会认为自己没有新颖科学的意识；习惯用笔墨线条来思考的人，如果他的意识没有和笔墨线条联系在一起，他就觉得他的意识不美，不能打动人。对于这样的现象，一方面，我们可以认为是物质媒介影响了意识，不仅是影响了意识的表达，更是直接影响了意识本身，比如，影响了意识的精确程度，深刻程度，全面程度，新颖程度，精美程度，掌握他人或社会的程度，等等，这些方面就都和意识的物质凭借密切相关。如果改变了表达意识的物质媒介或手段，意识的上述各个方面以及其他方面都可能或多或少受到影响，发生改变。这些方面发生了变化，也就是意识本身发生了变化。这就表明：物质手段影响了意识本身。另一方面，如果我们愿意倒过来思考，也可以说是意识受制于物。不仅受作为意识对象的客观事物的限制或制约，而且受凝固或表达意识的物质手段的限制或制约。用不同的物质媒介来思考，就可能是不同的意识。

第三，表达意识的物质手段，从一定意义上看，既然和一般的自然物没有任何差异，它就要受自然的约束。比如声音会消失在风中，人的肌体会衰老，木雕会腐烂，建筑会坍塌，白纸黑字也会发生物理的化学的变化直至完全消失，甚至石头也会风化。随着物质手段的遭破坏，凝固于物质中的意识也就随之被破坏，甚至完全消失。古人把经典束之高阁，或者藏诸名山，其实就是在精心呵护凝固意识的物质手段，从而最大限度的保留意识本身。历代的收藏家收藏艺术品，收藏各种有历史或艺术价值的文本，等等，主要也是在收藏、保护凝固意识的物质手段，从而最大限度的收藏、传承、弘扬意识本身。今天的艺术市场对古代艺术作品的追捧，在很大程度上也是在追捧凝固意识的物质手段，追捧具有创新性或审美价值或历史价值的意识本身。如果凝固或者表达意识的物质手段不受自然的侵扰，意识不受自然的限制，那么，那些物质手段就决不会像现在这样稀缺。

第四，静的意识除了受表达意识的物质媒质的影响或制约外，更重要的是，它还受理解接受它的大脑的影响。前面已经多次强调，如果静的意识不进入或反复进入大脑，不被理解为意识，它就根本不是意识。既然静的意识依赖动的意识，依赖接受者的理解或接受，它就要受接受者的理解的影响。因为意识本身是流动的。从形而上学的角度看，所有静的意识都必须表现为动的意识或成为动的意识；所有历史意识都必须表现为或成为当代意识；所有他人的意识都必须表现为或成为我的意识；所有或大或小的集体（团）意识都必须表现为或成为个体意识。因为意识在某种意义上是而且只是意识者的大脑的活动过程。从这个意义上说，解释学哲学关于意识的种种观点或学说就并非痴人梦呓。在本书看来，解释学哲学的最大贡献就在于系统解释了意识的动态性。但如果从认识论的角度看，静的意识和动的意识，历史意识和现代意识，我的意识和他人的意识，集体意识和个体意识就是不能混同的，至少在理论上可以作出明确的区分。比如，《红楼梦》本身的内容和他人对《红楼梦》的理解是可以有某种程度的区别的；曹雪芹的《红楼梦》的中文版本与现代的某个英文版本是有不同的；欧几里得的几何学和他人对欧式几何的数学理解以及美学的理解同样是可以有区别的；一个党派的意识和某个个体对这个党派意识的理解也是可以有区别的。不承认这些不同意识在认识上的差异会导致许许多多的理论麻烦。解释学哲学以及其他相关学说的根本错误，就是用意识在形而上学方面的“我”性，泯灭或者代替了意识在认识论方面的客观差异性。但在这里，本书主要是从形而上学的角度讨论问题，强调静的意识需要转化为动的意识，需要动的意识的理解或激活。因而静的意识就要受理解它的大脑的运动过程的影响，也就是受另一物质运动过程的影响。

以上的论说表明：静的意识比动的意识更多地依赖于物质，依赖于更多的物质，依赖于更多方面的物质。动的意识只依赖能意识的人以及意识的物质对象，静的意识除了依赖于意识的大脑以及意识的客观对象之外，还离不开表现意识的物质媒介以及把表达意识的物质手段作为意识来理解的接受者的大脑的正常活动。可见，静的意识的任何一个环节都是不能独立于物质的。第一个环节中的物质即思维的大脑如果没有，或者缺失，那就根本没有意识产生；第二个环节中的物质即表达或凝固意识的物质手段如果消失，已经创造出来的意识也会随风消逝；第三个环节中的物质即理解接受凝固意识的大脑如果缺失，也同样没有意识。没有懂物质媒介的大脑，最美的语言，或者最美的音乐也只是物理音声，最有价值的青铜作品也只是破铜烂铁，最美的木雕、泥塑也只是朽木，烂泥，如此等等。静的意识受物的制约比动的意识更厉害，程度更深，方面更多。只有充分强调这个方面，才能更好地理解静的意识，从而理解意识本身。但本书无意肯定或强调一个方面而忽略另外的方面。静的意识和动的意识在受物的制约方面的这种区别只是程度上的。不是说动的意识不受物的限制。不是！本书的真实意图其实是要通过呈现静的意识受物的多方面的影响进一步肯定动的意识同样受物的多方面的限制或纠缠。从而得出结论：所有意识都不能独立于物质而存在。马克思、恩格斯早就指出：人的“意识并非一开始就是‘纯粹的’意识。‘精神’从一开始就很倒霉，受到物质的‘纠缠’，物质在这里表现为振动着的空气层、声音，简言之，即语言”①。马克思、恩格斯这里说的语言既可以理解为狭义的，也可以理解为广义的。马克思、恩格斯在这里明显是从静的意识受物的纠缠进而论证整个意识都受物的纠缠这个唯物主义的基本结论的。

至于学术界目前所理解或讨论的其他形式的意识如社会心理和意识形式，都要么是动态的意识，要么是静态的意识。由此可以得出结论：无论什么形式的意识都不能完全脱离物质而成为独立的存在。即使是贝克莱的主观唯心主义理论，黑格尔的绝对唯心主义的理论，波普尔的没有认识主体的理论，以及其他各式各样的所谓理论，都无一例外的是由有关人的大脑构造出来的，并且是利用了一定物质手段表达出来的。没有一定的物质手段，例如语言，他们就很难疯狂攻击唯物主义，并系统宣扬唯心主义。所以，意识根本不能脱离物质而独立存在，但物质却可以脱离意识而独立存在。石头在没有人时，它就是石头；有了人之后，石头还是石头；石头成了意识的物质媒介后，它仍然可以是石头。但关于石头的意识却不能没有石头，凝固在石头之上的所有意识不能没有石头。所以，意识不能先于物质而存在，意识的出现以物质的存在为基础，为条件，但物质可以先于意识而存在，物质的存在可以只有物质的基础或根据。也就是说，意识根本不是第一性的，而是第二性的。物质才是第一性的。这是现代科学事实，也是人类生活常识，同样也是唯物主义的基本观点。唯物主义理论是和常识，和科学一致的理论，因而是合理的理论。

---

① 《马克思恩格斯选集》第1卷，人民出版社1995年版，第81页。

二 社会存在

1. 社会存在的内涵

社会存在虽然是在自然的基础上生成的，但它又有与自然不同的特点。这一部分就集中讨论社会存在的基本特点。但因为选题的限制，这里将主要通过《资本论》的有关论述来讨论。

《资本论》一方面描述了商品、货币、资本等的经济学特点，另一方面又描述了商品、货币、资本等作为社会存在，主要是作为资本主义生产关系的物化的形而上学的本质特征。而且《资本论》的许多论述具有方法论的意义。《资本论》有关论述所蕴藏的方法论意义至少有三个方面。一是给出了一些具体结论；一是提供了概念工具；一是规定了范围。就社会存在的范围说，《资本论》规定，商品是人的劳动的产品，而不是自然物，而货币，资本等大体也由商品充当。所以，可以肯定：如果没有人的劳动凝结于其中的物，没有人的意义凝结于其中的物，大体就不是社会存在。就概念工具说，《资本论》使用的商品体、物质基质、物质外壳、价值、社会职能、功能存在等等概念完全可以用来描述社会存在的本质。就一些具体结论说，《资本论》对商品、货币、资本的形而上学本质的揭示，对一些社会现象的形成过程的描述，总体看，都是正确的，是我们进行新的认识的基础。由于范围对于社会存在而言比较清楚了，这里只说后两个方面。

（1）物质载体与社会职能的统一体

前文提到，柯亨使用的内容与形式这对概念不是讨论社会存在的理想的概念工具，而且柯亨把人和生产力看成是社会的物质内容，把生产关系看成是社会的形式，这在本书看来，是十分奇怪的讲法。本书认为，人，生产力，生产关系作为社会存在，如果一定要用内容和形式这对概念来论说，那么，它们都分别有各自的内容和形式。而且生产关系肯定是社会存在的基本内容。如果没有生产关系，生产力在哪里？社会又在哪里？所以，内容和形式这对概念尽管可以用来揭示出社会存在的某些基本特性，但按照柯亨的论述，社会内容、社会形式是非常容易招致误解的。所以，本书干脆弃之不用。本书直接使用《资本论》在讨论商品、货币、资本等社会现象时使用过的概念来讨论社会存在，即直接使用物质载体与社会职能来论述社会存在。

《资本论》使用过的相关说法有“物质基质”“物质承担者”“物质外壳”等词，本书把这些词看成是相同的概念，与物质载体，物质凭借等不加区别的使用，用它们来表示社会存在的自然方面，物的方面，或者实体的方面；而用社会职能，社会意义，或者功能存在等说法来表示社会现象所以成为它自身的那些方面。本书的作者也意识到，这几个词在好咬文嚼字的分析家看来，都可能存在这样那样的问题。比如，意义这个词给人的印象是，它主要表示意识方面的内容。例如，语词的意义，语句的意义，大概就是意义这个词的最通常的用法。即使是所谓“人生的意义”，“世界的意义”也往往指人对人生或世界的思考、领悟等。因此，才有维特根斯坦的世界的意义在世界之外之类的说法。总之，意义这个词给人的印象往往指意识方面的内容。至于功能这个词，在一般情况下难以将自然与社会明确区分开来。也就是说，纯自然物，我们也承认它是对人有功能效用的。从这个意义上说，即使是纯自然物，我们也可以称之为功能存在。而职能这个词又往往与某一种特定的社会角色、社会身份联系在一起，如校长的职能，警察的职能。总之，职能、功能存在、意义等词发生这种那种误解的可能是存在的。正是出于这种考虑，本书把多个词放在一起，不加区别的使用，让它们彼此相互比较，相互说明，共同起作用。本书的社会意义这个词主要指社会现象的形而上学本质，或者某种社会现象所以是它自身的规定性。只有这样理解，它与社会职能、功能存在等词才是完全同义的。比如，国家的社会意义或者社会职能就是阶级统治的暴力机关，这个意义就是国家的形而上学本质。生产力的社会意义是人或者社会的改变自然的力量，这个意义也就是生产力的本质特征。马克思在《资本论》中所说的“货币本身是商品，是可以成为任何人的私产的外界物。”① 按本书的理解，就是把货币作为社会存在来论述的，它展示了货币的社会职能与其物质载体的统一。这里的“外界物”首先指货币的物质载体，比如贵金属，也可指货币的社会职能，即一般等价物。货币的物质载体，如金银等贵金属是物，是商品，是客观实在，这没有任何疑义。而所谓一般等价物，自然不是唯物主义哲学的物质概念那样的大共名。因为大共名毫无疑问是纯粹思维的抽象。而货币不是思维的抽象，它代表着

---

① ［德］马克思：《资本论》第1卷，人民出版社2004年版，第155—156页。

社会物质财富。如果货币只是一个纯粹观念，它是不能成为社会物质财富的。比如，不仅唯物主义的物质概念，伦理学的正义、美德等概念不是社会财富，就是经济学的财富等概念，也是任何人都可以自由的、无条件的享有它的。但在社会的商品交换活动中所实际使用的货币是不能随意的无条件的拥有它的。要获得一般等价物，需要用等量的劳动去交换。拥有许多纯粹的概念（包括一般等价物这个概念在内）的人，可以是没有社会财富的赤贫者。所以，按本书的理解，一般等价物是物，是客观实在，是在商品交换活动中消除了具体的使用价值方面的差异性的物，是所有商品都可以和它进行交换的实实在在的物，它既是泯灭了使用价值方面的种种差异的物，又是社会的物质财富的代表。也就是说，货币作为社会职能和物质载体之统一体的社会存在，它的物质载体和它的社会职能都是客观的物质性的东西。所以，马克思把货币称之为商品，称之为人之外的能为人所拥有的物。这一点值得特别重视。因为并不是所有社会现象的物质载体和它的社会职能都是物质性的东西。但有一类社会现象，比如商品，货币，生产力，等等，它们的物质载体和社会职能都是客观的东西。

社会实在大体是物质载体和社会职能的统一体。社会职能凝聚在物质载体之中，并通过物质载体表现出来，通过物质载体发挥社会作用；物质载体因为承载了社会的职能而不再是纯粹的自然物质实体，而是社会存在。社会存在因为凭借着物，因而成了具有一定社会职能的实体物。这里再利用物质载体与社会职能这对概念来粗略描述几种常见的社会现象，借以进一步明确作为载体与职能相统一的社会存在。刚才说了，国家的社会意义或者社会职能是阶级统治的暴力机关，而国家的物质载体则是大大小小的人群，如按地域划分的居民，各级常任官吏，等等。各级常任官吏代表着统治阶级的利益，维护着统治阶级的利益，行使着统治阶级所赋予的权力。正是因为国家是由不同的人群组成的，它才可能成为统治阶级进行阶级统治的暴力机构。如果国家是由一堆命题或公式定律组成的，那它毫无疑问不能成为暴力机构，不是社会存在；也正因为国家是阶级统治的暴力工具，它才不能由纯粹的逻辑命题来承载，而要由不同人群作为物质载体。再看生产力。生产力的社会意义是人的改变自然的物质力量；它的物质载体，如果从一定的角度看，就是生产者，生产资料，生产对象。生产关系同样有它的社会意义和物质载体。它的社会意义是生产活动中的人与人的关系，它的物质载体在不同社会，可能有所不同。但不同社会的生产资料是可以充当生产关系的物质载体的。生产力，生产关系，后文还有专门论说。

物质载体和它所表示的社会意义之间的关系不一定是内容和形式的关系。因为内容和形式的区分以及它们之间的相互关系并不总是十分清楚的。同一个东西，从一个角度说，是内容，从另外的角度看，又是形式。比如，逻辑学的对象，从思维的角度看，它是抽象掉了具体内容的思维形式；但如果从逻辑学的角度看，思维形式就是逻辑学的内容。因为除了思维的形式之外，逻辑学什么也没有。物质载体和它所表达的社会意义之间的关系是相对确定的，两者都是构成社会存在不可缺少的部分。一般而言，社会现象都有自己的物质载体和社会意义。没有物质载体，就根本不是客观存在，也就不是社会存在；没有社会职能或意义，物质载体也就不是载体而只是纯粹的自然物。比如人，人的社会意义就是马克思所说的社会关系的总和。各种社会关系的总和的支撑者就是自然肌体。支撑社会关系的人的肌体就是人的物质载体，或者物质外壳。所以，作为社会存在的人，就是自然肌体和社会关系的统一，就是用自然肌体表达的社会关系，或者社会关系熔铸于自然肌体之上。如果从历史演进的角度看，就是在自然肌体通过自己的社会历史活动一点一点生长出了社会关系，人也就一步一步成为社会存在。剥离了社会关系的人，就只是纯粹的自然存在；而没有自然肌体的所谓人，就只能是唯心主义的神灵，或者人的观念，根本不是现实社会中的具体人。也可以说，承认有脱离人的自然肌体人，就只能是赤裸裸的唯心主义的观点；而如果剥离了人的社会关系，只剩一个光溜溜，赤条条，像古人所理解的那样，两脚直立，戴发含齿，那就只是一个感性的自然存在。马克思说，“吃、喝、生殖等等，固然也是真正人的机能。但是，如果加以抽象，使这些机能脱离人的其他活动领域并成为最后的和惟一的终极目的，那它们就是动物的机能”。[①] 所谓使人的肌体的机能脱离人的其他活动领域，就是使它脱离人的社会活动，社会关系。一旦脱离了社会关系，人的肌体以及肌体的功能就与纯粹的自然物没有任何不同。所以，马克思说，“自然界的人的本质只有对社会的人来说才是存在的……只有在社会中，人的自然的存在对他来说才是自己的人的存在”。[②]

---

① ［德］马克思：《1844 年经济学哲学手稿》，人民出版社 2000 年版，第 55 页。

② 同上书，第 83 页。

马克思的意思非常清楚：一方面，人是自然的感性的存在，是受自然限制的感性存在；另一方面，感性的自然的存在只有在社会关系之中才成为真正的人的存在，社会存在。总之，人作为社会存在，就是物质载体和社会意义的统一体，自然和社会的统一体。人的社会意义，社会关系凝固于物质载体即自然肌体之中，或者说，人的社会活动、社会关系由人的自然肌体去承载，执行，完成。而所谓社会关系，就是人的关系。所有其他社会现象，与人，生产力，生产关系，国家等一样，都是物质载体和社会意义的统一体。

社会现象毫无疑问是多种多样的，而且还在不断发展变化。所以，社会意义以及凝聚或者表达社会意义的物质载体也就是各种各样，变化万端的。本书不能具体讨论每一种不同的物质载体以及它所表达的意义，但如果粗略说，从大的方面看，社会的物质载体大体有两种。一是纯自然的，或者近乎自然的，一种是人造的。本书的作者知道，这两种物质载体的区分只有相对的意义，或者说，两者只有程度上的差异。因为所谓纯自然的物质载体，其实也只是人对之加工改造的程度少一些，而不是人对之没有任何加工的绝对的在人之外的存在物。因为既然是凝固或表达社会意义的物质载体，是社会存在的物质外壳，它就必然是人周围的物，人就一定对之有或多或少的加工或改造。即使是原始人直接从自然中“拿”来的作为工具使用的石头、木棍，等等，人也对之有改造，只是改造的程度有限。再看作为社会关系之总和的物质载体的人的自然肌体，人对它也不能说完全没有加工改造。各种服装，饰品，以至各式各样的整形塑形，等等，都可以看成是人对人的自然肌体的加工或改造。改造的目的是使之更好的表达社会意义。随着现代科学技术的发展，人对人的自然肌体的加工改造可能越来越多，程度越来越大。但总的说来，在和其他物质载体相比较的意义上，人对自身的自然的改造还是十分有限的。总之，本书把包括人的自然肌体在内的、人对之只有很少的加工改造的物质载体看成是自然的，或者是近乎自然的。

另一类物质载体，就是人造物。人造物是人的劳动生产制造出来的，是自然中原本没有的。但人造物，其实也只是人对自然物的加工改造的程度比前一类大一些。比如寺庙，宇宙飞船，等等，肯定是人造物。但即使是最富丽堂皇的宫殿、神庙等，也是石头、木头等自然物的组合。飞船的材料也是人造物，但制作材料的原料仍然取自自然。所以，对于这两类物质载体，一方面，我们要意识到它们之间有某种程度的不同，并把它们区别开来；另一方面，我们也要注意到，它们之间的不同只有程度上的差异。这本是一个简单的事实。但这个简单的事实对于讨论社会存在其实是至关重要的。它告诉我们：社会存在的物质载体是人对自然物加工改造的结果，有些改造多一些，有些改造少一些。但改造再多，也不改变物的自然性；改造再少，物也是人周围的物，也具有社会性。因而，所有的物质载体本身就都是自然和社会的统一体。物质载体因为是人周围的物，具有社会性，它才可能凝聚社会意义，表达社会意义；物质载体因为具有物性，它才可能在凝固或表达社会意义的同时仍然是客观实在，而不是纯粹的意识。所以，所有的物质载体本身就体现了由自然向社会的过程，就具有自然与社会的统一性。

就物质载体所凝聚的社会意义来说，更是万千不同。有多少种不同的社会现象，也就有多少不同的社会意义。或许正是因为社会意义的不同，才使它们彼此相互区别。不同社会现象的不同社会意义是众多不同学科的研究对象，比如，政治经济学研究生产关系，社会学研究社会组织，如此等等。根据本书的目的，本书把社会意义大致分为两个小类来讨论。一是物质性的意义；一是意识性的意义。意识性的意义容易理解。前面说过，意义这个词的最常见的用法就指意识方面的内容。所谓物质载体的意识意义，就是物质载体凝聚、体现或者表达的意义是思想观念，情感等。比如，语言，它作为人的交际工具，表达的就是人的思想情感。各种语言表达式的意义，无论是语义方面的，还是语用方面的，总之，都是意识方面的内容。艺术作品表达的是意识，主要是审美意识。至于物质性的意义这个说法，前文说过，若按某种理解，它就给人以自相矛盾的印象。因为物质实在没有意义；有意义就不是客观实在。从这个角度说，或许，物质性的意义并不是一个很好的表达式。但在本书中，社会意义是与社会存在的物质载体相对来说的，是与社会职能，或者功能存在等同义的使用的。从这个角度看，物质性的意义这个表达式至少是可以接受的。比如，作为生产力的物质载体的生产者、生产资料、生产对象所表达的社会意义就是社会的改造自然的物质力量，这个力量就是物质性的意义。人的生物有机体承载的社会关系的总和这个意义也是客观的物质性的意义。再比如，某人担任大学校长，很显然，这个人的社会角色即大学校长的职位所行使的权力等也都是物质性的，不是意识或者观念。总之，从社会存在论的角度看，物质载体所凝聚、承载或表达的社会功能有物质性的含义这个内容存在。

区分两类不同的社会意义，对于本书来说，是非常重要的。大体而言，那些物质载体承载的意义是物质性的意义的社会现象，肯定无疑是社会存在；那些意义主要是意识或者观念的物质载体，可能要划归意识范畴。比如，艺术作品，总的来看，主要不是社会存在，而是意识。语言交流的也是思想情感，因而语言就应当划入意识而不是社会存在。

但十分明显：许多物质载体既有物质性的意义，又有意识性的意义，比如，建筑，总体而言，既有实用功能，又有审美价值。建筑的实用功能，大体就是建筑物对人的物质性的功能，因为建筑可以为人遮风挡雨，让人身心得到休憩。审美价值则主要指建筑的意识方面的意义。建筑的物质性意义和意识性意义并不是在任何时候、任何作品中都统一得非常好的。有些时候，某些建筑物可能主要是实用功能，意识方面的意义很少，这样的建筑物就可以归入社会存在。如果建筑物的实用功能退隐了，或者审美意义远远大于其实用功能，那它就与艺术作品没有不同了，这样的建筑就可以划归意识范畴。所以，对于建筑物要区别对待。还有些物质载体也可能有类似的情况，在一定社会历史条件下，主要凝聚的是物质方面的意义，但在另外的社会历史条件下，则主要体现的是意识性的意义。比如，2000 年前的人们在日常生产生活中所使用的一些器物，比如陶器等，在当时，承载的主要是物质性的意义。而其中的一些器物，今天则静静地躺在博物馆中，向人们述说着过去的故事。很明显，作为博物馆中的展品，它们的作用或功能与纯粹的艺术作品就没有不同了。同一个物质载体在不同社会表达不同的意义，时而是物质性的意义，时而是意识性的意义。这也是社会现象的特点。本书把那些物质性的意义占主导地位的物质载体看成是社会存在，而意识性的意义占主导地位的物质载体看成是意识，即前面所说的静的意识。

（2）物质载体与社会意义的统一是社会的历史的统一

社会存在是物质载体和社会意义的统一体，社会意义凝聚在一定物质载体之中，而物也是凝聚社会意义的物。但某种物到底承载什么样的社会意义，某种社会意义又通过什么样的物质载体来表达，并不是意识的任意规定，既不是个人意识的规定，也不是集团意识的规定。物质载体和社会意义的统一，是社会活动尤其是社会的物质实践活动的结果。比如，是用贝壳来表达一般等价物的意义，还是用金银等贵金属来表达一般等价物的意义，就决不是个人意愿的结果，也不是双边、多边协商、讨论的结果，不是社会的全体成员集体投票表决的结果，也不是国家硬性规定的结果，总之，不是意识规定的结果。用某种物质媒介来表达一般等价物，是社会的长期的物质交换活动的结果。其他社会现象的形成与货币的形成，在道理上看，基本一样。在这方面，《资本论》的许多具体论证，都是正确的。因为《资本论》是理论巨著而不是编年纪事的历史著作，因而它没有提供所有社会现象的完整的历史过程的详细叙述。《资本论》在它的理论框架之内，叙述了许多社会现象形成的大致的历史过程，以及它们的形成所需要的社会历史条件，等等。本书这里概略描述《资本论》的有关观点。

《资本论》反复强调的一个基本观点是：社会现象以至社会本身就是人的社会历史活动及其结果。而人的社会历史活动，尤其是人的社会物质生产实践活动，是有前提的。而每一个社会都以前一个社会生产活动及其结果为前提。最初的人类社会以自然为前提。作为社会历史前提的自然，既指人周围的自然，也包括人本身的自然。人的自然肌体直接来自自然，而且始终是自然。人最初满足自身生存的活动也主要是自然的活动，或者是近乎自然的活动。人的自然活动或者近乎自然的活动就在人周围的自然中展开，就是利用人周围的自然、改造周围的自然以满足自身的自然需要的活动。这是思考或研究社会历史的总前提。承认了这个第一前提，这其实就是唯物主义。《资本论》自始至终自觉地反复地强调了这个前提。比如，在论述资本之前，《资本论》先论述商品生产和交换，论述劳动力商品；而商品生产又是在一般劳动的基础上发展出来的。所以，《资本论》在论述剩余劳动之前，又论述了一般劳动或劳动的一般性，论述了劳动的自然性，论述了劳动的自然物质前提。可见，《资本论》中的唯物主义根本不是外在的，而是整个理论体系的有机组成部分，方法部分还有具体论说。

具体到社会现象，《资本论》也强调：所有社会现象的物质载体都与自然有关，或者说，都来自自然。这是《资本论》强调的第二个基本观点物质载体或者直接就是从自然界“拿”来的，或者只是对自然物有或少或多的改造。前文说过，原始人直接取自自然的石头、木棍等物质工具，基本就是纯自然的物质外壳。现代社会中的许多物质载体已经被人改造得很厉害了，或者说，离自然而然的存在状态已经比较远了。但离自然再远的人造物，也是通过劳动而利用自然物制造出来的。马克思在分析商品体时指出：如果把商品体中“包含的各种不同的有用劳动的总和除外，总还剩有一种不借人力而天然存在的物质基质。”① 也就是说，充当社会意义的凝聚者的物质载体，无论被加工改造得多么厉害，仍然有自然的基质，仍然以从自然界拿来的物质作为材料。马克思在这里陈述的是事实，也是唯物主义的大道理。否认这样的事实是荒唐可笑的。

第三，《资本论》还突出了社会选择物质载体的自然原因。马克思肯定，某物之所以成为某种社会意义的物质载体，从总体上说，是社会历史造成的，而不是自然的结果。但社会历史选择某种物质载体表达某种社会意义仍然有自然的原因。有些时候，自然的原因甚至起到非常关键的作用。比如，人的自然肌体为什么成了人的社会关系的物质载体呢？这其中，自然的原因是非常重要的。一般等价物最先并没有选择金银等贵金属，社会最后把金银作为一般等价物的物质载体，自然的原因是不能否认的。假定某个国家把水作为其货币的物质载体，要反对这样做的社会方面的理由可能不充分。但反对这样做的自然方面的原因就是很有效的。也就是说，水这种物质的自然物理属性决定了它不适合做一般等价物的物质载体。马克思在论及固定资本的物质载体时指出：“虽然使劳动资料成为固定资本的，不是它由以制成的耐用的物质，但是它作为劳动资料所起的作用，要求它由比较耐用的材料制成。因此，材料的耐用性是它执行劳动资料职能的一个条件，从而也是使它成为固定资本的那一流通方式的物质基础。”② 马克思不是自然决定论者，他不是简单从自然出发来理解社会，或者把社会完全还原为自然。决不是！马克思更多是从社会出发来理解社会的。具体到某种社会现象比如固定资本的物质载体，马克思也不认为完全是由物的自然物理化学属性决定的。但马克思也非常恰当地指出了自然物的物性在社会中所起的作用。社会在把某种自然物塑造成某种社会存在的过程中，即让它凝聚或体现某种社会意义的实践过程中，社会要尽量考虑自然物的物性，要充分利用自然物的自然性。也可以说，在社会领域，自然的因果律仍然有其适当的土壤。这也是社会具有客观规律性的自然根

---

① ［德］马克思：《资本论》第1卷，人民出版社2004年版，第56页。

② ［德］马克思：《资本论》第2卷，人民出版社2004年版，第246页。

基。今天的社会学在考察或评估人的行为时仍然充分考虑了人的生物学根基就是这个道理。

第四，《资本论》还具体论述了某些社会现象的形成发展过程，比如，货币的形成，资本的产生，资本主义生产方式的形成，资本家的出现，等等。这些论述既陈述了历史事实，又具有方法论的意义。有些内容，方法部分还有说明。这里简单说说《资本论》是如何回答“资本家最初是从哪里来的”这个问题的。①

资本家是从哪里来的，这个问题要回答的是资本家阶级是如何形成，如何存在的。从大的方面看，《资本论》讨论了两个方面：资本主义生产方式的形成和资本家阶级的出现。孤立地看，前一方面是社会关系，后一方面主要涉及人或人的集团。但如果联系的看，这两个方面就是统一的。因为社会关系就是人的关系，而人又是社会关系的总和。没有人，没有人的集团，社会关系不能存在，资本主义生产方式自然也不能存在；如果没有社会关系，没有资本主义生产方式，相应的人的集团如资本家阶级也不能作为阶级出现或存在。有了资本主义生产方式，自然就有了资本家；有了资本家，也就有了资本主义生产方式。所以，资本主义生产方式的形成和资本家阶级的出现是同一历史过程的两个不同方面。

关于资本主义生产方式的形成，《资本论》既论述了这个生产方式产生的前提，又论述了它的大致的形成过程及条件。就前提说，有封建生产方式和奴隶生产方式，而这两者又有自然的物质前提。因此，资本主义生产方式与任何其他生产方式一样，有自然的前提。整个人类社会都有自然前提。就历史过程看，《资本论》主要分析了原始积累。马克思指出，原始积累的过程，就是资本形成的过程，资本主义生产关系的形成过程，这个过程“只能是劳动者和他的劳动条件的所有权分离的过程，这个过程一方面使社会的生活资料和生产资料转化为资本，另一方面使直接生产者转化为雇佣工人。因此，所谓原始积累只不过是生产者和生产资料的分离的历史过程。这个过程所以表现为‘原始的’，因为它形成资本以及与之相适应的生产方式的前史。”② 生产者和生产资料甚至生存资料分离之后，生产者迫于自然的压力，就只有出卖自己唯一的所有物——劳动力了，当

① ［德］马克思：《资本论》第1卷，人民出版社2004年版，第852页。

② 同上书，第822页。

劳动力正式成为商品，成为货币可以自由购买的对象时，购买劳动力的货币就是资本了，劳动力的购买者就是资本家了。出卖劳动力的人就是雇佣工人了。但生产者和生产资料甚至生存资料的分离过程是一个痛苦的过程，这个过程绝不是像一些温和的资产阶级经济学家所想象的那样，充满了田园诗式的浪漫，也不像现代一些咬文嚼字的分析哲学家所指出的那样，是意识的规定或赋值。马克思指出：真实的历史过程充满了“征服、奴役、劫掠、杀戮”,① 对生产者的“这种剥夺的历史是用血和火的文字载入人类编年史的。”② 尽管我们不能仅仅停留在道德评价的层面上，对这种暴力的剥夺只进行最强烈的谴责或最无情的批判，而看不到这种剥夺的历史意义。《资本论》除了谴责杀戮之外，对资本主义生产方式的进步意义也给予了充分肯定。但从存在论的角度看，充满了“征服、奴役、劫掠、杀戮”的过程就是社会历史活动本身。这样的过程尽管有意识参与其中，但它不是一个纯粹的意识过程，而是客观活动过程。

随着资本主义生产方式的形成，资本家阶级也就形成了。但这个阶级的物质载体，即构成这个阶级的人的集团的形成，又有一定偶然性，尤其是社会中的某些个人，能成为这个阶级中的一分子，成为资本家阶级的成员，更是充满了偶然。《资本论》也大体叙述了资本家阶级的形成过程。在英国，农业资本家，也就是“租地农场主”，是从农奴的管事发展而来的。管事到了14世纪就成了租地的农民。他不仅从地主那里租地，而且从地主手上获得种子、牲畜和农具，并雇用农民从事生产劳动。租地的农民尽管雇用农民，但由于生产规模不大，加上地主剥削过多过重等众多因素，租地的农民和他们雇用的农民起初并没有多大区别。但随着社会的发展，租地农民很快成为“分成农，半租地农场主”，即他已经开始“筹集农业资本的一部分”了，并和地主“按合同规定的比例分配总产品。”③ 这种过渡形式在英国也没有持续多长时间，取而代之的就是真正的租地农场主。租地农场主“靠使用雇用工人来增殖自己的资本，并把剩余产品的一部分以货币或实物的形式作为地租交给地主。”④

整个15世纪，租地农场主的生产规模并不大，他们所拥有的社会财

① ［德］马克思：《资本论》第1卷，人民出版社2004年版，第821页。

② 同上书，第822页。

③ 同上书，第852页。

④ 同上。

富也属中等。从15世纪末开始的农业革命，在使农村居民变穷的同时，也使租地农场主快速致富。再加上侵占、掠夺等手段，租地农场主又大大增加了自己的财富。到了16世纪，又出现了一个具有决定意义的因素，即当时的土地租约期限很长，往往是99年。在租约期内，贵金属的价值下降从而货币的价值不断下降。这一方面直接降低了工资，另一方面，又使农产品价格不断上涨。也就是说，整个16世纪，租地农场主没有花费一点力气，就额外的大大增加了他的货币资本量。马克思最后得出结论：租地农场主“是同时靠牺牲自己的雇佣工人和地主的利益而致富的。因此，在16世纪末，英国有了一个就当时情况来说已很富有的‘资本主义租地农场主’阶级，是不足为奇的。”①

从《资本论》的概略的叙述中，我们可以看到，马克思断定，英国的农业资本家阶级在16世纪末就已经存在了。马克思作出这个断定既考虑了他们所采用的生产方式的质的方面，即靠使用雇用工人来增殖自己的资本，也考虑了这种生产方式的量的方面。就量来说，既有单个租地农场主的生产规模，他所拥有的货币资本量，也有租地农场主作为一个整体占当时的英国社会生产的比例等。货币没有一定的量不能称之为资本。资本总量在社会中没有达到一定的规模或比例，资本家阶级也不能说真正形成了。因此，农业资本家作为阶级在英国的形成，是持续了几百年的事情。如果再考虑货币的形成等资本主义前史，农业资本家的形成过程就更加漫长了。这个漫长的历史过程就是人的物质生产、生活的实际过程，就是社会发展的实际历史过程。这大概就是马克思所说的自然历史过程的基本意思吧！从存在论的角度研究社会，对各类社会现象的这个自然的历史形成过程是不能不给予足够的重视的。《资本论》虽然不是存在论方面的专门著作，但还是用简洁的文字把一些社会现象形成的历史过程以及基本条件都论述清楚了。这样的内容是值得重视的。

马克思也注意到，工业资本家和农业资本家的形成有某些不同，工业资本家主要不是通过像租地农场主那样自然的、渐进的方式形成的。也许有少数人通过偶然的、自然的、渐进的方式成了小工业资本家，然后逐步成为大工业资本家。但通过这种自然的、渐进的方式生产资本家是非常慢的。西班牙、葡萄牙、荷兰、法国、英国等现代资本主义国家中的工业资

---

① ［德］马克思：《资本论》第1卷，人民出版社2004年版，第853—854页。

本家大多不是通过这种缓慢的、自然的、渐进的方式形成的，而是在国家通过殖民制度、国债制度、现代税收制度和保护关税制度等来完成劳动者同劳动条件甚至生存条件的分离的过程中快速生长而成的。所有这些制度或方法“都利用国家权力，也就是利用集中的、有组织的社会暴力，来大力促进从封建生产方式向资本主义生产方式的转化过程，缩短过渡时间。”① 《资本论》引用的大量的事实显示，人间的最背信弃义的行为，最卑鄙无耻的行为，都在这个历史时期集中上演。所以，马克思愤怒地指出，“资本来到世间，从头到脚，每个毛孔都滴着血和肮脏的东西。”②

肮脏也罢，卑鄙无耻也罢，背信弃义也罢，包括资本在内的社会存在就是通过实实在在的人的客观物质实践活动而形成的。社会存在不是意识的约定或者想象的结果。尽管人的社会实践活动都是有意识的进行的，但社会实践活动与意识约定或想象毕竟是完全不同的两回事。即使是最科学、最合理、最简单，因而是最容易变成客观实在的意识，如果它不进入人的实践活动，它就只是意识，而不是客观实在；而即使是最粗鄙、最原始的人的实践活动，它也具有改变客观实在，创制新的客观实在的功能。《资本论》描述的通过集中的、有组织的社会暴力的使用，加速工业资本家阶级的形成，加速资本主义生产方式的产生和完善，与通过自然的、渐进的方式形成租地农场主那样的农业资本家，这是两种不同的方式，若从实证社会历史科学的角度看，它们之间的差异是比较明显的。但从社会存在论的角度看，它们就都是社会的物质实践活动的结果。也就是说，资本家阶级的形成，与封建地主阶级等的形成，从大道理上看，有相同之处，即都是客观社会历史的产物。

这里可以初步得出结论，社会本身以及社会中的各种客观现象都是人在自然的基础上，利用自然的条件，在物质性的生产活动和物质性的交往活动中逐步生长而成的。具体到不同的社会，不同的社会现象，形成的途径、方式、条件、速度等可能有所不同，但从总体看，都是客观物质活动的结果。比如，人首先要解决自己的自然问题，即用自然方式解决自己的自然需要。而要解决自然问题，人就必须有一定的社会关系才行。然后在生产的过程中，逐步生产出更多、更复杂的社会关系。在人的商品生产和

---

① ［德］马克思：《资本论》第1卷，人民出版社2004年版，第861页。

② 同上书，第871页。

商品交换的过程中，社会逐步生产出了货币，在商品生产和交换的过程中，逐步使劳动力成为商品，资本这个魔鬼就逐步长成了。如此等等。在自然的基础上，利用自然的条件，通过物质性活动生成的社会存在，又是通过这种那种物质载体来凝聚或表达的。所以，在这样的意义上，社会存在就只能是物质存在，或者客观实在，不可能是别的什么。

《资本论》对资本主义生产方式、资本家的形成过程的唯物主义论述为我们正确认识社会存在，批判唯心主义错误理论提供了有力武器。许多唯心主义哲学家往往利用社会存在与意识密切相关联这个特点，拼命把社会存在说成是意识的产物，或者意识的规定，以此鼓吹唯心主义。比如，现代语言唯心主义尽管变换了研究思路和方法，但把社会存在说成是意识的产物的唯心主义实质仍然没有任何改变。比如，塞尔认为，社会现象大体可定义为“把……作为……”或者“X 在 C 中算作 Y”。他说：“由造币局发出的得到财政部许可的印着如此这般图案的一些纸直接就算作货币”。[1] 这类“把”句式，按塞尔的说法，其实有两层含义：把某种东西说成是什么，它就是什么，而且只有把某物作为什么，它才是什么。塞尔是以货币为例讨论社会存在的。他最后的结论是，社会存在与自然物不一样，自然是自然而然的，社会存在则是心灵的构造。

本书反复指出，社会存在肯定与人的意识相关联。试想：如果一定社会群体中的每个人都不把某种东西算作货币，且不把它作为货币来使用，这个东西还是货币吗？马克思在《〈政治经济学批判〉导言》中也指出：“一件衣服由于穿的行为才现实地成为衣服；一间房屋无人居住，事实上就不成其为现实的房屋；因此，产品不同于单纯的自然对象，它在消费中才证实自己是产品，才成为产品。”[2] 这与《1844 年经济学哲学手稿》中“土地只有通过劳动、耕种才对人存在”的论述实质上是一样的。[3] 如果按照分析哲学家的思路和方法对穿的行为，居住的行为，或者耕种的行为进行分析，或许可以发现这些行为中包含有如塞尔所指出的“把”句式。

但必须明确肯定：马克思的观点决不能与塞尔等人的唯心主义的思想观点混同。塞尔首先犯了常识性错误。塞尔明显把纸币当成了货币，把社

---

① ［美］约翰·塞尔：《心灵语言和社会——实在世界中的哲学》，上海译文出版社 2001 年版，第 123 页。

② 《马克思恩格斯选集》第 2 卷，人民出版社 1995 年版，第 9 页。

③ ［德］马克思：《1844 年经济学哲学手稿》，人民出版社 2000 年版，第 75 页。

会存在的符号或象征，说成是社会存在本身。但十分明显：货币和纸币是不同的。社会存在和社会存在的象征更是两回事情，尽管表示某种社会现象的符号本身也可能是物理的东西。比如，国徽国旗是国家的象征，但国徽国旗并不就是国家；警服代表了警察，但警服并不是警察。本书所讨论的始终是社会存在，而不是社会存在的符号或象征。本书的作者也知道，马克思在《资本论》中也使用过“符号”这个词来指称社会存在物，比如，称“每个商品都是一个符号”。[①] 但马克思所说的符号指商品体。马克思的意思是，商品作为一个可感觉的物，可以把它理解为人类劳动创造的价值的物质外壳或物质符号。也就是说，马克思所说的符号与物质外壳、物质载体或者物质凭借是同样的意思。符号或者物质载体体现的是社会物质存在。如果我们一定要使用马克思使用过的符号这个概念，把商品、货币等理解为符号，那么，纸币、警服，等等，就是符号的符号，象征的象征。肯定一点：无论如何用字，都必须实实在在、明明白白把国家和国旗，警察和警服，货币和纸币等区别开来。社会存在的符号表示或象征可以是纯粹思维的规定，而社会存在本身则是社会历史活动的物质成果。

第二，塞尔因为把社会存在本身与社会存在的符号混同而违反了常识，他的观点就是不能面对常识的。举例说：假定某人非常坚定，非常执着，数十年如一日，拿苍蝇当爱人，而且只拿苍蝇当爱人。苍蝇因此就成了某人的爱人吗？这个例子可能极端了一点，但按照塞尔的理论，就要承认苍蝇是爱人。再假定：整个社会都把某一部分人只当牲口对待，被当作牲口的人其实也仍然是人，而不是牲口。而且我们有理由指责把人当牲口的社会是不合理的。

第三，马克思尽管没有否认社会存在和意识的关联，但马克思更强调社会存在与人的物质活动的关联。物质活动肯定伴随有意识活动，但这并不表示社会存在只是由意识规定的，甚至只是意识。前文举的例子已显示，在许多情况下，个体意识，集团意识说了都不算。也就是说，集体把某个东西算作什么，事物本身并不听从集体的意愿而成为什么，反而顽强不屈的是它自己。请看马克思对货币的历史生成过程的论说：“一个商品所以获得一般的价值表现，只是因为其他一切商品同时也用同一个等价物

① ［德］马克思：《资本论》第1卷，人民出版社2004年版，第110页。

来表现自己的价值，而每一种新出现的商品也都这样做。这就表明，因为商品的价值对象性只是这些物的‘社会存在’，所以这种对象性也只能通过它们全面的社会关系来表现，因而它们的价值形式必须是社会公认的形式。”① 马克思这里也提到了“社会公认”，但马克思所说的社会公认基本不是意识的公认，而是社会的客观活动的公认。也就是说，某种商品成为一般等价物，成为货币，是由社会的长期的大量的商品交换活动“公认”的。马克思在《资本论》中论述商品交换活动作为一种社会的客观实践活动时至少强调了这种活动的两个特点：一是强调了这种活动的物质性。社会的成员在交换的活动中可以自觉把某种东西视为一般等价物，也可以没有这种明确的意识，只要有确定的交换活动就可以。但如果只有把某种东西视为一般等价物的意识，而没有实际的商品交换活动，这样的意识就不能使某种东西成为一般等价物，或者说，这样的意识作为意识本身来看，可以很明确，但并不能对社会存在有任何实质性影响。马克思强调的交换活动的另一个特点就是社会性，持续性或历史过程性，强调这种活动不是个人的偶发行为。社会的活动最初可能是个人的偶发行为。但个人的偶发行为一定要变成社会的持续性的历史行为，才能使社会存在最终形成。历史上的实际情况往往是：整个社会的持续数百年的物质交换活动才最终把某种东西变成一般等价物即货币。《资本论》三大卷到处都在强调这样的历史唯物主义思想。即使是在《1844 年经济学哲学手稿》这部早期的不十分成熟的著作中，我们也能看到这种历史唯物主义的立场。“资本一旦想到——不管是必然地还是任意地想到——不再对工人存在，工人自己对自己来说便不再存在……工人只有当他对自己作为资本存在的时候，才作为工人存在；而他只有当某种资本对他存在的时候，才作为资本存在。”② 马克思这里尽管用了“想到”这个词，句子也有些思辨味道，但因为“想到”的主语是资本，而不是人或人的意识，再联系上下文，马克思的意思还是强调了社会的持续的实践活动对于构建社会存在的决定作用。《资本论》更是反复强调，“他们没有意识到这一点，但是他们这样做了。”③“他们还没有想就已经做起来了”④。即在历史发展的特定阶

---

① ［德］马克思：《资本论》第 1 卷，人民出版社 2004 年版，第 83 页。
② ［德］马克思：《1844 年经济学哲学手稿》，人民出版社 2000 年版，第 65—66 页。
③ ［德］马克思：《资本论》第 1 卷，人民出版社 2004 年版，第 91 页。
④ 同上书，第 105 页。

段，整个社会可能都没有某种明确的自觉的意识，即没有想到，但持续的社会实践活动却实际促成了某种社会现象的形成或持续存在。上文引用的马克思的《〈政治经济学批判〉导言》以及《1844 年经济学哲学手稿》中的论述，也是强调穿的行为对于衣服之成为衣服，居住的行为对于房屋之成为房屋，耕种的行为对于耕地之成为耕地的重要性。耕种的行为、居住的行为、穿的行为，其实都是用通俗的语言表示的一定社会历史时期的广泛而持续的社会实践活动。这也就是鲁迅的名言“地上本没有路，走的人多了，也便成了路了”的基本意思。

第四，社会历史活动有其自然物质根基。前文已指出过，社会存在的物质载体的形成或确立，即社会历史活动把某种东西生产或改造成什么东西，明显受客观自然条件的限制或制约。我们自然不能像旧唯物主义那样，把社会存在还原为自然物质实在。但是，社会存在却不能没有自然物质载体或凭借。如果没有合适的自然的泥土，就不会有耕种的行为；没有耕作的行为，也就没有作为劳动对象或作为社会财富的耕地。同样，如果没有某种可以穿着的物理的东西，也就没有社会性的穿的行为，因而也就没有衣服这种社会现象。穿一件根本不存在的“新衣”，作为个人的偶发行为可能在某时某地出现，但个人的偶发行为不会使不存在的东西成为真正的衣服。马克思在分析各种使用价值时指出：如果把各种使用价值所包含的“各种不同的有用劳动的总和除外，总还剩有一种不借人力而天然存在的物质基质。”① 这个论述对于社会存在而言，也是完全适用的。可以肯定：任何社会存在首先都是自然存在，或者有自然的物质凭借。如果完全不考虑自然物质基质，即使在一定时空范围内有某种社会的活动，这样的社会活动也很难真正产生出合理的社会存在来。“尽管奴隶或农奴可以被看作并且仅仅当作生产或物的工具来使用，但事实上，他们并不是真正的物，而是被现存的社会关系还原到这一功能水平的代理人。”② 因为奴隶或农奴与他们的主子在生物学意义上是完全一样的人，没有任何差异的人。社会不顾这个刚硬的生物学事实，把他们仅仅当作物来使用，也仍然改变不了刚硬的生物学事实，改变不了自然存在，改变不了客观实在本

① ［德］马克思：《资本论》第 1 卷，人民出版社 2004 年版，第 56 页。

② ［美］古尔德：《马克思的本体论：马克思社会实在理论中的个性和共同体》，北京师范大学出版社 2009 年版，第 122 页。

身。社会存在就是在这类自然的刚性的基础上，再利用社会的物质实践活动，逐步创制出来的。而且人的物质实践活动只能像自然本身那样发挥作用，就是说，只能改变物质的形式。马克思在论述这个问题时专门引用了彼得罗·韦里的观点："宇宙的一切现象，不论是由人手创造的，还是由自然的一般规律引起的，都不是真正的新创造，而只是物质的形态变化。结合和分离是人的智慧在分析再生产的观念时一再发现的惟一要素"①。因此，所有的社会现象，包括社会本身，都有客观的自然物质作为基础，作为条件。因此，自然的规律也就在社会的一定范围、一定层次或一定条件下起作用。尽管自然物本身，或者自然物的客观属性不就是社会的存在，社会的现象，自然规律也不都直接是社会的规律，但社会存在离不开自然物，离不开自然物性，社会的规律也在一定范围离不开自然规律。马克思在《资本论》中论述社会存在就充分考虑了自然的根基这个简单事实，而唯心主义者则有意无意否认自然的根基。

以上的分析显示，马克思对社会存在的解释是正确合理的，而各种各样的唯心主义对社会存在的解释是不合理的。

2. 社会存在的外延

前文已指出，如果某种社会现象的物质载体的意义主要是物质性的，那这样的现象就是社会存在；如果它的社会意义主要是意识，那就不是社会存在。这既规定了社会存在的含义，也基本划出了社会存在的外延。但到底哪些现象是社会存在？或者社会存在这个概念的外延集合到底有多少？这个问题并没有完全清晰。本章并不打算将社会存在的外延毫发无遗地全部呈现出来，只打算结合《资本论》的有关论述，枚举一些社会现象，借以加强对社会存在这个概念的理解。

《资本论》主要是研究资本主义生产的，而资本主义这种特殊的生产又是以前代的生产以及一般的劳动为条件、为前提的。所以，《资本论》讨论的重点就是资本主义的生产力、生产关系。而生产力、生产关系也是任何社会的骨架。所以，《资本论》的论述既有专门性，又有一般性和普遍性。但《资本论》研究资本主义生产关系更多是通过论述商品、货币、资本、土地所有权等来研究的。因为在资本主义社会，商品、货币、资本、土地所有权，雇佣劳动者，资本家，等等，它们既作为它们自身而存

---

① ［德］马克思：《资本论》第1卷，人民出版社2004年版，第56页。

在，即它们各自都有其形而上学的特征，也作为资本主义的生产关系的物化而存在。

透过《资本论》的论述，我们知道，既有在一切社会都存在的生产力，生产关系以及作为劳动的主体的社会人，也有只在特定社会存在的特殊社会现象，例如，奴隶只在奴隶社会存在，阶级只在阶级社会存在，商品只在商品社会存在，资本则是资本主义社会的主角，如此等等。资本时而以商品形态存在，时而以货币形态存在。变化多端。这里利用《资本论》的有关论述，简单说说作为社会存在的商品、货币和资本。

（1）商品

马克思称商品是一种很古怪的东西，它“充满形而上学的微妙和神学的怪诞。”① 所谓形而上学的微妙，是就商品的本体论地位而言的，它既有自然物的属性或特点，又是人工制造物，有人的劳动所创造的价值凝结于其中。所谓神学的怪诞，则是针对商品的社会意义来讲的。这种社会意义明显存在，而且正是这个独特的社会意义才使商品成为它自身。但这个意义无论是显微镜还是放大镜，无论是物理的方法还是化学的方法都发现不了它。如果说，形而上学的微妙主要是针对商品的物质载体而言的，那么，神学的怪诞则主要是从商品的社会意义来说的。可见，《资本论》关于商品的有关论述也显示：商品作为社会存在，同样是物质载体和社会意义的统一体。

“商品首先是一个外界的对象，一个靠自己的属性来满足人的某种需要的物。”② 因而“是一个普通的可以感觉的物。”③《资本论》中的外界的对象、外物、物、可以感觉的物等表达式，前文已经指出过，明显和列宁表述的唯物主义的物质概念是完全一致的。正因为商品是人之外的客观实在，它才可以成为某种意义甚至多种意义的物质载体。或者说，一个东西要成为商品，首先应当是在人之外的物。满足人的物质文化需要的商品是实体性的东西，自不待言；就是满足人的精神需求的艺术作品等也要有物质媒介或物质凭借，如笔墨、光影、色彩、人体及其动作、音声、语言、文字、青铜、石块等，甚至纸张、画布、画框、基座等也都是相关艺

---

① ［德］马克思：《资本论》第1卷，人民出版社2004年版，第88页。

② 同上书，第47页。

③ 同上书，第88页。

术作品不可缺少的物质基质。没有这些物质媒介、物质手段，艺术作品就难以“存在”。本文的作者知道，有些学者主张，艺术只是直觉，艺术与表达艺术的物质媒介没有关系。即使这样的讲法是正确的，它也只是艺术的一个定义，也只是定义了艺术的心灵性。用本书前面使用的语词来说，就是强调了艺术是动态的意识。这种观点对于靠心灵来直接创造艺术美的艺术家或者靠心灵来体验艺术经验的接受者来说，或许是有意义的。但艺术作为社会现象，它就不仅仅是动的意识。艺术作为社会现象，更主要的还是客观化的意识，静的意识；艺术要作为具有交换价值的使用价值，要成为商品，就更需要凝固成某种物。这是没有任何疑义的。没有一个头脑正常的人会花钱购买并不存在的东西，或者皇帝的新衣之类的东西。即使购买安徒生童话，也是购买某种有形的物质凭借。

商品作为物来看，毫无疑问是人工制造物。所以，商品与没有人的价值凝结于其中的纯自然物是不同的。商品有价值凝结，纯自然物没有。但如果只从物的角度来分析，商品与自然物就没有任何不同。比如，由木头制作而成的桌子就具有木头的全部物性，由石头建造的房屋也具有石头的全部物性，如此等等。即使是艺术作品中的物质媒介，它作为物来看，也与纯粹的自然物没有不同。这一点前文已经反复强调过。

商品作为人工制造物这个特点值得特别重视。一方面，作为物，从物的角度说，它与纯自然物没有任何不同。这是社会从自然而来，社会存在包括自然存在，社会存在有自然性或客观实在性的基本理由。另一方面，作为人的制造物，它又凝结了、体现了、反映了人的价值，人的关系。也就是说，人造物这个特点，是把商品的物性、实体性、自然性和人性、价值性、社会性统一起来的桥梁，是把商品的物质载体和它的社会意义统一起来的桥梁。

商品的社会意义大体就是：人制造出来的凝固了人的价值并可满足人的需要的物。商品作为人创造出来的物，它显示的是人的劳动的本质，人的劳动的无差别性，显示的是人的生命的意义或价值。生产商品的劳动的特殊之处在于：为己为人或者手段目的之间的分裂。一般的劳动是人解决自己的生存问题而进行的活动，是实现目的的手段。因而手段和目的是统一的。但商品是为交换而生产的。为他人生产使用价值，为自己生产价值。商品生产者为自己生产价值的目的要通过为他人生产使用价值来实现；商品消费者获得商品的使用价值的目的要通过为他人支付价值的手段来实现。而人们为了等量等价的交换彼此的劳动成果，就要彼此承认所有的商品生产者是一样的，平等的。商品所有者所持有的商品都是有价值的，都是由无差别的人的劳动凝结而成的。所以，商品的价值就是人的劳动的凝结，商品的价值量的大小，就是无差别的人的劳动量的大小，就是人在劳动过程中耗费的脑力体力的大小。"一切商品作为价值都是对象化的人类劳动",① 商品的价格或货币表现形式只是价值的"观念的或想象的形式。"② 商品生产交换这种特殊的劳动仍然以人类一般的劳动为前提并且呈现人的劳动的一般性。

商品的使用价值，从纯粹经济学的角度说，似乎与劳动无关，主要由物的自然特点、属性产生。但如果我们从社会本体论的角度看，使用价值从根本上说也是劳动的成果，社会的产物。因为使用价值也是针对人或社会来说的。而且，确定或发现物的某种、某些对人的有用性，从根本上说，也是生产劳动的成果，社会历史的成果。马克思明确地说："发现物的多种使用方式，是历史的事情。"③ 针对有经济学家所说的物都有内在的使用价值而且这个内在的使用价值在任何地方都不变，就像磁石的吸铁性一样，马克思进一步指出："磁石吸铁的属性只是在通过它发现了磁极性以后才成为有用的。"④ 在科技和工业发现石油的有用性之前，谁知道这种黑黢黢黏糊糊脏兮兮的东西具有如此大的用处？而且这种东西今后还可能有什么用处或怎样的使用价值，今天没有任何人能准确说出来。任何一种物的潜在的可能的使用价值都是无限的。随着劳动的发展，技术的进步，可能的有用性会逐步展开，逐步成为现实的实际的使用价值。所以，从根本上说，商品的使用价值也是商品的社会意义的一部分。只是发现物的有用性的过程，就是社会历史本身。而这个社会历史过程的结果，从经济的角度看，表现为社会的公共资源，体现为物的自然属性因而不具有交换价值，就像人周围的自然物如空气等一样。但从社会存在论的角度看，它也是社会的历史成果凝聚在物中，尽管表现为物的自然属性，但实质上是社会历史的成果。

按照《资本论》的分析，商品是使用价值和价值的矛盾统一体。这

① ［德］马克思：《资本论》第1卷，人民出版社2004年版，第114页。
② 同上书，第115页。
③ 同上书，第48页。
④ 同上。

个矛盾既是人的关系的凝结，也进一步体现人的关系。对于商品生产者来说，商品只是价值，没有使用价值；对商品的使用者、消费者而言，商品只是使用价值，没有价值。商品生产者要获得价值，就必须为消费者生产使用价值；消费者要获得使用价值，就要向生产者支付价值。可见，商品体的价值和使用价值的矛盾就是商品的生产者和消费者之间的矛盾。商品消费者和生产者的为人为己矛盾体现在商品物中并通过商品物的交换而得到解决。

人的关系凝固为物的属性并通过物来表现，会产生许许多多问题。从商品生产看，生产者的价值表现为物的价值，商品的价值同时就是生产商品的劳动者的客体价值，他生产了多大的物的价值，他作为人就有多大的价值。对于商品的使用者、消费者来说，他的主体价值就是消费使用价值，就是对物的占有或使用，或者说，只有当他消耗物并破坏价值时，才证明他是价值主体，他才享受到生命的尊严。这是颠倒或异化。

（2）货币

如果商品是物，那么货币也是物。因为货币就是商品。如果说商品是有人的一般劳动凝结于其中的具体的有用物，那么货币则是充当一定社会职能的一般等价物。马克思说得很明确："货币本身是商品，是可以成为任何人的私产的外界物。"① 前文已不止一次指出：《资本论》的这个"外界物"以及类似的说法，同列宁定义的物质概念完全一致。

既然货币是商品，货币的客观实在性和商品的客观实在性就大体一样。货币的客观实在性可以从以下三个方面来论说。一是货币的社会意义，一是货币的物质载体，一是货币的产生过程。

按照《资本论》的分析，货币的社会意义，或者，它的形而上学本质，就是一般等价物。前面说过，马克思所说的一般等价物就是消退了使用价值或者具体物的物性方面的差异性的物。一般等价物是在物与物的交换之中逐步形成的。在某一社会中，当一般等价物固定地由某物来充当，它就获得了一般等价物这个社会职能的独占权，其他商品就丧失了作为等价物的职能了。而具体的有用物在获得一般等价物的独占权的同时，它作为物的具体的有用性则会被社会屏蔽。比如，羊，在充当一般等价物的过程中，它就不会成为人的盘中美味。可见，所谓一般等价物，只是在社会

① ［德］马克思：《资本论》第1卷，人民出版社2004年版，第155—156页。

的物物交换的活动过程中被暂时忽略了具体有用性的物，是所有其他物都与之进行交换的物，也是反映其他物的价值的物。如果具体的等价物是物，那么一般等价物也是物。如果不把货币理解为物，就不能理解物物交换的等价交换原则（1 双皮鞋等于 2 个观念，不仅事实上不成立，在语义上也莫名其妙）；如果不把货币理解为物，就不能解释某人口袋里实实在在的 100 元和想象中的 100 元的不同这个简单事实；如果不把货币理解为物，也就不能理解货币所代表的社会物质财富。

进一步说，一般等价物这个社会职能主要由人造物来充当，而不由纯粹的自然物来充当。即使是贝壳等简单的物，也是有人的劳动凝结于其中的人造物。马克思指出："充当等价物的商品的物体总是当作抽象人类劳动的化身，同时又总是某种有用的、具体的劳动的产品。"① "一个商品所以获得一般的价值表现，只是因为其他一切商品同时也用同一个等价物来表现自己的价值，而每一种新出现的商品都要这样做。这就表明，因为商品的价值对象性只是这些物的'社会存在'，所以这种对象性也就只能通过它们全面的社会关系来表现"。② 这个"社会存在"明显指通过社会活动而获得的某种社会属性或社会功能。货币的社会职能就是"在商品世界起一般等价物的作用"。③ 某物能成为一般等价物，成为货币，这"与其他商品一样，它过去就起等价物的作用：或者是在个别的交换的行为中起个别等价物的作用，或者是与其他商品等价物并列起特殊等价物的作用。渐渐地，它就在或大或小的范围内起一般等价物的作用。"④ 仅此而已。

从实际情况看，一般等价物目前主要由金银等贵金属来充当。"金这种物质只是充当价值的化身，充当货币。"⑤ 也可以说，金银等金属只是货币的物质外壳，只是货币的物质符号或物质载体。金银"是一切人类劳动的直接化身。"⑥ "金能够充当价值尺度，只是因为它本身是劳动产品"，⑦ 马克思的这些论述强调了两个基本观点：金银是货币的物质载体；

---

① ［德］马克思：《资本论》第 1 卷，人民出版社 2004 年版，第 7 页。
② 同上书，第 83 页。
③ 同上书，第 86 页。
④ 同上书，第 87 页。
⑤ 同上书，第 125 页。
⑥ 同上书，第 113 页。
⑦ 同上书，第 118 页。

金银之所以能充当货币的物质载体，主要的还是因为它们本身是劳动的产品，是劳动的凝结物。

前文说过，货币是在物物交换的活动中逐渐游离、分离或分化出来的一般等价物。毫无疑问，人的物物交换活动是社会性的物质性的历史活动。所谓社会性的活动，基本意思是在特定社会关系中的众多人的活动，甚至是整个社会的活动，而不是个别人的活动；所谓历史活动，指交换活动是长时间的一贯的活动，而不是偶发的行为；所谓物质活动，指这种活动是客观活动，不是主观的意识的活动。马克思说，"只有社会的行动才能使一个特定的商品成为一般等价物。" "货币结晶是交换过程的必然产物"，"随着劳动产品转化为商品，商品就在同一程度上转化为货币。"① 社会实实在在地把一物同另一物交换，这与想象的交换是完全不同的事情。《资本论》反复强调：只有前一种活动才能使特殊的具体的物成为一般的等价物，成为货币，成为社会存在。

在实际的用货币媒介的商品交换中，铸币的实际含量可能会同名义含量分离，即"铸币的金属存在同它的职能存在分离"，② 这就使用其他材料做的符号来代替金属货币以执行铸币的职能成为可能。纸币就是这种可能的现实。如此这般的一张纸，可以表示一定量的金或银。这表明作为商品交换的媒介的纸张已不是它本身，而是它本身以外的东西。马克思称"纸币是金的符号或货币的符号。"③ 这句话的意思非常清楚，不至于产生误解，也就是说是纸币代表了金或银。如果说金银是货币的符号，那么纸币就是金银的符号，即，纸币是金银这种符号的符号。因为"纸币只有代表金量（金量同其他一切商品量一样也是价值量），才是价值符号。"④ 现代许多经济学家可能不再主张纸币量严格与金量相等。即使这个观点正确，也仅仅表明一个社会中的纸币表示的量与实际的金量可以有一定程度的差异。但纸币作为符号，它代表什么，则应当是非常清楚的。

如果把纸币作为符号，从符号论的角度来看待它，就会发现它有一般符号的共同特点。比如，符号和符号所表示的东西之间的关联不具有客观必然性，它只是社会的约定。比如，有人规定"～"表示否定，"∧"表

---

① ［德］马克思：《资本论》第1卷，人民出版社2004年版，第105、106页。

② 同上书，第148页。

③ 同上书，第151页。

④ 同上。

示联言命题。如果有另外的约定，如“~”表示联言命题，“∧”表示否定。只要大家认可，也是可以的。因为用“~”表示联言命题，决不像说人是不死的那样违反自然律，因而不可能实现。同样，用某种规格的印有某种图案的纸表示某个量的金，也是约定。可以这样规定，也可以那样规定。有了某种规定并实行了一段时间后撤销它，再作出别种规定，也不违反自然律。甚至朝令夕改，夕令朝改，也完全可能。这样做无非是增加成本。这大概就是前文提到的塞尔的观点的基本意思。但意识约定的仅仅是：用什么表示什么。用的什么，它是什么，还是什么；表示的什么，它是什么，仍然是什么。比如用玫瑰表示爱情，表示了爱情的玫瑰仍然是玫瑰；它不会因为表达了爱情，就不是玫瑰；爱情被玫瑰表达了，爱情也仍然是爱情。我们可以用“ren”表示两脚直立行走、能制造和使用工具从事劳动的动物；也可以用“gou”来表示；但无论我们用符号来表示什么，像“ren”或者“gou”之类的符号本身仍然是感性的物理的对象；直立行走的动物也是客观的对象，它不因用什么符号表示而有什么不同或者改变。同样，用某种规格的印有某种图案的纸表示某个量的金，这样的意识规定也没有影响或改变货币本身。货币本身仍然是一般等价物，仍然是客观存在。可见，从“用什么表示什么”这个意识规定，推断被表示的什么一定就是意识，这是没有任何根据的。

（3）资本

研究资本的《资本论》自然对资本有许许多多的论述。但本书主要关心两个方面：资本的物质载体和社会职能。资本的物质载体是物，是由人的劳动生产出来的实实在在的物，与任何其他的劳动产品，在物的物性方面没有任何不同。“资本是由用于生产新的原料、新的劳动工具和新的生活资料的各种原料、劳动工具和生活资料组成的。资本的所有这些组成部分都是劳动的创造物，劳动的产品，积累起来的劳动。作为进行新生产的手段的积累起来的劳动就是资本。”① “资本不仅包括生活资料、劳动工具和原料，不仅包括物质产品，并且还包括交换价值。资本所包括的一切产品都是商品。所以，资本不仅是若干物质产品的总和，并且也是若干商品、若干交换价值、若干社会量的总和。”② 这些论述主要是从物质载体

① 《马克思恩格斯选集》第1卷，人民出版社1995年版，第344页。

② 同上书，第345页。

的角度说的，因为在商品占统治地位的社会，劳动的创造物，劳动的产品，劳动的凝结物，或者积累起来的劳动成果，主要就是商品，或者以商品的形态存在。所以，资本也往往以商品形态存在。或者是劳动力商品，或者是生产资料，或者是一定量的货币。马克思甚至还讲过，“资本是一种一般的、永存的自然关系”① 这个说法，主要指产业资本要依次采取货币资本、生产资本、商品资本的形式循环。货币资本要购买生产资料和劳动力；生产资本要使人的要素和物的要素结合，要通过生产资料吸附或消费劳动力；商品资本要把有用的物回笼为货币。从生产的角度看，“永存的自然关系”还包括劳动者的劳动经验、技巧、技术、方式、方法等人的力量以及工具、机器等劳动资料的物的力量。这些都是以前的劳动的结晶或积累，在劳动的过程中，它们都像自然物一样起作用。所以，如果仅从劳动的角度看，资本作为物就再简单不过了：是以往劳动的物质成果，是进行新的劳动的物质资料或物质手段。总之，它是人在劳动中创造出来的并在人之外存留且在新的劳动中能继续使用或凭借的物。

第二个方面，就是资本的社会职能或社会意义。马克思说，“资本不是物，而是一定的、社会的、属于一定历史社会形态的生产关系，后者体现在一个物上，并赋予这个物以独特的社会性质。资本不是物质的和生产出来的生产资料的总和。资本是已经转化为资本的生产资料，这种生产资料本身不是资本，就像金和银本身不是货币一样。”② 说资本不是物，也许并不是马克思的首倡。韦克菲尔德就发现，“资本不是一种物，而是一种以物为中介的人和人之间的社会关系。”“黑人就是黑人。只有在一定的关系下，他才成为奴隶。纺纱机是纺棉花的机器。只有在一定的关系下，它才成为资本。脱离了这种关系，它也就不是资本了……资本是一种社会生产关系，它是一种历史的生产关系。”③ 马克思在《雇佣劳动与资本》中说得更准确：称资本“是资产阶级的生产关系，是资产阶级社会的生产关系。构成资本的生活资料、劳动工具和原料，难道不是在一定的社会条件下，不是在一定的社会关系内生产出来和积累起来的吗？难道这一切不是在一定的社会条件下，在一定的社会关系内被用来进行新生产的

① 《马克思恩格斯选集》第2卷，人民出版社1995年版，第3页。

② ［德］马克思：《资本论》第3卷，人民出版社2004年版，第922页。

③ ［德］马克思：《资本论》第1卷，人民出版社2004年版，第878页。

吗？并且，难道不正是这种一定的社会性质把那些用来进行新生产的产品变为资本的吗？”① 马克思说得非常清楚，资本作为生产关系，作为资产阶级的生产关系与其他生产关系一样，既是生产得以进行的社会关系，也是被不断生产出来的关系。

马克思的基本看法是：“说到资本，一开始就清楚，它被提出了两次：（1）作为生产要素；（2）作为收入源泉，作为决定一定的分配形式的东西。”②“作为生产要素”就是作为物，作为生产不可缺少的物的要素。资本如果不是物，不起物的作用，资本主义的生产就不可能存在。但资本不是普通的物，不是普通的劳动资料或劳动对象，而是特定生产关系的体现者。“作为收入的源泉”，就道出了资本的社会本质。它一方面为资本家带来高额的剩余价值，另一方面给工人的只是微薄的工资；给资本家阶级带来的是巨额的社会财富，给雇佣工人的则是贫困；给资本家阶级带来的是权力，给雇佣工人的则是被蹂躏。

文章写到这里，似乎还有一个问题需要提出来简单说一说，即资本的物质载体与其他社会现象的物质载体有所不同。一般的社会存在的物质载体简单、明确并相对固定，比如，前文提到过，人的物质载体就是人的自然肌体，国家的物质载体就是不同的人群。货币的物质载体在历史上虽出现过不同的种类，但在特定社会，物质载体是相对明确或固定的，而且最后都固定在金银等贵金属上。资本的物质载体有所不同。即使在一个特定的社会中，资本的物质载体也不是单一的或固定的，而是多种多样的，随时变化的。从资本循环的角度看，它要依次以货币资本、生产资本、商品资本的形态存在。而生产资本所凭借的物，从可能性上看，几乎是无限的。比如，可以是人的脑力和体力，可以是作为人的脑力和体力的延长的工具和科学技术等，可以是劳动的对象，可以是水力、风力、牲畜力等自然力或自然资源。凡是生产可以凭借的客观条件，都可以成为生产资本的物质凭借。商品资本的种类同样是五花八门，难以准确统计。总之，资本似乎可以把一切物都揽入自己的怀抱，变成资本，把一切都作为资本生产出来。或许正是因为资本的这种无限贪婪、无限扩张的本性，即整个世界资本化的贪婪本性，最后将把资本引向毁灭。

---

① 《马克思恩格斯选集》第1卷，人民出版社1995年版，第345页。

② 《马克思恩格斯选集》第2卷，人民出版社1995年版，第12—13页。

第三章　《资本论》的研究社会存在的方法

研究方法，一般来说是实现研究目的的手段。所以，采用什么方法，不采用什么方法，自然首先取决于研究对象以及要达到的目的。但方法也不是纯粹消极的东西。方法会影响目的的实现甚至会改变目的，或者，使目的呈现新的面貌。就《资本论》而言，一方面，因为它主要研究的是资本主义社会，并通过资本主义社会来呈现社会存在和发展的一般本质或规律。前面说过，资本主义的生产方式以至整个社会关系都是在以前的社会生产的基础上、并最终在自然的基础上通过人的生产劳动而不断生产出来的。因此，社会存在的特有本质以及它的历史生成过程就不能简单照搬自然科学的方法。另一方面，也正因为《资本论》使用了独特的研究方法，才使它呈现出了它自身的模样，才使它成为了集辩证法、社会存在理论、政治经济学、社会历史理论于一体的马克思主义的伟大著作。马克思的社会存在理论既不同于黑格尔的唯心主义的概念存在论，也不同于各种实证主义、现象主义的经验存在论和语言唯心主义的语言存在论，在很大程度上也是因为《资本论》的独特的研究方法的使用。从整个马克思主义理论来看，它之所以能成为融辩证唯物主义和历史唯物主义于一体的“辩证历史唯物主义”或“历史辩证唯物主义”，在很大程度上也是因为使用了独特的研究方法。这个独特的方法可以称之为辩证历史分析方法，或者历史辩证分析方法。这个方法是融辩证的矛盾分析、历史分析和经验事实描述于一体的方法。如果抽掉了这个方法，马克思主义理论就可能是另外的样子了，《资本论》也得不到完整而准确的理解。

然而，《资本论》的方法从《资本论》出版以来到现在，并没有获得完整而准确的理解。

一 对《资本论》的研究方法的不同理解

对《资本论》的方法的不同理解，从大的方面看，主要集中在两个方面：它到底是经验的实证的科学方法，还是思辨的形而上学的方法。有人认为，《资本论》主要使用的是黑格尔式的抽象的、思辨的、形而上学的方法；也有人认为，《资本论》只是采用实证的研究方法分析了现成的事实，因而只是经验层面的东西。这两个彼此不同的看法就像摸象的盲人得出的关于大象的不同看法一样。这种现象出现在对像《资本论》这样复杂的研究对象的初期认识中，原本是不足为怪的。但这两个彼此不同的观点不幸被孔德派同时持有，就多少让人奇怪了。孔德派一方面指责《资本论》只是“形而上学地研究经济学”，另一方面，他们又认为《资本论》“只限于批判地分析既成的事实”。[①] 这种自相矛盾的看法，只能说明孔德派对《资本论》缺乏客观求实的科学态度。孔德派的难以自圆的观点当时就受到了马克思的尖锐批判。

但曲解《资本论》的研究方法，割裂马克思理论中的经济学内容和哲学内容的态度并没有完全消失。直到现在，仍然有一些研究经济学的人把《资本论》看成是黑格尔式的思辨哲学，而另一些研究哲学的人则认为马克思已与传统形而上学彻底决裂而完全抛弃了形而上学，马克思主义理论完全是经验科学。在这一部分学者眼中，《资本论》就完全是社会历史著作，经济学著作。这种态度实质上是把马克思主义理论完全实证主义化了。可见，孔德派的幽灵并没有完全消失。不同之处仅仅是：原来被孔德派一家持有的观点，现在被不同的学者分享了。

自然，推崇《资本论》的研究方法的学者还是有的。熊彼特（Joseph Schumpeter）称“马克思是试图为资本主义过程建立清晰模型的第一个人”,[②] 是“伟大的经济分析家”。[③] 如果这个评论还不是专门从方法的角度来评价的，那么下面的论述则是完全而直接地从方法的角度来进行的。“有一种对经济学的方法论说来具有根本的重要性的事”是马克思完成

① ［德］马克思：《资本论》第1卷，人民出版社2004年版，第19页。
② ［奥］熊彼特：《经济分析史》第2卷，商务印书馆1996年版，第20页。
③ 同上书，第97页。

的，“他看出并系统地教导别人，经济理论怎样可以转化为历史分析，叙述的历史怎样可以转化为理论的历史。”① 国内更有学者把《资本论》的方法与唯物史观、剩余价值和关于落后国家发展道路的学说一起称为马克思的“四大重要贡献”。② 本书认为，《资本论》的方法不仅仅是经济学的方法，也是马克思的社会存在理论的方法，甚至是整个马克思主义理论的方法。《资本论》的方法可能不像剩余价值理论那样，是可以独立出来的内容，而是《资本论》的有机组成部分，甚至是整个马克思主义理论的有机组成部分。抽象掉了《资本论》的方法，《资本论》的理论内容，甚至整个马克思主义理论是不能得到系统论述的。而如果剥离了《资本论》的科学内容，《资本论》的方法也是不可能得到理解的。早就有学者指出：“在马克思的《资本论》中，辩证法根本就不是什么多余的、有害的东西，相反，它是研究方法论中重要的必需品。可以毫不夸张地说，没有辩证法，马克思就写不出《资本论》。马克思在《资本论》第一卷第二版前言中所称的、被《欧洲信史报》评论员所赞许的方法正是辩证的方法，这并非是自我陶醉或一句空话。”③ 因此，本书对《资本论》的方法的论述，将尽可能结合《资本论》的科学内容进行。

二 两个基本特点

本书认为，马克思在以《资本论》为代表的一系列经典论著中构建的唯物主义理论，与传统唯物主义的不同之处，首先是通过独特的研究方法体现出来的。马克思的研究方法有两个基本特点：一是从社会出发来研究社会，理解社会与自然的关系。二是融哲学分析和经验研究，矛盾分析和历史解释为一体的整体研究方法。

现代科学告诉我们，社会是在自然的基础上生长出来的，是自然和社会的统一体。但如何才能对这个统一体有正确合理的认识呢？用什么方法才能实现对这个统一体的科学合理的认识呢？马克思主义理论诞生之前，

---

① ［奥］熊彼特：《资本主义、社会主义和民主主义》，商务印书馆 1979 年版，第 59 页。

② 颜鹏飞、贺静：《西方经济学家对于马克思主义及其经济学的评价》，《马克思主义研究》2009 年第 1 期，第 70—78 页。

③ ［德］亨利希·库诺：《马克思的历史、社会和国家学说》，上海世纪出版集团 2006 年版，第 696 页。

思想家要么从自然出发来研究社会，要么从神出发来研究社会。后者明显是唯心主义的。前者尽管可以利用现代科学的成果描述从自然发展出社会的演化过程，实现研究对象的时间过程与研究理论的逻辑过程的表面上的一致。可是，这样描述出来的演化过程是自然的过程，社会成了自然的自然延伸，人的活动也更多被描述为与动物的本能活动相似的活动。无论是朴素唯物主义，还是机械唯物主义，大凡从自然出发来研究社会的，大多没能正确理解社会的独特本质。而从社会出发来理解社会，从发展演进的时间过程看，似乎采取了“倒叙”的方法。但“倒叙”其实是更加科学合理的方法。马克思从社会出发，既正确揭示了社会从自然演化而来的自然过程，又揭示了社会不同于自然高于自然的独特本质。

认清了社会的本质，社会与自然的关系就容易处理了。从发展演化的时间过程看，先有自然，后有社会。社会是在自然的基础上一点一点生长出来的。从社会发展的基础或前提看，自然是社会的前提，是社会的物质基础。因为社会的主体人是自然的产物，并且始终是自然。人之所以要从事利用自然作用于自然的物质生产活动，也首先是为了解决作为自然的人与自然的自然关系。但如果从价值的角度看，社会高于自然。社会中一定有自然。但社会中一定有不能还原为自然的因素。即使是社会中的自然因素，也被赋予了社会的功能或意义，也被提升到了社会的高度，不再是简单而纯粹的自然。所以，社会本身就是融自然与社会为一体的。而自然本身却只是纯粹的自然。社会中的自然尽管被赋予了社会的功能或意义，但如果我们把它作为自然来看，它就仍然是自然。马克思指出：“正如商品价值或货币执行资本价值的职能，并不改变商品价值作为商品价值的性质或货币作为货币的性质一样，商品价值后来执行这个人或那个人的收入的职能，也并不改变商品价值的性质。”① 这个论述明显具有普遍的方法论意义，也就是说，所有社会现象都可以这样来理解。比如，人的肌体在充当社会关系的总和这个职能时，也仍然不改变它的所有自然生物性能。按照这样的方法，社会与自然的关系就可以获得正确理解。

从社会出发来理解社会，理解社会与自然的关系，或者人与自然的关系，能够使唯物主义理论更完善更合理。因为从社会出发来理解社会，理解社会与自然的关系，至少可以很好地处理这样三个问题。第一，从自然

---

① ［德］马克思：《资本论》第2卷，人民出版社2004年版，第431页。

演化的角度看，社会是在自然的基础上发展起来的，因此，社会一定有它的自然前提。这就顺理成章地把社会与自然融为一体了，把社会理解为客观物质存在了。第二，从价值的角度看，社会高于自然，社会中的自然也不再是纯自然，《资本论》强调资本不是物，货币不是金银，人不是生物性存在等就是这个意思。这就充分显示了社会的社会性，社会与自然之不同的独特性。第三，在分析研究社会时，仍然可以从理论上将社会中的自然性析出。从而显示，社会即使是社会，也仍然有自然的底色。从而坚信，社会有与自然一致的方面，社会也是客观物质存在。所以，从社会出发理解社会，理解社会与自然的关系，不仅没有使马克思的理论远离传统唯物主义哲学的物质概念，反而使唯物主义的物质概念更加丰富或完善，从而成为彻底的唯物主义理论。马克思之前的唯物主义的物质概念往往限于自然，对社会的理解基本是非唯物主义的。马克思从社会出发所理解的社会，既源于自然，又高于自然；社会不同于自然，又始终依赖于自然。马克思反复强调，社会是在自然中生长出来的，但它有不同于自然的独特本质。但社会之中的物——无论是自然物，还是人造物——它们除去其社会的意义或职能外，与人之外人之前的自然并没有任何不同。可见，《资本论》从社会出发，既达到了对社会的本质的正确认识，又正确处理了社会与自然的关系。按《资本论》所理解的社会，所理解的社会与自然的关系，都是彻底的唯物主义的理解。马克思的唯物主义的物质概念不仅“统御”了自然界，而且“统御”了社会。而被唯物主义物质概念统御的社会又是真正的人的社会，是由人的物质生产等社会实践的历史过程构建的社会，不是旧唯物主义所理解的自然性的社会，也不是唯心主义所理解的神。可见，从社会出发理解社会，理解社会与自然的关系是彻底的唯物主义方法，是把唯物主义贯彻到底的科学而合理的方法。

三 辩证历史分析方法

关于《资本论》的整体研究方法，或者辩证历史分析方法，马克思本人就有不同说法。前面说过，《资本论》除了把它称之为“抽象力”之外，有时又称为“辩证方法”或者“分析方法”。马克思在评论对《资本论》的方法抱着好感而且有正确描述的评论时称自己的方法是“辩证方法”；① 在《资本论的〈法文版序言和跋〉》中又称“我所使用的分析方法，至今还没有人在经济问题上运用过”。② 本书认为，这些不同的说法之间没有实质性不同，它们只是描述《资本论》的方法的不同语词。本书用辩证历史分析方法这个语词来描述《资本论》的整体研究方法。偶尔用简称或者别的说法，也完全是与辩证历史分析方法同义的。辩证历史分析方法就是把辩证法和历史唯物主义作为方法来具体分析客观事物的特点和发生发展过程，通过分析事物尤其是社会事物的生成和发展过程来呈现其形而上学的本质以及多方面的经验特征。因此，辩证法在《资本论》以至整个马克思主义理论中就是有丰富内容的。这是熟悉辩证法和马克思主义理论的人都知道的。而且，马克思的辩证法和唯物主义、认识论、社会历史理论等完全是融为一体的。“在《资本论》中，逻辑、辩证法和唯物主义认识论（不必要三个词：它们是同一个东西）都应用于一门科学，而唯物主义则从黑格尔那里吸取了全部有价值的东西，并且向前推进了这些有价值的东西。”③ 全面而系统的讨论辩证法的理论内涵以及功能作用不是本书的主题，这里只讨论三个问题。一是辩证历史分析方法的唯物主义前提；一是物质概念在具体问题之研究中的呈现；一是辩证历史分析方法的基本特点。最后一个问题将在和语言分析哲学的分析方法的比较中进行论述。一些学者所说的历史和逻辑之统一的方法，从抽象到具体的方法，一般和特殊相结合的方法，批判方法，或者批判的重建方法，等等，其实都是对辩证历史分析方法的某些方面的论说，或者就是这个方法的别称。而且也只有这样的理解才是符合《资本论》的原意的。

1. 辩证历史分析方法的唯物主义前提

前文说了，《资本论》的直接研究对象是资本主义生产方式，是资本主义社会，是社会存在和发展的一般规律。从这个对象看，《资本论》没有像“直观的唯物主义”、“自然主义的唯物主义”、“纯粹形而上学的完全机械的唯物主义”或“自然科学唯物主义”的论著那样，利用自然科学的某些成果，加上想象、思辨等方法，直接描述自然的生成、运动和演

① ［德］马克思：《资本论》第1卷，人民出版社2004年版，第21页。
② 同上书，第24页。
③ 《列宁全集》第38卷，人民出版社1959年版，第357页。

化过程；没有直接描述自然物质运动的时空性等；这就是非常自然的。这就像几何学不直接研究自然的物理性质，心理学不直接研究表达于外的几何命题间的逻辑关系一样。一些学者利用这个事实，再加上对马克思的其他相关论述的不正确理解，便得出结论说，马克思完全放弃了唯物主义哲学的物质概念，并进一步认为，放弃传统唯物主义哲学的物质概念是马克思哲学所实现的伟大革命，是马克思哲学不同于唯物主义哲学的地方。这是对马克思的误解，因而是本书不能接受的。被援引被误解得最多的马克思的论述大概是下面几段话："先于人类历史而存在的那个自然界"可以认为是"不存在的自然界"。① 因为"被抽象地理解的，自为的，被确定为与人分隔开来的自然界，对人来说也是无"。②"在人类历史中即在人类社会的形成过程中生成的自然界，是人的现实的自然界；因此，通过工业——尽管以异化的形式——形成的自然界，是真正的、人本学的自然界。"③ 这三段话被概括为两个方面：否定了先于人的自然，肯定了自然是人的创造。如果马克思本人的意思真是这样，那么，唯物主义的物质概念的确被抛弃了。

就第一段话来看，马克思和恩格斯是在批判费尔巴哈，批判费尔巴哈把社会和自然机械对立，批判费尔巴哈不懂得社会是在自然的基础上生产出来的这个道理，不懂得社会的实践性。第三段话则正面肯定了人通过物质实践尤其是现代大工业对自然的改造作用。就第二段话来看，马克思主要论述的是自然界对人的意义。绝对的在人之外的自然肯定对人没有任何意义，实践意义、认识意义、伦理意义或者美学意义，总之，任何可能想象的对人的意义都不存在。前文已经说过这个问题。对人来说没有任何意义，就是无。马克思的这个论断相当于一个逻辑重言式，自然是不能反驳的。但意义上的有无与本体论上的优先地位完全是两回事情，不能混为一谈。由人之外的自然界对人没有意义推论自然界在本体论上的优先地位不存在，自然界只对人而存在，这完全是对马克思的误解甚至是歪曲。陶德麟教授曾著专文详细分析论证了后两段话的基本意思以及一些研究者的误解④。

① 《马克思恩格斯选集》第1卷，人民出版社1995年版，第77页。

② ［德］马克思：《1844年经济学哲学手稿》，人民出版社2000年版，第116页。

③ 同上书，第89页。

④ 《陶德麟文集》，武汉大学出版社2007年版，第575—580页。

前文已经反复说明，马克思不仅没有放弃唯物主义的物质概念，而且对论证唯物主义的物质概念作出了自己的独特贡献。马克思的独特贡献主要表现在研究方法方面。一方面，辩证历史分析方法需要物质概念作为基础或前提；另一方面，唯物主义物质概念的主要内容，往往表现为辩证历史分析方法的内容，经验描述或实证研究的内容，《资本论》的经验理论内容。

就前提来说，无论是静态的逻辑分析，还是动态的历史分析，都不能没有物质概念的支撑。就静态的逻辑分析（这是宽泛意义上的说法，包括对研究对象的经验分析）说，马克思首先肯定了研究对象不是研究的结果，而是在研究之前、之外独立存在的。他说："无论在现实中或头脑中，主体——这里是现代资产阶级社会——都是既定的；因而范畴表现这个一定社会即这个主体的存在形式、存在规定、常常只是个别的侧面；因此，这个一定社会在科学上也决不是在把它当作这样一个社会来谈论的时候才开始存在的。"① 马克思还明确肯定《资本论》研究的对象——资本主义生产关系以及作为资本主义生产关系的物化的各种现象如商品、货币等都是在自己的研究之前、之外独立存在的。"资本主义生产方式占统治地位的社会财富，表现为'庞大的商品堆积'"，而"商品首先是一个外界的对象，一个靠自己的属性来满足人的某种需要的物。"② 这个研究者之前、之外的物品堆，就是唯物主义的物质概念。只是这个概念是从方法论的角度阐述的。肯定研究对象在研究开始之前之外独立存在着，除了肯定客观对象不依赖于人之外，也强调了研究的客观性、科学性。如果科学的研究对象不是独立于研究之外的，是研究者在研究中构建出来的，研究的客观性，科学性就是问题了。马克思主义要求理论正确描述现实解释现实，从而为改变现实提供科学的理论指导。从这个意义上，马克思主义理论也要强调研究对象在研究之前之外独立存在。

马克思不仅是自觉的经验研究者，同时也是自觉的唯物主义者。他除了在经验研究方法上明确肯定物质概念之外，在哲学上也明确肯定自己是唯物主义者，是黑格尔的神秘唯心主义辩证法的坚定批判者，他在《资本论·第二版跋》中指出："我的辩证方法，从根本上来说，不仅和黑格

① 《马克思恩格斯选集》第2卷，人民出版社1995年版，第24页。

② ［德］马克思：《资本论》第1卷，人民出版社2004年版，第47页。

尔的辩证方法不同，而且和它截然相反。……我的看法……观念的东西不外是移入人的头脑并在人的头脑中改造过的物质的东西而已。”① 马克思在给他的朋友库格曼医生的信中也说：“我的阐述方法和黑格尔的不同，因为我是唯物主义者，黑格尔是唯心主义者。黑格尔的辩证法是一切辩证法的基本形式，但是，只有在剥去它的神秘的形式之后才是这样，而这恰好就是我的方法的特点。”② 恩格斯也称黑格尔的辩证法是颠倒的，因为黑格尔把辩证法看成是思想的自我发展，“因而事物的辩证法只是它的反光。而实际上，我们头脑中的辩证法只是自然界和人类历史中进行的并服从于辩证形式的现实发展的反映。”恩格斯还进一步把马克思的从商品到资本的发展同黑格尔的从存在到本质的发展作了比较：“一方面是具体的发展，正如现实中所发生的那样；而另一方面是抽象的结构，在其中非常天才的思想以及有些地方是极为正确的转化，如质和量的互相转化，被说成一种概念向另一种概念的表面的自我发展。”③ 这些论述都是非常清楚明确而肯定的。马克思还明确把他在《政治经济学批判·序言》中阐述的唯物主义的基本原理（这是每一个学习马克思主义理论的人都熟悉的文字）称为辩证“方法的唯物主义基础”④。

熟悉辩证历史分析方法的学者都知道，辩证历史分析是一种逻辑和历史相统一的方法。它除了分析事物的属性、本质之外，还要展示事物成为它自身的发展过程。这是社会研究不同于自然研究的地方。研究自然，可以不考虑事物的发展过程，因为自然作为总体看，它的一些基本特征在演进过程中基本保持不变。但研究社会现象，则需要通过分析社会现象的发展过程来揭示其本质特征。在《资本论》中，分析社会现象的多方面的属性或本质，就是分析事物的矛盾关系及其展开过程，而矛盾的展开也就是事物的发展过程。静态的逻辑分析要肯定研究对象在研究之外之前存在，历史的分析同样要肯定研究对象在研究之外之前存在。马克思研究资本主义社会，就肯定资本主义社会是在前代社会的基础上，并在自然的基础上成长起来的。马克思说：“资本积累以剩余价值为前提，剩余价值以资本主义生产为前提，而资本主义生产又以商品生产者握有较大量的资本

① ［德］马克思：《资本论》第1卷，人民出版社2004年版，第22页。
② 《马克思恩格斯选集》第4卷，人民出版社1995年版，第578—579页。
③ 同上书，第714页。
④ ［德］马克思：《资本论》第1卷，人民出版社2004年版，第20页。

和劳动力为前提。因此，这整个运动好像是在一个恶性循环中兜圈子，要脱出这个循环，就只有假定在资本主义积累之前有一种‘原始’积累（亚当·斯密称为‘预先积累’），这种积累不是资本主义生产方式的结果，而是它的起点。”① 马克思的这个论述明确肯定了历史方法的局限以及克服局限的办法。克服历史方法的局限的有效方法就是承认唯物主义的物质前提。资本积累所需要的物质基础和社会条件、社会关系等在原初的意义上不是资本主义生产方式的产物，由此，我们可以进一步推断：封建社会的生产方式的起点也不是封建生产方式的结果，奴隶社会的生产方式的起点也不是奴隶生产方式的结果，原始社会的生产方式的起点也不是原始生产方式的结果。人类社会的生产方式所凭借的物质手段和社会条件应当来自自然。这就是马克思从研究方法的角度肯定的唯物主义的物质概念。这也是专门以资本主义生产方式为研究对象的《资本论》在论述绝对剩余价值的生产之前先讲一般劳动过程的真正原因。这也与前文所说的从社会出发理解社会与自然的关系一致。本书再次强调：说《资本论》研究物质概念的方法、叙述方式等和专门而纯粹的形而上学著作有所不同是可以的，但说《资本论》以至整个马克思的著作抛弃了唯物主义的物质概念，那是胡说，而且是许多胡说的根源。

就是在被许多学者误解了的《德意志意识形态》以及《1844 年经济学哲学手稿》中，马克思也肯定了自然界在本体论上的优先地位。在批判费尔巴哈不懂人的实践对自然的改造作用而有针对性的指出“先于人类历史而存在的那个自然界”，可以认为是“不存在的自然界”的同时，马克思又明白无误地指出：“外部自然界的优先地位仍然会保持着”②；在指出“在人类历史中即在人类社会的形成过程中生成的自然界，是人的现实的自然界”，“是真正的、人本学的自然界”的同时，马克思又强调：“没有自然界，没有感性的外部世界，工人什么也不能创造。”③ 因为不承认自然，作为研究对象的资本主义社会就不能得到合理对待。

资本主义社会对于马克思的研究工作而言，是现成的，既定的。但资本主义社会本身却不是从来就有的，而是历史生成的。《资本论》用辩证

① ［德］马克思：《资本论》第 1 卷，人民出版社 2004 年版，第 820 页。

② ［德］马克思：《1844 年经济学哲学手稿》，人民出版社 2000 年版，第 77 页。

③ 同上书，第 53 页。

历史分析方法大体描述了资本主义社会尤其是资本主义生产的历史性，并在这个历史的分析中呈现了资本主义生产的特点，揭示了其必然灭亡的根据。在这里，本书用必要条件的假言连锁推理作一简略概括：资本主义生产肯定以资本的产生为条件，资本的产生又以劳动力成为商品为条件，而劳动力要成为商品又有许多条件，比如，要有普通商品的存在，要有活的个人的存在，而且活的个人有权利把自己的劳动力作为商品来出售，活的个人除了自己的劳动力之外没有别的商品可以出卖，这也就是《资本论》三大卷反复强调的：生产资料甚至生存资料和劳动者分离并与劳动者对立。概括说来，劳动力成为商品，既要社会条件，也需要自然条件。直接需要的是社会关系，间接需要的是自然条件。社会关系是在自然的基础上通过社会历史活动主要是生产自然生成的。比如普通商品的存在，活的个体的存在明显需要自然前提。这就是所谓的间接需要自然条件。《资本论》大致揭示了资本的生成条件以及生成过程；并从理论上指出了：劳动力成为商品的社会关系以及支持社会关系的自然基础或前提。从而得出了更一般的结论：人类社会生产是利用自然改造自然，这需要自然支撑；社会生产所需要的社会关系最终也要肯定自然的存在。

可见，辩证分析方法之需要物质前提，马克思主义理论之需要唯物主义是方法上的需要，逻辑上的需要，理论内容上的需要。总之是内在的需要。马克思也自觉满足了这个需要，从而实现了历史与逻辑的统一，历史与自然的统一，科学与哲学的统一。马克思主义就成了融经验理论和哲学方法为一体的辩证历史唯物主义。

马克思在分析社会时强调了社会历史的自然前提，在分析自然的演化时又特别重视人类诞生之后的历史，特别重视人与自然的关系，特别重视人的实践活动在人与自然的关系中的关键作用，重视社会历史活动对自然的作用。在以《资本论》为代表的马克思主义著作中，历史因有了自然的前提而不会陷入历史循环；自然因有了社会而不再与人无关。在自然的基础上生长出社会之后，人周围的自然就是社会之中的自然了，就成了人或社会的自然环境，就成了为社会服务的自然了，甚至成为了有社会意义的客观实在了。但自然在支撑社会的同时仍然顽强不屈的是它自身，按它自身的“轨迹”运行。自然与社会的这种统一，是在马克思主义理论中实现的。在马克思主义之前，自然与社会是分裂的。理论家们往往一强调社会的自然前提，一强调社会的客观物质性，社会就自然化了，社会就被归结为自然了，社会的独特性就丧失了；而一强调社会的社会历史性，社会的自然前提又丢失了，社会往往成了神的代名词。机械唯物主义代表了前一种倾向；以黑格尔为代表的唯心主义代表了后一种倾向。前文说柯亨把社会现象的自然物质性看成是社会存在的内容，把社会性看成是形式的观点不能正确解释社会现象，也可以说，就是没有实现社会与自然的统一。从积极的意义上看，柯亨正确看到了社会存在的自然物质性，也看到了社会存在要以自然为基础、为条件、为前提这样的特点，但他仍然没有完全摆脱将社会自然化，把社会还原为自然的老毛病。将社会完全等同于自然是错误的；但完全否认社会的自然物质性同样是错误的。只有马克思真正理解了社会现象是自然和历史的统一；实体和意义的统一。

2. 对具体问题的论述所呈现的物质概念

《资本论》除了通过陈述历史分析方法的唯物主义前提来论述唯物主义的物质概念外，还通过对具体的社会历史问题的论述来呈现唯物主义的物质概念。《资本论》的这类论述是很多的。这里的引述是举例性的，没有系统性。但放在一起，又可以明白无误地显示马克思的物质概念与列宁后来叙述的物质概念完全一样。

"作为要素加入生产但无须付代价的自然要素，不论在生产中起什么作用，都不是作为资本的组成部分加入生产，而是作为资本的无偿的自然力，也就是，作为劳动的无偿的自然生产力加入生产的。但在资本主义生产方式的基础上，这种无偿的自然力，像一切生产力一样，表现为资本的生产力。因此，如果这样一种本来无须付代价的自然力加入生产，那么，只要利用它提供出来的产品足以满足需要，它在价格的决定上就不会计算进去。"① 马克思这里是在对资本进行经济学的分析，分析资本是如何通过掠夺自然来生产剩余价值从而膨胀自身的；资本又是如何寄居在自然要素之中，让自然为自己服务的。但马克思的经济分析又是以自然物和人造物，自然实体和价值存在，自然和社会的区别为基础的，并且进一步强调了这个区别。自然力，自然要素是自然的，没有价值凝结于其中。所谓自然的，就是在人之外。但作为社会存在的资本却利用自然因素来扩张或膨胀自己，从而使自然因素成为某种社会职能的载体，成为社会的存在。但即使是资本主义生产把自然因素纳入资本的怀抱之后，自然被人的生产活

① ［德］马克思：《资本论》第3卷，人民出版社2004年版，第843页。

动拉进生产之中、成了生产的要素之后，它仍然是自然力，仍然与人造物不同，并且可以精确计算它们的不同。这就是自然在本体论地位上的优先性的体现。也就是唯物主义的物质概念的体现。与其他形而上学论著不同的是，《资本论》没有停留在重复唯物主义常识的水平上，而是利用这个唯物主义的常识，进一步揭示了资本如何利用自然力增大自身，剥削雇佣工人的秘密。倒过来说也成立：《资本论》在分析资本中的自然因素时呈现出了唯物主义的物质概念。这就是《资本论》的独特性。

马克思称土地"这个无机的自然界本身，这个完全处在原始状态中的'粗糙的混沌一团的天然物'"① 既没有价值，也不是剩余价值。但土地是劳动资料，这种劳动资料被独占之后，所有者就要凭借所有权获得劳动所创造的价值。在资本主义社会，就是获得一部分剩余价值。但由于土地的自然肥力以及相关自然因素的差异，使得"同量劳动和资本，也就是同一价值，表现在不等量的土地的产品上；因此，这些产品具有不同的个别价值。"② 即使对土地进行改造、改良，也不能消灭这个自然的差异。因为在资本主义生产关系中，对土地的改良，"几乎可以说，就是使一块位于一定的有限的地段上的土地，拥有另一块位于别的地段（往往就在邻近）上的土地所天然具备的那种属性。一块土地是平坦的，另一块必须加以平整……用资产阶级经济学的用语来说，必须通过资本，才能做到这一点。"③ 马克思的这些文字大致是在论述地租，论述地租的绝对性和差异性。从绝对性这个方面看，在资本主义生产条件下，所有土地都有地租。无论是经过人的劳动改造过的土地，还是没有经过劳动改造过的土地，都一样。而且所有土地的租金实质上是由对土地的独占权所获得的由雇佣劳动者的剩余劳动创造的一部分。可见，地租是社会现象。地租不能归结为土地的自然属性。从地租的差异性的角度看，不同土地的租金存在的量的差异，则与土地的自然条件有关，或者说，主要由自然本身造成。而且自然方面的差异不能通过人的劳动来抹平。这里的所谓自然因素，同样是人之外，人之前的自然。即使它成了劳动的对象，或者劳动的资料，它从人之外所携带来的特征仍然顽强地存在着。就是唯物主义的物质概

---

① ［德］马克思：《资本论》第3卷，人民出版社2004年版，第922页。

② 同上书，第922—923页。

③ 同上书，第844页。

念。我们可以说，马克思在把地租定义为社会现象的同时又利用土地的自然性分析了地租的差异性，或者说，唯物主义的物质概念成了论述地租的前提性概念工具。倒过来说也成立：马克思对地租尤其是对地租的差异性分析呈现出了唯物主义的物质概念。

马克思在论述生产和分配的关系、论述生产的前提时同样利用了唯物主义的物质概念。“如果有人说，既然生产必须从生产工具的一定的分配出发，至少在这个意义上分配先于生产，成为生产的前提，那么就应该答复他说，生产实际上有它的条件和前提，这些条件和前提构成生产的要素。这些要素最初可能表现为自然发生的东西。通过生产过程本身，它们就从自然发生的东西变成历史的东西，并且对于这一个时期表现为生产的自然前提，对于前一个时期就是生产的历史结果。”① 这些文字同样是在对生产、分配进行经济学的分析，同样也在形而上学的意义上肯定了社会和自然的统一。社会的生产，就是在自然的基础上，利用自然以改造自然。劳动对象、劳动资料都来自自然。作为生产主体的人也来自自然，也是自然。这样的自然在原初的意义上是社会的基始而不是社会的结果。唯物主义的物质概念通过生产和分配关系的论述又一次得到了呈现。

《资本论》中的这类论述还有不少。比如：“土地（在经济学上也包括水）最初以食物，现成的生活资料供给人类，它未经人的协助，就作为人类劳动的一般对象而存在。所有那些通过劳动只是同土地脱离直接联系的东西，都是天然存在的劳动对象。”② 所谓“未经人的协助”就“天然存在的对象”就是列宁所说的在人的意识之外的独立存在。唯一的差异是：列宁是直接定义物质概念的，而《资本论》是从分析劳动的角度来论述的。劳动的自然性，一般性，首先就表现为最初的劳动对象，以及劳动的一般物质条件都是自然而然的，不是人的劳动的结果。又如：“劳动的主要的客观条件并不是劳动的产物，而是自然。[V—2] 一方面，是活的个人，另一方面，是作为个人再生产的客观条件的土地。”③ “生产的原始条件……最初本身不可能是生产出来的，不可能是生产的结果。”“生产的原始条件表现为自然前提，即生产者生存的自然条件，正如他的

---

① 《马克思恩格斯选集》第2卷，人民出版社1995年版，第14—15页。

② ［德］马克思：《资本论》第1卷，人民出版社2004年版，第208—209页。

③ 《马克思恩格斯全集》第46卷，上册，人民出版社1979年版，第483页。

活的躯体一样，尽管他再生产并发展这种躯体，但最初不是由他本身创造的，而是他本身的前提；他本身的存在（肉体存在），是一种并非由他创造的自然前提。被他当作属于他所有的无机体来看待的这些生存的自然条件，本身具有双重的性质：（1）是主体的自然，（2）是客体的自然。"① "人们先是在一定的基础上——起先是自然形成的基础，然后是历史的前提——从事劳动的。可是到后来，这个基础或前提本身就被扬弃，或者说成为对于不断前进的人群的发展来说过于狭隘的、正在消灭的前提。"②

《资本论》中的这些论述，既是具体问题的经验研究或者理论分析，又是唯物主义物质概念的呈现。经验的内容因为唯物主义物质概念的支撑而更具普遍性、一般性，唯物主义物质概念因为有更多社会历史事实的支撑而更加科学合理。

3．唯物辩证历史分析方法的特点

对于这个问题，许多学者已经从不同的立场、角度或不同侧面进行了分析或解剖，取得了许许多多不同的成果。本书这里尝试从与分析哲学的语言分析的比较中来论述。现在有些学者用现代分析哲学的分析方法来研究马克思，并且形成了所谓分析的马克思主义学派。但这并不表明马克思当年所使用的分析方法与现代分析方法没有差异。相反，本书认为，马克思的分析和现代分析哲学的分析是很不相同的。两者的不同至少有以下三个方面。第一，马克思分析的对象是客观事物，尤其是社会历史现象，现代分析哲学分析的对象是语言。第二，马克思的分析是对社会现象的多方面特性的分析，尤其是对相互依存相互矛盾的特性的分析，因而就是矛盾分析，分析哲学的分析是纯逻辑的分析，语言结构的分析。第三，马克思的矛盾分析同时又是历史分析，即通过展示事物的形成过程来揭示事物的本质特征，因而实现了逻辑与历史的统一，分析哲学的分析是纯逻辑的，纯语义的分析，因而非历史的、远离经验科学的分析。

先说第一点。马克思的分析从一个方面看，自然也是语言。因为马克思对资本主义生产方式以及这个社会生活的方方面面的分析，都是通过《资本论》的撰写以及其他论著的撰写来完成的，也就是通过分析像商品、劳动、价值、货币、劳动力商品、资本、所有权等概念来完成的。但

---

① 《马克思恩格斯全集》第46卷，上册，人民出版社1979年版，第488页。

② 同上书，第497页。

马克思没有停留在语言的层面上，而是通过语言达到了对客观事物本身的分析。为了消除可能产生的误解，我们引用分析哲学常用的对象语言和元语言这两个概念。马克思的分析所使用的语言基本上是对象语言，用对象语言直接达到对事物的描述或分析；分析哲学所使用的语言大体是元语言，通过使用元语言达到对对象语言进行分析的目的。

大家熟悉的《资本论》中的一些基本说法，比如，商品是能满足人的某种需要的外物，是人的劳动的凝结，是使用价值和价值的统一体；商品交换是物与物 的交换，并在交换中实现人的劳动量的交换，实现人的意志关系或法的关系；资本是物，又不仅仅是物，是用物表达的资本主义生产关系；等等。这些论述基本都是对象语言，或者说，这些语言都直接描述了客观对象的属性或特征，尽管这些属性或特征可能具有一定的层次性，但基本都是客观对象的属性。在《资本论》中，即使是劳动、抽象劳动、一般劳动等概念也不是元语言概念，因为抽象劳动、一般劳动表示的就是无差别的人类劳动。在马克思看来，无论什么时代，什么社会历史条件下的劳动，也无论是什么生产领域中的劳动，只要是人的劳动，就都是人的脑力和体力的耗费。所以，抽象劳动或一般劳动就是对各种具体劳动的科学抽象，因而也是对象语言中的表达式。

分析哲学的分析则是另外一回事了。分析哲学不愿意涉足客观对象世界，只在语言中转悠；它们把语言留给自己，而把和客观外物打交道的任务留给科学或形而上学。例如，什么是数？分析哲学会说，这个问题本身就有问题。它到底是追问数的本质，还是数这个语词的含义或用法？如果是前者，就是传统的形而上学的问题。因为科学只用具体的数或数量关系，甚至数学也只管各种数以及数之间的数量关系。分析哲学认为，传统形而上学追问数的本质是不合适的，是根本追求不到的。数的本质就被分析哲学斥之为伪问题。因此，在分析哲学那里，什么是数的问题就是各种各样语言表达式中的各种数的使用或用法，或者说就是各种表达式的意义。其他的所谓哲学问题都可以采用诸如此类的语言分析的方法解决。如《阿 Q 正传》的作者和鲁迅是否具有同一性的问题，在分析哲学看来，就是这两个语言表达式是否具有同样的含义或用法的问题。如果“《阿 Q 正传》的作者”和“鲁迅”这两个表达式具有同样的含义或用法，它们是如何具有这种意义的，是先验的逻辑的相等，还是经验的事实的相等，如此等等。这就是分析哲学反复研究反复咀嚼的意义问题。总之，在分析哲学那里，一切都是语言的问题，语言表达式的意义或用法的问题。

如果是专门研究分析哲学的论著，就还要进一步指出并详细研究：分析哲学分析的语言又是有差异的。比如，有些分析家主要分析人工语言，有些分析家主要分析自然语言；有些分析家主要分析科学语言的逻辑结构和认识意义，有些分析家主要分析自然语言的用法。这些差异是存在的。但本书不是专门研究分析哲学的书，这些细节，本书可以不管。本书只从大的方面考虑。从大的方面说，分析哲学的分析对象是存在着明显的家族类似的：那就是不直接涉及客观事物，只分析语言。

为了进一步看清《资本论》的分析和分析哲学的分析在对象上的差异，说说黑格尔也许是有意义的。这里不能细说，只举黑格尔的一段具体的文字作为例子，看看彼此的区别。“当我说：‘这个东西’、‘这一东西’、‘此地’、‘此时’时，我所说的这些都是普遍的。一切东西和任何东西都是‘个别的’、‘这个’，而任何一切的感性事物都是‘此地’、‘此时’。同样，当我说‘我’时，我的意思是指这个排斥一切别的事物的‘我’，但是我所说的‘我’，亦即是每一个排斥一切别的事物的‘我’。康德曾用很笨拙的话来表达这个意思，他说，‘我’伴随着一切我的表象，以及我的情感、欲望、行为等等。‘我’是一个自在自为的普遍性，共同性也是一种普遍性，不过是普遍性的一种外在形式。一切别的人都和我共同的有‘我’、是‘我’，正如一切我的情感，我的表象，都共有着我，‘伴随’是属于我的东西，就作为抽象的我来说，‘我’是纯粹的自身联系。”① 如果没有众多的引号，着重号，这段文字可能更加难懂。难懂的一个原因就是黑格尔故意卖弄他的抽象的思辨能力和修辞技巧而频繁在两种语言即对象语言和元语言之间转换。这个东西、此时、此地、我，等等，有时是对象语言中的概念，有时又是元语言中的表达式；有时表示概念所指称的对象，有时是概念本身。需要指出的是：概念和概念所指称的对象的区分，其实是本书的区分。在黑格尔的绝对唯心主义哲学看来，概念要发展成为对象，对象就是潜在的概念，甚至就是概念。因而概念和概念所指称的对象就是没有差异的。因而黑格尔就可以在概念和对象之间自由穿梭，在元语言和对象语言之间频繁转换。黑格尔泯灭概念和对象之间的差异的绝对哲学有肯定思维与存在的同一性的“天然”优势，

① ［德］黑格尔：《小逻辑》，商务印书馆1980年版，第71页。

但同时也制造出了许许多多的麻烦甚至混乱，让读者苦不堪言。

被黑格尔搞得很混乱的问题，其实可以弄得很简单。就概念说，任何一个概念都是普遍和一般，即使是单独概念也是普遍和一般。但概念所指称的对象则有个别和一般的区别。以“我”为例，作为概念来说，它的内涵是第一人称代词，即人在自指时所用之词。但它具有一般性和普遍性，即任何人在任何时地都可以用它来自指。就概念指称的对象说，就有些麻烦。因为它既有确定性的一面，又有不确定的一面。就确定的一面说，这个词在任何时候都只指一个人。就不确定的一面说，在不同时地，它指称的个体可以是不同的。或者说，任何一个人都可以使用“我”这个词来自指，不像“朕”这个词，只能在位的皇上一人用。此时、此地、这个东西、这一东西等都可以进行类似处理。当然，黑格尔的语言并不都能作如此简单分析。如上面文字中的“一切别的人都和我共同的有‘我’、是‘我’”，我就不知道是什么意思。是说任何别一个人都和我自己这个人有相同的本体论地位，具有相同的形而上学本质？还是说每个人都可以在相同的情况下使用“我”这个语词指称自己？或者说，这个句子到底是对象语言中的句子还是元语言中的句子？不得而知。也许黑格尔是要告诉读者：两个含义都有，而且两个含义并没有根本的差异。但把不同的含义混合在一起，尤其是把元语言和对象语言混合在一起，时而元语言时而对象语言，元语言中含有对象语言，对象语言中又有元语言，虚虚实实，实实虚虚，让人如坠云雾中，的确造成了许多麻烦。

通过黑格尔这个中间人，黑格尔、《资本论》和分析哲学这三者各自的特点就更清楚了。分析哲学所使用的语言层次分明，就是用元语言分析对象语言；马克思使用的是对象语言，通过对象语言的使用描述或分析了社会现象的多方面的规定性；黑格尔使用的则是形而上学式的思辨语言，是对象语言和元语言的混合体。黑格尔常常让对象语言服从元语言，从而使事实的内容、科学的内容被形而上学的内容所闷死；分析哲学始终停留在语言的层面，它把对事物的分析或者看成是形而上学的东西，或者归并到经验科学之中，因而分析哲学仅仅是科学的逻辑；只有马克思通过对象语言的使用，真正实现了哲学与科学的统一。

再说第二点。前文说过，分析哲学大致是用元语言分析对象语言，通过分析语言来讨论或者解决一些问题。比如蒯因在反对经验论的分析与综合之二分的教条时就是这种做法。蒯因的基本思路是：如果有一个合理的分析性定义，就可以据此确定哪些语句是分析性语句，哪些语句是综合性语句，分析与综合二分的观点就可以成立。但蒯因并没有像传统哲学那样，把主要笔墨花在直接考察分析性定义上，而是集中讨论具体的句子或者语言表达式。蒯因最后得到的结论是：除了同语反复型的句子如“单身汉是单身汉”以及一些用纯粹为了缩写目的、根据规定引进的新记号构造的句子如“武科大是武汉科技大学”等特殊的句子之外，其他句子的所谓分析性都是利用语词的同义性来定义的。而两个语词的同义性一般就是用分析性来定义的。正好构成了一个封闭的曲线。所以，分析性定义无效。因此，分析与综合的二分不成立。蒯因的分析论证是否无懈可击是另外的问题，这里不予讨论。但他的方法完全是分析哲学的方法。只分析语言，完全拒绝对客观对象的本质进行抽象概括。

辩证历史分析则主要是矛盾分析，即用矛盾分析方法揭示客观事物，主要是各种社会现象的多方面的规定性。矛盾分析可能并不是《资本论》的首倡。按照黑格尔的理解，“辩证法或矛盾进展原则……是一种普遍存在于其他各级意识和普通经验里的法则。举凡环绕着我们的一切事物，都可以认作是辩证法的例证。”① “辩证过程或矛盾进展本身就是一个积极的科学的主要环节。”② 马克思接受了辩证的矛盾分析这个方法。因为从大的方面看，社会现象都是矛盾统一体，比如是自然与社会的矛盾统一体，物质载体和社会意义的矛盾统一体，实体存在与功能存在的矛盾统一体，物的属性与人的社会关系的矛盾统一体，如此等等。如果再就具体的事物来看，可能就是更加具体的矛盾关系的纽结点，比如商品是使用价值和价值的统一体，技术是手段和目的的统一体，如此等等。因而对社会现象的研究，在马克思看来，最方便的方法就是分析这些矛盾，并通过分析各种矛盾，达到对各种社会现象的本质特征的深刻理解或全面把握，达到对资本主义社会的生产方式的本质特征的深刻理解或全面把握，达到对人类社会发展的一般规律的深刻理解或全面把握。

《资本论》是从分析商品开始的。通过分析，马克思揭示出商品是使用价值与价值的矛盾统一体，质与量的矛盾统一体，具体劳动和抽象劳动的矛盾统一体，私人劳动和社会劳动的矛盾统一体，物质实体与社会功能

---

① ［德］黑格尔：《小逻辑》，商务印书馆 1980 年版，第 179 页。

② 同上书，第 171 页。

的矛盾统一体，“可以感觉的物”与“超感觉的物”的矛盾统一体，物的属性与社会关系的矛盾统一体，如此等等。而且这些不同的矛盾关系之间明显有一定层次。前文主要从存在论的角度简略讨论了商品的物质载体和社会意义的矛盾关系。如果从政治经济学的角度看，使用价值与价值的矛盾就是商品的基本矛盾。价值寄居于使用价值之中，使用价值使价值得以实现。而质与量的矛盾则是对这一基本矛盾的更为抽象的概括。也就是说，使用价值是商品的质的规定性；价值则是商品的量的规定性。质的方面各不相同，千差万别；量的方面就是多少或大小的不同。量的方面可以相互比较，质的方面难以权衡。具体劳动和抽象劳动的矛盾则是商品的使用价值和价值的矛盾之根源，即具体劳动形成商品的使用价值，抽象的人类劳动则是商品的价值的根源。私人劳动与社会劳动的矛盾则是商品需要交换、商品之为商品的社会根源。因为商品生产者的劳动首先都是私人劳动，商品生产是为他人生产使用价值而为自己生产价值的劳动，因而他的劳动只有通过商品交换才能变成对社会有效、有用的劳动，才能实现自己的目的。用矛盾分析方法揭示出来的商品的这些属性或特点，尽管是不能通过对商品体使用物理的方法，或者化学的方法来得到的，但这些矛盾关系的确呈现了商品作为社会现象的特点。《资本论》通过对商品体的矛盾分析，为认识资本主义社会提供了条件或前提。

前文说过，辩证法的矛盾概念不是马克思首先提出来的，黑格尔对矛盾就有系统论述。黑格尔认为“矛盾是推动整个世界的原则，说矛盾不可设想，那是可笑的。这句话的正确之处只在于说，我们不能停留在矛盾里，矛盾会通过自己本身扬弃它自己。但这被扬弃的矛盾并不是抽象的同一，因为抽象的同一只是对立的一个方面。”① 但马克思和黑格尔有根本不同的矛盾观。这个不同，至少有两个方面：一个就是前文已经指出过的，黑格尔的矛盾主体是绝对理念，因而就是唯心主义的矛盾观，马克思的矛盾主体是客观事物，因而是唯物主义的矛盾观。第二个不同是，黑格尔是形而上学式的研究或论述矛盾，马克思则把矛盾分析作为方法使用。用矛盾分析方法呈现社会现象的多方面的特征；又通过对社会现象的实证式的分析展现辩证法的普遍适用性。

还是来看《资本论》的论述吧！《资本论》在描述了商品的静态的矛

① ［德］黑格尔：《小逻辑》，商务印书馆 1980 年版，第 253 页。

盾属性之后，就要论述商品交换，因为商品只有通过交换才能最终成为它自身；而从辩证法的角度说，在描述了商品的各种矛盾之后，就要揭示矛盾的解决途径。在《资本论》里，这两个方面仍然是一体的。指出商品的各种矛盾的解决就是分析商品的交换过程；分析商品的交换过程就是指出商品的形态变化以及通过形态变化而发展出的解决矛盾的途径。

马克思指出，商品交换或流通就是商品的形态变化，即从把商品当作非使用价值的人的手里转到把它当作使用价值的人手里，而且这个过程是通过货币中介来进行的。商品交换使商品的使用价值与价值的矛盾统一体分裂为商品与货币的矛盾，即事物的内部矛盾转化为事物之间的对立。从道理上说，商品和货币作为独立的实体各自是不一样的，彼此都是独立的使用价值和价值的矛盾统一体。但待交换的“商品实际上是使用价值，它的价值存在只是观念地表现在价格上”，也就是说，商品的价值虚化了，符号化了，观念化了。而“金这种物质只是充当价值的化身，充当货币。因此金实际上是交换价值”,① 是价值。货币本身的使用价值虚化了，符号化了，观念化了。货币不能吃，不能喝，没有任何其他实际用途。如果有人把货币作为某种使用物来使用，那么货币就不是货币了。如果说货币还有什么用处，那就是用它换回所需要的使用价值。总之，货币就是作为交换价值、作为价值起作用，而待售商品只是使用价值。可见，商品体内部的使用价值和价值的矛盾在交换时分裂为商品与货币的对立后，仍然保留有分裂前的某些特点。这是矛盾的变化，也是事物的发展。

商品所有者出售商品获得货币并不是最终目的。所以，经历从商品转化为货币的过程，商品交换并没有完成。商品交换还要经历从货币转化为商品的过程，即出售商品得到货币之后，再用货币买回自己所需要的商品（使用价值）。可见，“商品交换过程是在两个互相对立、互为补充的形态变化中完成的：从商品转化为货币，又从货币转化为商品”,② 即“商品—货币—商品”，并且“商品转化为货币，同时就是货币转化为商品。”③

商品不会自己跑到市场上进行交换，因而商品交换一定是人与人之间的活动。《资本论》在描述了一般的商品形态变化的公式之后，又把商品

① ［德］马克思：《资本论》第1卷，人民出版社2004年版，第125页。

② 同上书，第126页。

③ 同上书，第129页。

占有者和货币持有者纳入这个矛盾之中进行分析。商品交换过程“从商品占有者这一极看，是卖；从货币占有者这另一极看，是买。或者说，卖就是买，W—G 就是 G—W。”① 通过交换，商品所有者和货币持有者都达到了自己的目的。商品所有者让出了对自己没有使用价值的东西，他使贴在商品身上的价格即观念的货币变成了实体货币，可能变成了现实，并且最终通过货币获得了自己需要的使用价值。他用为别人生产的使用价值换回了自己需要的价值；他用自己的劳动产品换回了自己需要的劳动产品。他的私人劳动得到了社会的承认，成为社会总劳动的一部分。而他自己也可以享用他人的劳动成果了。货币持有者通过购买商品使可能的、潜在的或者观念上的使用价值成为现实的、实在的、实体性的使用价值。通过交换，商品与货币的矛盾得到了解决，商品体的使用价值和价值的矛盾也得到了解决，商品生产者的私人劳动和社会劳动之间的矛盾也得到了解决。通过交换，商品所有者和货币持有者各自都达到了自己的目的。《资本论》在论述商品交换或商品流通过程的同时陈述了辩证法的矛盾概念以及矛盾的运动；或者说，《资本论》运用唯物辩证的矛盾分析方法具体陈述了商品交换的运动过程。在这个过程中商品成为商品，货币成为货币。充当各种经济角色的人在这个过程中实现着自己的目的。这就表明：《资本论》所论述的矛盾以及矛盾的运动不是黑格尔式的抽象而普遍的矛盾观念以及矛盾运动的抽象公式，而是具体事物发展过程；不是对象语言和元语言的混合使用，更不是纯粹的元语言分析，而是用对象语言陈述的可以用经验证实的事实。《资本论》决不是抽象的、纯粹的形而上学著作，而是使用了辩证分析方法的政治经济学著作和社会历史理论方面的著作。因而，在马克思主义理论中，卖就是买或者生产就是消费之类的命题，就不是抽象的辩证法的命题，而是用辩证方法陈述的买卖或者生产和消费之间的具体的可以经验的关系，是有确定而丰富的经验内容的。如果把买就是卖作为抽象的形而上学公式来理解，就失去了这类命题的丰富的社会历史内容，马克思不同于黑格尔的独特贡献也被抹杀了。

《资本论》还通过商品交换过程的分析，呈现了否定之否定规律。与商品对立的货币是在商品交换的过程中从商品中分离出来的。它与一般的商品体处于对立状态。无论从总的方面说，还是就具体的交换来说，商品

---

① ［德］马克思：《资本论》第 1 卷，人民出版社 2004 年版，第 129—130 页。

转化为货币，就是货币对商品的否定。而货币转化为商品，就是否定的否定，是交换的完成，是商品的各种矛盾的总解决，也是人的关系的解决。

《资本论》还专门讨论了商品交换中的一个特殊点，即 W—G—W 中的后一个 W 有生活资料和生产资料的不同。如果后一个 W 是生活资料，商品流通以商品被消费而结束，即商品被外力否定或消灭了。商品流通如果只有这个方式，商品就会越流越少，最后完全没有。商品流通如果只有这个方式，那就是非辩证法的。商品流通如果只有这个方式，社会就不会有庞大的商品堆积，即商品流通如果只有这个方式，资本主义这样典型的商品社会就得不到合理解释。

如果后一个 W 是生产资料，那就是为了卖而买，或者买的目的是为了卖。简单商品流通公式 W—G—W 就变成 G—W—G 了。在前一个公式中，商品流通因商品被消费而终止，而在后一个公式中，流通的终点就是流通的起点。起点和终点都是一定量的货币。也就是说，在质上是没有差异的，只在量上可能有差异，比如说，终点是 11000 元，起点则是 10000 元。而且终点和起点只“在一个瞬间是有区别的，但这个区别马上又消失了。”①从再生产的角度看，11000 元回到起点，又开始新的流通过程，开始新的价值增殖过程。货币在运动终结时又成为新运动的开始。循环往复，以至无穷。货币在循环中实现了增殖。因为增殖，货币就成为资本了。这是量的变化引起质的变化的经典事例。也可以说是质量互变规律的具体体现。

马克思在用辩证历史分析方法描述货币通过流通而变成资本时特别强调了两点。一是增殖离不开流通，但却是生产的结果，从而揭示出剩余价值的真正来源。二是量。剩余价值本身就是一个超余的量。而货币为了获得这个超余的量，它本身就必须有一定的量。因为很明显，“不是任何一个货币额或价值额都可以转化为资本……可变资本的最低限额，就是为榨取剩余价值全年逐日使用的一个劳动力的成本价格。”② 此外，还要有相应地用于购买不变资本的最低限额。也就是说，货币要变成资本，至少要有两个方面的量：作为流通起点的货币量和流通终点的货币量。而且后一个量要大于前一个量。马克思明确地指出：“在这里，也像在自然科学上

---

① ［德］马克思：《资本论》第 1 卷，人民出版社 2004 年版，第 177 页。

② 同上书，第 356 页。

一样，证明了黑格尔在他的《逻辑学》中所发现的下列规律的正确性，即单纯的量的变化到一定点时就转变为质的区别。"① 马克思还专门写了注释。恩格斯又对马克思的注释写了注释。这里再一次表明：马克思（也包括恩格斯）使用辩证分析方法分析社会历史现象，以及通过研究具体的社会历史问题展示辩证法的普遍性、一般性这两个方面都是十分自觉的。他们通过用辩证分析方法分析货币转化为资本的过程揭示了资本的本质，又在揭示资本的本质的过程中呈现了辩证法的基本规律。

货币流通最终能和简单商品流通相区别，主要是因为货币在流通中实现了增殖而成为资本。但对这一点的辨识或把握其实还需要有联系的眼光和发展的眼光。因为孤立地看，作为货币持有者的我（后转化为资本家）从A手里购买商品，我就是一个买者，A就是一个卖者，这与简单商品流通中的买者卖者没有任何不同。我再把商品卖给B，此时我是一个卖者，B是一个买者。这与简单商品流通中的卖者买者同样没有任何不同。"在这两个序列中，对于一个人我只是买者，对另一个人我只是卖者；对于一个人我只是货币，对另一个人我只是商品，不论对于其中的哪一个，我都不是资本，不是资本家，不是比货币或商品更多的什么东西的代表，或者能起货币或商品以外的什么作用的东西的代表。"②就是说，把货币流通公式G—W—G拆分开来看，G—W或者W—G与简单商品流通公式中的任何一个部分都没有任何不同。可见，如果用孤立或静止的眼光看问题，就发现不了货币流通和简单商品流通的不同，就发现不了价值增殖的奥秘，就发现不了资本的本质，就发现不了剩余价值的真正来源，也就发现不了资本主义生产的实质，发现不了资本家阶级和雇佣工人对立的经济根源。马克思用联系的眼光，发展的眼光发现了货币流通公式不同于简单商品流通公式。两者的不同主要是通过过程展现出来的。在简单商品流通中卖者和买者不是同一个人。而在货币流通中，买者和卖者是同一个人。买的目的是为了贵卖。贵出的部分自然不能来自流通领域，因为商品交换要求等价交换。贵出的部分只能是在生产中由雇佣工人的劳动创造的。马克思用整体的眼光，发展的方法，揭示了剩余价值的真正来源，揭示了资本主义生产的实质，揭示了资本家阶级和雇佣工人对立的经济根源。这是

---

① ［德］马克思：《资本论》第1卷，人民出版社2004年版，第358页。

② 同上书，第182页。

马克思的伟大贡献！这是辩证法的伟大胜利！

进一步说，买和卖之所以能由一个人来完成，或者说，一个人之所以能够先买后卖，并且是贱买贵卖，完全是因为资本主义生产关系已经存在，完全是因为生产资料甚至生活资料已经同劳动力的所有者分离并且与劳动力的所有者对立着。而资本主义生产关系是在资本主义生产和再生产中不断被生产出来的。这一点，《资本论》是反复强调过的。

前面说过，商品交换或流通过程就是商品体的矛盾的解决过程。这是从道理上讲的。但在实际的商品流通过程中，卖和买可能出现许许多多偶然情况。作为卖者，在一段时间内他可以只卖不买，可以多卖少买，可以一次卖多次买，如此等等。作为买者，也同样有许多选择空间。不同的卖者买者的自主的不同步的买卖行为累积在一起，就会对一定时地甚至整个社会的买卖关系产生非常大的影响。因此，现实中的某一个卖者，他的产品完全有可能全部卖不出去，也有可能只卖出去一部分；而某一个买者，在一定时间，他也可能完全买不到他所需要的商品。尤其是对于货币流通而言，当货币持有者大量买进生产资料和劳动力之后，他是否能如愿以偿地收回货币，风险其实是非常大的。收回货币取决于许多条件，比如，社会的生产资料的消费是否正常，劳动力的消费是否正常，整个商品世界的生产和流通是否正常等等。而这些条件是个别商品生产者无法控制的。这其实就是整个社会生产的无序状态和生产的私人占有之间的矛盾。

总的说来，《资本论》研究商品货币等等就是进行矛盾分析。通过分析商品体的矛盾，展示人的为己为人的矛盾关系，通过分析具体的买卖关系可能存在的不平衡性呈现整个资本主义社会生产的无序状态；通过分析商品交换货币流通的一般过程，呈现资本主义生产的一般特点。进一步，通过对具体的买卖关系的分析和商品交换货币流通过程的分析，展现了辩证法的特点或本质。比如，对立统一、质量相互转化、否定之否定的规律以及联系的观点发展的观点具体问题具体分析的方法都是通过商品货币等具体问题的分析呈现出来的；也可以说，《资本论》是用辩证分析方法揭示了商品以及商品社会的可以用实证科学证实的许多经验事实。《资本论》作为融辩证法和社会历史理论，哲学和经验科学为一体的杰作，到目前为止，没有任何一部著作超过它。

最后说第三点。分析哲学的分析是纯粹的语言分析，逻辑分析，语义分析，不涉及经验事实，不涉及历史和社会，这是公认的。前文的叙述也已显其特点。这里就不再重复。这里集中说说马克思的历史和逻辑之统一的特点。

前文反复强调,《资本论》既有唯物辩证法的内容,又有社会历史的内容,因而真正实现了哲学和科学的统一。哲学与科学的统一,也就是逻辑与历史的统一。

这里的逻辑,十分明显,是宽泛意义上的,既可以是逻辑学的逻辑,也可以是理性、思维、语言、辩证法等。具体说,就是用抽象思辨力即矛盾分析和历史分析相统一的方法所获得的对资本主义社会的认识,对历史发展客观规律的认识。也可以说是表达这种理性认识的充满了思辨力的语言。

这里的历史主要指社会现象的产生和形成的历史前提、历史条件以及社会的历史发展过程等。可以肯定,马克思的历史不是事物发生发展的完整的历史轨迹的毫发无遗的重现。因为马克思不是历史编纂学家,《资本论》也不是某一民族的发展通史,或者断代史著作,也不是某个领域的专门史著作。马克思是理论家,他感兴趣的是社会发展的本质或规律。《资本论》研究的是资本主义关系,揭示了资本剥削雇佣劳动的秘密,揭示资本主义社会必然灭亡的历史趋势。这是《资本论》中的"历史"的基本内容。

所以,与历史一致,就是与历史发展的客观规律一致,而不是与事物发生发展的完整的历史轨迹的丝毫不爽的吻合。所以,与历史的统一,就不是历史从哪里开始,逻辑就从哪里写起。比如,"当我们从政治经济学的角度考察某一国家的时候,我们从该国的人口,人口的阶级划分,人口在城乡、海洋、在不同生产部门的分布,输出和输入,全年的生产和消费,商品价格等等开始"①,就只是最简单自然的写法。这种写法直接与日常经验一致,但未必能与历史规律一致。马克思明确而坚定地否定了这种写法。因为科学研究不能只考虑自然的状况而没有理论的抽象。如果不考虑阶级,人口就是空洞的,没有科学内容的。而如果不清楚阶级形成或划分的依据,阶级是什么,同样是不清楚的。在现代资本主义社会,划分阶级的基本根据是拥有社会财富的多寡以及获得社会财富的方式,比如,拥有资本的人和出卖劳动力的人明显就属于不同的社会集团,属于不同的

① 《马克思恩格斯选集》第2卷,人民出版社1995年版,第17页。

阶级。拥有资本，就是拥有巨大的社会财富，拥有剥削他人劳动力的手段；而出卖劳动力的人则不拥有社会财富。但是，为什么一些人能把社会财富变成资本，把劳动力变成商品呢？劳动力商品是资本出现的前提。而劳动力商品又是商品生产、交换、分工等等的结果。可见，社会是复杂的，历史是发展的。要科学而全面地认识社会历史，从而达到对历史的科学理解，不能不进行理论的抽象。“把经济范畴按它们在历史上起决定作用的先后次序来排列是不行的，错误的。它们的次序倒是由它们在现代资产阶级社会中的相互关系决定的，这种关系同表现出来的它们的自然次序或者符合历史发展的次序恰好相反。”①

要与历史发展的客观规律一致，即实现逻辑与历史的统一，同样不能毫发无遗地写。即使历史编纂学也不是这样写法，甚至簿记员的流水账也不是用这种方法写成的。研究社会历史的理论著作更是不能这样写。

马克思肯定：逻辑或者理论叙述要从一般规定或者抽象概括开始，从一些简单的思维假定开始，通过简单的假定解释复杂的现象。马克思认为，这才“是科学上正确的方法”②。

马克思所理解的逻辑与历史的统一，大体就是理性认识与事物的本质或规律的一致。而且这个一致只是大体上的一致，理论上的一致，不可能是数学上的精确等于，或者逻辑上的严格推演的那种一致。所有描述经验事实的科学都只能与事实之间粗略的一致或符合。而这种粗略的符合或者大体的一致就是马克思主义所说的真理。如果与自然次序相反的逻辑次序大体正确描述了社会的本质或结构以及发展规律，它就是正确的，与历史一致的，就实现了逻辑与历史的统一，认识与客观实在的统一；如果抽象掉了事物的表面特征和发展过程的细节的理性认识反映了事物的本质或规律，它就是正确的，与历史一致的，就达到了逻辑与历史的统一。

如何实现逻辑与历史的统一呢？这自然是个非常麻烦的问题。对这个问题若要有像样的论述，非大部头的著作不可。这里只能做最粗略的说明。从大的方面说，这个问题涉及两个方面：一是认识，一是理论表述。这里的认识指通过认识方法获得的认识结果。要实现逻辑与历史的统一，首先要求有与历史一致，与社会符合的认识。认识本身就是与社会历史不

① 《马克思恩格斯选集》第2卷，人民出版社1995年版，第25页。

② 同上书，第18页。

一致的，甚至与社会历史矛盾，那如何做到与社会历史统一呢？其次是表述。即如果有了与社会历史一致的认识成果，如何把这个认识成果准确表达出来，让他人认可或接受。也许有些人不认可认识和认识的表达可以明确区分开这种说法。在他们看来，只有明确表达出来的认识，才是真正的认识。没有表达出来，甚至不能表达出来的认识，至少不是科学的认识。本书认为，认识和它的语言表达是可以有某种程度的区别的。认识是通过一定方法获得的对客观对象的意识，而语言则主要是意识约定的物质手段。关于语言表达，马克思大致提出了两个方面的问题，值得我们学习。一是出发点的选择；二是用对象语言描述客观对象。

先说理论的出发点。前面说了，马克思要求理论从一般或者抽象概括开始，而不是从实在和具体开始。直接从具体和实在开始，无异于取消理论抽象，无异于取消辩证历史分析。马克思认为，亚当·斯密高出重农学派的地方首先就是亚当·斯密有了一个抽象的、普遍的、一般的劳动概念。有了这个劳动概念，才可能解决一些理论问题。如果没有抽象，没有普遍，就没有科学理论，自然也就谈不上理论或逻辑与历史统一了。

另一方面，作为社会历史理论出发点的，又不能是纯粹的逻辑假定，或者纯粹的形而上学玄想。因为纯粹的形而上学玄想，如存在、神或者上帝之类，往往经不起经验的检验，而纯粹的逻辑假定，如“～”“∧”“∨”“→”之类，则完全没有经验内容，根本不需要经验检验。纯逻辑的假定只有逻辑学的意义，不能用来概括或描述社会历史。作为社会历史理论的出发点的抽象，应当既具有普遍性，又具有经验实证性。马克思肯定亚当·斯密的抽象是合理的，理由大体就是这两条。一是亚当·斯密的劳动是普遍的一般的劳动，而不是某种具体的劳动。二是这个劳动概念的内容在现代社会中表现为实际上真实的东西。① 就是说，是有经验内容的。马克思批判蒲鲁东“先从一般的分工开始，以便随后从分工得出一种特殊的生产工具——机器，这简直是对历史的侮辱。”② 因为蒲鲁东的“一般的分工”是个形而上学的幻影，没有经验事实。从幻影出发来理解历史，自然就是唯心主义的理解历史，自然也就不能做到与历史统一了。马克思通过批判蒲鲁东的方法，肯定亚当·斯密的方法，把自己的科学态

① 《马克思恩格斯选集》第2卷，人民出版社1995年版，第22页。
② 《马克思恩格斯选集》第1卷，人民出版社1995年版，第161页。

度和科学方法准确体现出来了。

要求理论从以经验事实为根据的科学抽象开始，达到具有经验内容的普遍或一般，是马克思一生追求和使用的科学方法。马克思在《1844年经济学哲学手稿》中就指出：他的“结论是通过完全经验的、以对国民经济学认真的批判研究为基础的分析得出的”。① 二十多岁的马克思在这部语言上带着黑格尔印记，理论上带着费尔巴哈影响的《手稿》中是否完全实现了他的预定目标，这是另外的问题。但这段文字表明：马克思在他的理论研究生涯的起始阶段，就非常重视以经验事实为根据的科学抽象这个理论研究方法。这个态度马克思终身未变。

马克思在和恩格斯合写的《德意志意识形态》中更是反复申明：要从具有经验根据的科学前提出发，要研究感性的外部世界，要研究具体的历史活动中的人，如此等等，以此对抗唯心主义的形而上学幻想。他们还概括出了几条研究历史的前提或者出发点，并肯定，他们研究的“前提不是任意提出的，不是教条，而是一些只有在想象中才能撇开的现实前提。……这些前提可以用纯粹经验的方法来确认。”“全部人类历史的第一个前提无疑是有生命的个人的存在。因此，第一个需要确认的事实就是这些个人的肉体组织以及由此产生的个人对其他自然的关系。”② “第二个事实是，已经得到满足的第一个需要本身、满足需要的活动和已经获得的为满足需要而用的工具又引起新的需要，而这种新的需要的产生是第一个历史活动。”③ 第三是繁殖。第四是原初的关系：自然的关系和社会的关系。④ 如果说，前文提到的前提是一般的前提，是马克思的社会历史理论的唯物主义的物质前提，这里的几个前提就是更加具体的前提，是唯物主义的物质前提在社会历史领域里的具体化。这几个前提，都既是科学抽象，又是可以用经验方法确定的历史事实。用有经验内容的科学抽象作为前提或出发点，让它们在阐述社会历史发展的一般规律的同时，又呈现了唯物主义的大道理。这些前提的确定既为唯物主义的发展开掘了新的天地（即由自然的唯物主义发展为历史的唯物主义，由抽象的思辨的形而上学的唯物主义发展为科学的辩证的唯物主义），又为唯物主义的研究社会历

① ［德］马克思：《1844年经济学哲学手稿》，人民出版社2000年版，第3页。

② 《马克思恩格斯选集》第1卷，人民出版社1995年版，第67页。

③ 同上书，第79页。

④ 同上书，第80页。

史提供了理论指导，为历史科学的腾飞奠定了坚实的理论基础。也就是说，马克思的唯物主义思想完全体现在他的具体的实证的科学研究中，体现在他的科学理论的准确表述中，体现在他的科学研究的方法中，而不是传统唯物主义的抽象的物质第一性意识第二性的形而上学式的教条。马克思的社会历史理论也不是经验主义的纯实证性的东西，它既有实证性的内容，又有唯物主义的抽象概括；既有历史事实的陈述，也有社会发展理想的描绘。总之，经验实证性和理论思辨性，历史和逻辑，科学和哲学完全是一体的。

理论表述的第二个方面，《资本论》大体是用对象语言描述了人类社会的生产活动以及生产活动和社会结构、政治结构之间的联系，重点描述了资本主义社会的生产活动以及资本主义的生产活动和它的社会结构、政治结构之间的联系。这些描述总的来看，基本是可以用经验方法确定的。比如，马克思对机器的发展历程的描述，对机器的资本主义应用的分析，对资本主义机器工厂的考察，对资本主义机器工厂对个人的影响的分析都是非常精细的，堪称实证研究的典范。而这些实证研究又达到了揭露资本主义生产方式的剥削本质的理论目的。

总之，马克思的辩证历史分析是对社会历史的分析，是有经验内容或科学事实的分析，在分析经验事实的同时，呈现了唯物辩证法的大道理，真正实现了科学和哲学的统一，历史和逻辑的统一。从而把唯物主义哲学和社会历史理论都发展到了一个崭新的历史阶段。

第四章　自然与社会相统一的劳动

辩证历史唯物主义认为，社会存在是在自然的根基上通过劳动自然生长而成的。劳动可以说是化自然为社会的“点金术”，因而也是沟通自然与社会的桥梁。从大的方面看，桥梁存在于两个方面，一是存在于自然演化的进程之中，因为社会是在自然的基础上生长出来的；一是存在于社会的内部。前文已大体说过，各种社会现象以至社会本身，都是自然和社会的统一体。这个统一也是通过劳动这个桥梁连接的。从自然出发来理解社会，这个理论立场所以不合适，原因在于它最多只能理解第一方面的桥梁，而完全不能理解第二方面的桥梁。不能理解第二方面的桥梁，也就是不能理解社会本身。

劳动之所以能充当自然与社会的桥梁，主要就在于劳动本身就是自然与社会的统一体。在自然演化的进程之中的劳动是自然与社会的统一体，在社会内部的劳动同样是自然与社会的统一体。而且无论是自然演化进程中的劳动，还是社会内部的劳动，都是在劳动的过程中，通过劳动一步一步发展的。也就是说，劳动不是先验的，它也是在劳动的基础上生成的，也是劳动的成果。也就是说，劳动既是其他社会现象存在的根据，也是它自身作为社会存在的根据。

作为自然与社会之统一体的劳动，既具有自然性又具有社会性；既具有一般性、普遍性、稳定性或不变性、绝对性，又具有特殊性、具体性、历史变异性或相对性。劳动的自然性与劳动的一般性、普遍性、抽象性、不变性、绝对性相联；而劳动的社会性则主要（尽管不是完全）指劳动的具体性、特殊性、历史性、变异性。马克思在专门研究资本主义社会的生产方式的《资本论》中，具体阐述了劳动的自然性和社会性的辩证统一，抽象性、一般性和具体性、特殊性的辩证统一，这是有深刻的内在的理论原因的。这个内在的原因，除了历史方法的特殊要求之外，那就是把劳动作为社会存在论的概念来讨论，并且是作为唯物主义的社会存在论的概念来讨论。

一 《资本论》中的劳动不是卢卡奇所理解的劳动

系统论说马克思的劳动范畴的本体论地位和作用的思想家应首推卢卡奇。他明确指出，就其本体论的本质而论，劳动“是人（社会）与自然之间的相互关系”，具有“明显的过渡特征”① “构成社会存在新本质的所有规定性，都总括地包含在劳动之中了。”因此，“可以把劳动当作一种原始现象，当作社会模式加以考察；澄清这些规定性就会使我们获得关于社会存在基本特征的清楚图像，所以从分析劳动开始，在方法论上显得是有利的。”②

本书所论劳动的一些问题：劳动是连接自然和社会的桥梁，既是自然演进过程中的桥梁，也是社会内部的桥梁，并且劳动本身也是社会存在，劳动作为社会存在的基本特点等等，卢卡奇或明或暗或直接或间接都有涉及。但卢卡奇对劳动的一些具体论述则是本书不能照单全收的。第一，卢卡奇的论述方式完全是黑格尔式的，而不是马克思式的。卢卡奇所理解的作为人与自然之间的物质变换的劳动，完全是通过所谓“作为目的论设定的劳动”概念来阐述的。所谓目的论设定，主要指人的实实在在的劳动活动之前作为劳动的前提的有意识的观念活动，观念设定，观念规划。概略说来，卢卡奇的观点大体是这样：观念的设定首先是规定劳动的目的；其次是规定实现目的的方式、方法、途径、条件等，总之，是规定实现目的的手段。而要知道某些条件、途径、方法等等是实现某种目的的手段，就一方面要正确认识自然之间的因果链，即要知道什么引起什么，什么是由什么所导致；另一方面要有合理性、选择、自由等概念，也就是要能够评价某种目的是否合理，要能够在多种不同的目的中作出相对合理的选择，而且这样的选择应当是完全自由的。如果是不自由的选择，受限制甚至受胁迫的选择，那就不是真正的人的选择，因而是没有任何意义的，更谈不

① ［匈］卢卡奇：《关于社会存在的本体论》下卷，重庆出版社 1993 年版，第 4 页。

② 同上书，第 5 页。

上合理了。卢卡奇的分析表明，对自然、人和社会的正确认识以及一些基本的价值观念是劳动得以进行的必不可少的前提条件。从积极的意义上说，卢卡奇对劳动概念的论述是系统而全面的，甚至可以说是深刻的。因为他讨论了人的社会劳动区别于动物的本能活动的根本内容，讨论了劳动的目的性计划性。但从消极的意义上说，卢卡奇只是论述了劳动的目的论设定的意识结构以及这个结构中的主要范畴，说得更直白一点，就是只讨论了劳动的观念前提。这完全是黑格尔式的概念思维方式和论述方式，甚至是比黑格尔更加纯粹的元语言分析模式。可以肯定，本体论研究完全可以也需要这种纯粹的概念结构分析的。但这种纯粹的概念结构研究很容易滑入唯心主义的泥潭。不是说，这种方法一定导致唯心主义，但这种方法非常容易滑入唯心主义的泥潭。卢卡奇在唯心主义和唯物主义之间摇摆不定，和他的这种研究或叙述方法不能说没有关系。本书不是纯粹的本体论研究，而是《资本论》的专题研究，因此，首先要学习马克思的方法。前文已经指出：马克思对劳动的论述方法和他对其他问题的研究所采用的方法基本一样，更多是利用对象语言对经验事实进行分析。对劳动这种实实在在的社会活动的分析，就是分析劳动这种客观活动本身的特点，以及这种活动所需要的自然条件和社会条件，分析超越于社会历史之外的一般的共同的人类劳动和处于特定社会历史之中的具体的生产活动的关系，如此等等。而且马克思陈述的大都是可以用经验科学方法予以证实的事实。

第二，卢卡奇的论述把许多不同的观念胶合在一起了，显示出了不应有的混乱。一方面，他在“原初的本性上，把劳动理解为人（社会）和自然之间进行物质交换的‘永恒的’、在社会形态的更迭中始终保持着的形式”;① 另一方面，他把作为目的论设定的劳动又理解成“最狭隘意义上”的“劳动的原始形式”。② 从他所举的例子以及后文论述的“作为社会实践模式的劳动”来看，作为目的论设定的改变自然的劳动的确更多被认为是简单的、低级的、甚至是原始的劳动。人们不禁要问：原始的劳动、低级的劳动如何在社会形态的更迭中永恒不变？劳动不随社会进步而发展吗？劳动不是事实上已经发展了并且始终在不断发展吗？可以肯定：卢卡奇这里明显是把原始人的原始的低级的简单的改造自然的劳动与劳动

① ［匈］卢卡奇：《关于社会存在的本体论》下卷，重庆出版社 1993 年版，第 43 页。

② 同上书，第 44 页。

的自然性、简单性、一般性、普遍性混同了。原始人的简单的、原始的劳动仅仅同一定的社会历史条件相联系，仅仅同一定的物质生产力的发展水平相联系，是具体的特定的历史劳动，决不是永恒不变的一般性劳动。但包括原始的简单劳动在内的所有人类劳动又都具有一些共同的不变的特性，比如自然物质性等等。这些共同的不变的特性才是穿越历史而永恒的。马克思告诉我们：无论什么地域的劳动，无论什么时代的劳动；也无论是简单劳动，还是复杂劳动。总之，无论什么劳动，它都是人的有目的的活动；都是人为了不至于饿死而不得不采取的对自然的行动；都是人的脑力和体力的耗费；都要凭借一定的物质手段即劳动资料劳动条件而使劳动对象有所改变；而所谓改变了的劳动对象其实也只是某些方面某些特征的改变，劳动结果仍然是客观的自然的物，或者说，劳动的结果与自然物在物性上是没有任何差异的；如此等等。这些特征才是劳动的普遍性，一般性，是在社会形态的更迭中始终保持不变的特性。也就是劳动的永恒不变性。可见，劳动的简单性，自然性，与简单的近乎自然的原始劳动是不同的。

第三，卢卡奇在劳动的本体论地位和作用问题上仍然摇摆不定。前面提到，卢卡奇一方面认为，研究社会存在，从分析劳动开始，在方法论上是有利的。但另一方面，卢卡奇又认为，马克思在《资本论》中是“把价值作为第一个范畴，作为首要的‘因素’来研究”的①。因为“无论是似乎直接纯粹地属于自然（水果数、家畜等），但最终却是人的社会劳动的产物的对象；还是已经丧失了自然的物质性的社会范畴（首先是价值本身），在价值的辩证法中必然保持着不可分离的联系。正是作为矛盾性表现出来的使用价值和交换价值的不可分离性，通过它的似乎对立的但又不可分割的联系表明了这种社会存在的本体论性质。”② 到底是劳动第一，还是价值第一，卢卡奇的著作把它的读者搞糊涂了。要知道，把劳动作为第一范畴和把价值作为第一范畴可以是很不一样的。若把按照马克思理解的劳动作为第一范畴来论述，可以建立起历史唯物主义的理论大厦；若把按卢卡奇理解的价值作为第一范畴，建立起来的理论可能是另外的东西。综观卢卡奇的整个社会存在理论体系，它既不是完全把劳动作为第一

① ［匈］卢卡奇：《关于社会存在的本体论》上卷，重庆出版社1993年版，第670页。
② 同上书，第672页。

范畴来论述的，也不是完全从价值出发来论述的，而是在价值和劳动之间摇摆不定。这种做法既是卢卡奇的整个理论体系摇摆于唯物主义和唯心主义之间的一个表现，同时它也加剧了卢卡奇理论的摇摆性，使这个理论更加庞杂、混乱，让人难以辨识其庐山真面目。

基于这些考虑，本书将不按卢卡奇的思路走，而是老老实实地跟着《资本论》的思路走。根据《资本论》的论述，讨论劳动的一般本体论特征。

二　劳动的自然性和一般性

《资本论》对劳动的考察或分析，与比如说对资本主义生产方式的考察相比，毫无疑问篇幅要小得多。但对劳动的一般性的分析却是极端重要的。因为它是对资本主义生产进行科学分析的前提。因为特殊是一般的特殊，只有理解了一般，特殊才能得到更好的理解。只有理解了社会劳动的一般性，才能更好地理解资本主义生产的特殊性。比如，为自己的劳动，为他人的劳动；私人劳动，社会总劳动；必要劳动，剩余劳动；如此等等。这些特殊的劳动，是理解资本主义生产的必要条件。但这些特殊劳动只有在一般劳动的比照之下，才能得到具体而全面的理解。倒过来，理解了资本主义生产的特殊性，也有助于对劳动的一般性普遍性的理解。因为即使是资本主义生产，如果从劳动的角度进行分析，它与一般的劳动也有相同性。而如果从历史发展的角度看，社会历史是需要自然前提的，对资本主义生产方式的历史考察也需要从自然出发，从劳动的自然性一般性出发，才不会使历史考察陷入恶性循环。而这个自然的物质前提，从时间上说，就是人的最初的近乎自然的劳动，以及这类劳动确定的人周围的自然；从理论上看，就是人类的一般劳动，或劳动的普遍不变性。

从大的方面看，马克思的确是把劳动的一般性和自然性联系在一起进行论述的，因而劳动的一般性就与劳动的历史性分离了。在马克思看来，考察劳动的一般性就是撇开劳动的“特定的社会形式”而对劳动的普遍性进行考察。而撇开了特定的社会形式或历史差异性的劳动就是并且只“是人和自然之间的过程，是人以自身的活动来中介、调整和控制人和自然之间的物质变换的过程”①，也就是人的脑力和体力的耗费过程，通过脑力和体力的耗费满足人的需要的过程。这个抽掉了社会形式或历史差异的劳动，根据马克思的论述，应当包含相关联而又有所不同的两个方面：一是社会关系简单到近乎无的最原始最简单最低级的劳动；一是一般性的劳动或劳动的一般性，普遍性，绝对不变性。后一个方面十分明显，是思维对劳动的抽象的结果；而前一个方面则是某种具体的劳动即事实上社会关系社会条件极端简略的劳动。前文指出过，卢卡奇有把这两个方面的问题混同的嫌疑。本书在这里要明确指出：区分这两个方面是必要的。

近乎自然的劳动，或者，劳动的社会关系简单到近乎无，这可以说是人的最初的面对自然的活动，是野蛮人的劳动，是人的最原始的劳动。它是人活着并能繁衍的最初的手段。它从动物式的本能活动演化而来。尽管最原始的劳动也有与当代最复杂的劳动相同相通的地方——这就是自然性，但它首先是直接作为最原始的劳动而存在的，即首先是作为某种具体的劳动而存在的，是作为人类发展的某个特定历史阶段的特定劳动而存在的。这就像奴隶社会的劳动、封建社会的劳动、资本主义社会的劳动，都是作为特定社会阶段的特定的劳动而存在一样。作为人类初期的劳动，它与动物式的本能活动的差异还不大。它处于自然与社会的连接处，是自然通往社会的起点。后来的更高级更复杂的劳动，就是在这种原始的劳动的基础上发展来的。原始劳动是整个人类劳动的起点，也是整个社会的起点。后来的各种社会中的劳动都是在最简单最原始的劳动的基础上逐渐生产出来的。

“如果我们想一想社会开始的情况，那么，当时还不存在生产出来的生产资料……但是在那里，自然界已经直接提供了生活资料，起初不需要人们去生产它们。因此，自然界也就使那些只有很少需要必须满足的野蛮人，除了为占有自然界已有的生活资料所花费的劳动以外，有时间把另一些自然产物变成弓箭、石刀、独木舟之类的生产资料，而不是去利用还不存在的生产资料进行新的生产。野蛮人的这个过程，单从物质方面来看，完全相当于剩余劳动再转化为新资本的过程。”②

马克思的这段论述虽然简短，但含义丰富而明确。第一，这里论说的

---

① ［德］马克思：《资本论》第1卷，人民出版社2004年版，第207—208页。

② ［德］马克思：《资本论》第3卷，人民出版社2004年版，第960—961页。

是最原始、最低级、最简单的劳动，即人类最初的劳动，或者说是与“最初的动物式本能的劳动形式”差别不大的劳动。① 因而也可以说是与自然最接近的劳动，是社会因素最少的劳动。这种劳动所利用或凭借的劳动资料基本是直接从自然中“拿”来的，或者是对自然物只有最粗陋的加工，还没有人自己生产出来的生产资料可以凭借或利用；生活资料或者生存资料也是直接取自自然界的，或者说，人对满足自己日常生活的自然物也基本没有加工改造，或者加工改造非常非常少。凭这两点，就可以推断：这样的劳动所能凭借或利用的社会条件是非常有限的，因而这样的劳动与动物的本能活动就没有太大差别。第二，这种活动毕竟是人的劳动，是人的有目的的活动，是人为了满足自身的生存需要而采取的活动。因而它就包含了人的“不受肉体需要的影响也进行生产”② 这样高级的生产活动的萌芽。这是生产资料生产的萌芽。尽管这种生产资料的生产起初也可能只是直接从自然界那里“拿”，比如，直接拿树木当独木舟，拿石头当锤子，当斧子，当刀子，如此等等。这里的“拿”，如果要分析其意识结构，应当包含前文引用的分析哲学家所说的“把”结构。但“拿”和“把”一样，与其说是纯粹的意识行为，不如说是社会的物质实践活动。即整个社会在很长一段时间内，在生产劳动的活动中实实在在把某种东西拿来作为某种东西使用。正是这种实际的使用或运用，才使纯粹的自然物变成了劳动资料，变成了社会财富，变成了社会存在。尽管像木棍等等之类的工具只是粗陋的劳动资料，几乎就是自然物，因为有了物质实践活动的“拿”，它就不一样了。第三，所谓近乎自然的劳动，只是说这种劳动的社会因素比较少，不是说完全没有社会关系。任何人的劳动，即使是最简单、最原始的劳动，也是在一定关系之中进行的。没有关系的劳动是不能存在的。最原始的劳动所凭借的关系与自然物之间的物的关系的差别可能不大。也就是说，劳动关系的属人性，社会性不够丰富。第四，原始的简单的劳动中包含着后来的复杂的高级的劳动的基本要素，或者说，后来的复杂的高级的劳动都是在简单的近乎自然的劳动的基础上发展来的。因而，最简单最原始的劳动中也包含着所有劳动都具有的共同性，一般性，或者绝对不变性。即无论什么劳动，总是人利用一些物作用于另外的物，

---

① ［德］马克思：《资本论》第1卷，人民出版社2004年版，第208页。

② ［德］马克思：《1844年经济学哲学手稿》，人民出版社2000年版，第58页。

在利用物的过程中耗费人的脑力和体力，从而在某种程度上实现人的有限目的。

无论劳动的社会条件是简单，还是复杂；是粗陋原始，还是精致高级。如果在思维中完全不考虑劳动的社会差异，那么，这样的劳动就只能是一般意义上的劳动了，或者就是劳动的一般性。可见，一般意义上的劳动，严格说来是思维抽象的结果。简单的原始的劳动，前文说过，是事实上社会关系比较简单的劳动，是特定社会条件下的具体劳动。要从这种特殊的劳动中发现劳动的自然性，客观物质性，或者劳动的普遍性，一般性，需要思维的概括或抽象；社会关系越来越复杂的劳动，使用人工的劳动资料越来越多的劳动，意识所起的作用越来越大的劳动，就是更加高级复杂的社会劳动。要从这样的劳动中发现劳动的自然性，客观实在性，或者劳动的普遍性，一般性，同样需要思维的抽象或概括。一般意义上的劳动就是思维将所有劳动的社会历史差异性抽象掉之后所获得的结果。马克思说，劳动“是不以一切社会形式为转移的人类生存条件，是人和自然之间物质变换即人类生活得以实现的永恒的自然必然性”。① 劳动“是人和自然之间的过程，是人以自身的活动来中介、调整和控制人和自然之间的物质变换的过程。人自身作为一种自然力与自然物质相对立”。② 劳动作为有目的的制造使用价值的活动，“是为了人类的需要而对自然物的占有，是人和自然之间的物质变换的一般条件，是人类生活的永恒的自然条件。因此，它不以人类生活的任何形式为转移，倒不如说，它为人类生活的一切社会形式所共有。”③ “在劳动过程中，劳动不断由动的形式转为存在形式，由运动形式转为对象性形式。”④ “劳动过程的实质在于生产使用价值的有用劳动。”⑤ “劳动过程的简单要素是：有目的的活动或劳动本身，劳动对象和劳动资料。”⑥ 劳动“指人借以实现人和自然之间的物质变换的人类一般的生产活动，它不仅已经脱掉一切社会形式和性质规定，而且甚至在它的单纯的自然存在上不以社会为转移，超越一切社会之上，

① ［德］马克思：《资本论》第1卷，人民出版社2004年版，第56页。
② 同上书，第208页。
③ 同上书，第215页。
④ 同上书，第221页。
⑤ 同上书，第227页。
⑥ 同上书，第208页。

并且作为生命的表现和证实，是尚属非社会的人和已经有某种社会的人所共同具有的。”① “劳动本身，就它作为有目的的生产活动这个简单的规定性而言，不是同作为社会形式规定性的生产资料发生关系，而是同作为物质实体、作为劳动材料和劳动资料的生产资料发生关系。这些生产资料也只是在物质方面，作为各种使用价值来相互区别，即土地是作为非生产出来的劳动资料，而其余的东西是作为生产出来的劳动资料而相互区别。”②这些出现在不同地方的不同论述，都强调了一个共同点，所有劳动都具有的共同性或稳定不变性：超社会历史性，自然物质性。

作为劳动主体的人首先是感性的自然的存在，并且人即使成了社会关系的总和，成了社会存在之后，人也仍然是感性的自然的存在。就像机器等生产设备，在特定条件下成了生产资料，成了资本主义生产关系的承载物之后，它仍然是机器一样。而且，所有的社会存在，在它们作为社会现象而存在的同时，仍不改其自然物性。这也是社会存在仍然在大脑之外，仍然具有自然性或客观实在性的一个基础。人作为受限制的感性的自然存在物，也就是马克思、恩格斯所说的作为“个人的肉体组织”而存在的自然物，人为了生存和繁衍，就必须利用自己的脑力和体力来从事劳动。而“人本身单纯作为劳动力的存在来看，也是自然对象，是物，不过是活的有意识的物，而劳动本身则是这种力在物上的表现。”③ 这与马克思在《1844 年经济学哲学手稿》中的论述完全一样。“人直接地是自然存在物。人作为自然存在物，而且作为有生命的自然存在物，一方面具有自然力、生命力，是能动的自然存在物；这些力量作为天赋和才能、作为欲望存在于人身上。另一方面，人作为自然的、肉体的、感性的、对象性的存在物，同动植物一样，是受动的、受制约的和受限制的存在物，就是说，他的欲望的对象是作为不依赖于他的对象而存在于他之外的。”④ 也就是说，人的肉体的组织是自然的，肉体组织所具有的力量（脑力和体力）也都是自然的。本书的作者知道：人们常常把人说成是劳动的主体，因为劳动是人为了自己而不是为了自然而展开的活动。“主体”云云，从某种意义上说，自有其合理性。因为人和其他自然是不一样的。但人和自然的

---

① ［德］马克思：《资本论》第 3 卷，人民出版社 2004 年版，第 923 页。
② 同上书，第 934 页。
③ ［德］马克思：《资本论》第 1 卷，人民出版社 2004 年版，第 235 页。
④ ［德］马克思：《1844 年经济学哲学手稿》，人民出版社 2000 年版，第 105 页。

不同是在自然的基础上生长出来的。人即使有了和自然不同的地方，人也仍然是自然。所以，如果从最一般的意义看，人的存在及其活动与其他自然存在物的活动是一样的：都是受限制的感性的自然存在物，并且是用自然的力来作用于自然的。人的聪明或狡猾之处仅仅在于：人在利用自己的自然力作用于自然物的过程中会凭借其他的自然物来增大自己的自然力，以此满足自己的自然的生存需要。可以说，首先是人的自然性规定了人需要凭借自然的自然力来进行劳动；人的自然性规定了劳动的自然性；劳动的自然性也规定了人始终是具有自然性的存在；劳动的自然性规定了人和其他存在物具有共同的自然性；人和其他自然存在物具有共同的自然性规定了人的劳动和其他自然物的活动具有共同的自然性。

人无论是作为具有自然性的社会存在物，还是作为感性的自然存在物，都是有欲求的。人的欲求更多是由社会历史塑造的，具有社会历史性。但人的欲求同样有自然的因素或前提。第一，人的具有社会意义的欲求是在动物的本能的基础上演化而来的。因此，人的欲求肯定有与动物的本能相同相通之处，这是不能不承认的。第二，塑造人的欲求的社会历史就是由人以及人的创造性活动组成的。人在创造社会历史之前或者在创造社会历史的过程中，人始终有欲求。人作为社会历史的创造者必须有最简单、最基本的需求或欲望。“已经得到满足的第一个需要本身、满足需要的活动和已经获得的为满足需要而用的工具又引起新的需要，而这种新的需要的产生是第一个历史活动”①。马克思主义认为，人的最基本的需求及其满足是历史的前提。人有需求而又是受动的，他的需求或欲望的对象在他之外独立存在着。自然走着自己的路，不会完全听命于人。人就要自己解决自己的问题，自己满足自己的需要。劳动就成了人满足自己的需要，解决自己同自然的关系问题的最基本的手段。从人自身的自然出发，从人与自然的关系出发来讨论劳动的必要性，自然性，这既是从最简单的经验事实出发，也是在利用或肯定唯物主义的物质第一性的基本原理。本书已经反复强调：《资本论》既用经验的实证的科学（既包括自然科学，也包括社会历史科学）方法和事实强调唯物主义的物质第一性的基本原理，又在唯物主义的物质概念的基础上展开对社会，对人，对人的社会劳动的经验研究。这是《资本论》的独特魅力所在。

---

① 《马克思恩格斯选集》第1卷，人民出版社1995年版，第79页。

人的劳动作为动的过程来看，同样是自然的过程。因为劳动的过程就是劳动力的使用或耗费的过程。而劳动力就是“一个人的身体即活的人体中存在的、每当他生产某种使用价值时就运用的体力和智力的总和。”①人的劳动力，尤其是其中的脑力，在许多人看来，毫无疑问是社会历史的产物，是社会实践活动的成果。本书并不否认人的劳动能力的社会历史性。但本书这里旨在按照《资本论》的思路强调劳动的一般性。这样的劳动是自然的。劳动力包括脑力就一定是自然的。因为十分清楚：社会历史对人的劳动能力的塑造是以最基本、最简单的自然的机体力为前提的。没有这个最简单的最基本的自然机体力作前提，社会历史就是没有办法塑造的。从社会历史对劳动力的塑造这个角度看，塑造无非是在自然力的底基上涂抹上一层社会的油彩，使自然力带有社会性或者历史阶段性。比如，某一社会中，狩猎和捕鱼这样的活动占主导地位，社会就会使用各种手段，使从事狩猎和捕鱼的脑力和体力最大化。在另一社会中，生产活动主要是大规模的机器生产。因此，对机器的熟练操作能力就会被社会强化到最大程度，如此等等。可见，社会油彩这个比喻大体就是两层意思。一个是劳动力有社会历史阶段性，在不同社会，劳动力呈现不同的特点，在不同历史阶段，劳动力也可能呈现不同特点。第二层意思，社会历史对劳动力的影响主要就是影响劳动力的量。这两层意思其实是一体的。因为所谓历史阶段性，就是某一社会在突出或者强化劳动力的某些方面的同时，弱化了劳动力的其他方面，而强化或弱化的结果就是增大或减小了劳动力的某方面的量。涂抹油彩需要底基，增大或减小某方面的力要以力的存在，以人的肌体的存在为基础。因此，社会对劳动力的塑造，没有自然的前提是不行的。即使是社会高度发展了的今天，任何生产者的劳动能力中仍然不能没有不能归结为社会历史的自然力。进一步说，被社会历史增大的劳动力仍然以自然的状态存在着，仍然自然的存在于人的自然肌体之中。劳动力不能以社会存在形式存在于人的肌体之外（生产力作为社会存在，可以以生产资料、生产对象的形式存在于劳动者肌体之外的社会中）。还有，活的人体中存在的体力和脑力的生产和再生产，仍然遵守着自然的法则。“劳动能力的生产曾需要一定量的生存资料，它的再生产又不断地需要一定量的生存资料”，生存资料，无论是纯自然的，还是人造

① ［德］马克思：《资本论》第1卷，人民出版社2004年版，第195页。

的，是而且只能是客观外物。劳动力只能用人的自然生存资料来生产或再生产，这是“一种残酷的自然必然性”,① 是谁都否认不了也逃避不了的残酷的自然必然性。人的体力和脑力，即使社会让它闲置，它也会在自然的作用下，自然地流失。也就是说，劳动力的流失和再生产完全可以只受自然律的规范。这是劳动力（包括脑力）的自然性的充分表现，也是劳动的自然性的充分体现。本书的作者知道，不同时地的人事实上所需要的生存资料的量与质是很不一样的，甚至是千差万别、不能同日而语的。但谁都不能否认，任何劳动力的生产和再生产都不能没有最低的生活资料。这是劳动力（包括脑力）的自然性的充分体现，也是劳动的永恒性，绝对不变性的体现。劳动的普遍一般性和客观自然性融合一体，这是既可以用经验方法证实的科学事实，又是整个社会历史研究的唯物主义的第一前提，即唯物主义的物质概念的说明。

在劳动过程中耗费的人的劳动力的量事实上是不同的。一方面因为不同的劳动者个人肌体的自然力本身就有量的大小之差；另一方面，由于劳动过程所依凭的劳动物质资料以及社会条件的不同，使劳动量呈现差异；还有，不同的劳动对象所需要的脑力和体力也是不一样的。总之，各种因素共同作用，使得在劳动的过程中实际耗费的脑力体力呈现差异或不同。资本主义的商品生产把劳动过程中单位时间内所耗费的劳动力的量的差异进行了最精确的计算。并把量的计算结果体现在商品的交换之中。但十分明显：量的大小的比较或交换是以一般意义上的劳动为基础，为前提的。这个一般意义上的劳动就是人的活动，人的改变自然的活动，人的创造价值的活动，人的脑力和体力的耗费。所以，马克思有时就称劳动为劳动力的使用或耗费。这也是劳动的一般性或普遍不变性。没有这个劳动的一般性，马克思的劳动理论就达不到它现有的科学高度。

对一般劳动，或者劳动的一般性、普遍性、不变性的认识，是经历了一个过程的。历史上，重商主义学派基本没有意识到劳动对社会财富的决定意义，这个学派的眼里只有市场交换。它根本没有意识到劳动的理论意义，自然不会探讨劳动的一般性或普遍性。重农主义学派比重商主义学派进了一大步，提出了劳动创造价值的理论观点。但这个学派所理解的劳动其实只是某种特殊的劳动、某种特定历史条件下的具体劳动。这个学派基

① ［德］马克思：《资本论》第1卷，人民出版社2004年版，第202页。

本没有一般的劳动概念，只是把具体的劳动说成是一般的劳动。因而这个学派的理论贡献就打了很大的折扣了。如果说，重商、重农学派主要还是因为认识的局限而没有把握到劳动的一般性、普遍性，那么，李嘉图、蒲鲁东等人可能更多地是出于为资本主义生产方式辩护的目的而没有把握住劳动的一般性或普遍性。蒲鲁东把剩余劳动说成"是人类劳动的一种天生的性质"，这与李嘉图把资本主义生产方式看成是社会生产的自然形式或普遍而一般的形式的观点完全一样。马克思对蒲鲁东和李嘉图都进行了批判，① 认为他们的错误都是没有区分特殊的历史的劳动和一般的自然的劳动。马克思早在《1844 年经济学哲学手稿》以及《〈政治经济学批判〉导言》中就从认识论方法论的角度进行了分析，指出，重农主义学派所理解的劳动基本上就是农业劳动，"因此，劳动还不是从它的普遍性和抽象性上被理解的，它还是同一种作为它的材料的特殊自然要素结合在一起，因而，它也还是仅仅在一种特殊的、自然规定的存在形式中被认识的。"② 亚当·斯密比重农主义学派又进了一步。他高出重农主义学派的地方首先就表现在他有了一个抽象的、普遍的、一般的劳动概念。马克思对此是高度赞赏的，"把具有完全绝对性即抽象性的劳动提高为原则，是一个必要的进步。"③ 马克思进一步指出，亚当·斯密的抽象是科学的抽象，它的内容在现代社会中表现为实际上真实的东西。④ 也就是说，亚当·斯密抽象出的劳动概念是有真实指称的。马克思在亚当·斯密的基础上进一步明确了劳动的普遍性，一般性，并且把普遍性一般性更多和自然物质性联系在一起。使劳动成为真正科学的概念，并在此基础上，提出并解决了许多理论问题。

《资本论》不是纯粹的形而上学著作，它没有也不可能专门而系统地论述劳动的形而上学本质。《资本论》的主要目的是在唯物主义的物质前提下，在论证劳动的自然性一般性或永恒不变性的基础上，揭示资本主义生产的特殊性，揭示资本对雇佣劳动的剥削秘密。这里概略说说。在资本主义社会，资本往往以商品形态存在。商品作为人工产品。商品的价值，价值量的计算，不同商品的价值量的大小的比较，等等，都是由劳动的一

---

① ［德］马克思：《资本论》第 1 卷，人民出版社 2004 年版，第 589，590 页。

② ［德］马克思：《1844 年经济学哲学手稿》，人民出版社 2000 年版，第 75 页。

③ 同上书，第 76 页。

④ 《马克思恩格斯选集》第 2 卷，人民出版社 1995 年版，第 22 页。

般性来说明或体现的。商品生产者彼此之间的平等关系，商品生产者、所有者同商品购买者、消费者彼此之间的平等关系，至少在市场上的平等关系，也主要是由这个劳动的一般性来说明或体现的。甚至劳动力的占有者和货币的持有者彼此在市场上的平等地位，彼此依据个人意愿进行自由的买卖活动的自由平等的关系其实也是由这个劳动的一般性或一般劳动来说明或体现的。资本家和雇佣工人之间事实上的不平等关系，主要是在资本主义生产领域里生产出来的。在市场上，劳动力的占有者还不是事实上的雇佣工人，它与货币持有者至少在形式上是完全平等的。劳动力的占有者是卖者，货币的持有者是买者，他们分别与其他的一般商品的卖者和买者在形式上没有不同。从纯形式的角度看，卖者和买者之间不存在所谓主从、主谓、主客或者主动被动的关系，也不存在剥削与被剥削的关系。双方完全平等自由。而卖者和买者的平等自由，劳动力的占有者和货币持有者的平等自由的根据同样都是无差别的一般意义上的劳动或劳动的一般性，即一定量的劳动力的生产所耗费的生活资料的生产所需的劳动量与一定的货币所体现的劳动量之间存在的某种比例关系，因而可以实现自由的等量等价交换。马克思在《资本论》中充分肯定了资本主义社会的这种形式上的平等与自由。他说：在市场或流通领域“确实是天赋人权的真正伊甸园。那里占统治地位的只是自由、平等、所有权和边沁。自由！因为商品例如劳动力的买者和卖者，只取决于自己的自由意志。他们是作为自由的、在法律上平等的人缔结契约的。契约是他们的意志借以得到共同的法律表现的最后结果。平等！因为他们彼此只是作为商品占有者发生关系，用等价物交换等价物。所有权！因为每一个人都只支配自己的东西。边沁！因为双方都只顾自己。”① 如果不承认人在形而上学意义上的共同本质，不承认人的劳动的一般性或一般的人类劳动，商品的价值就得不到准确定义；价值量的大小就得不到准确的计量；商品的等价交换也不能得到科学说明；劳动力这个特殊商品，它与普通商品的不同处特殊处以及相同处也得不到科学说明；劳动力的所有者和货币的持有者在市场上的平等或者形式上的平等也得不到科学说明；雇佣劳动者和资本家在工场中的不平等也难以得到科学说明；资本主义生产和其他社会生产的相同处不同处同样难以得到准确描述；以资本主义商品生产为核心的资本主义社会的经

---

① ［德］马克思：《资本论》第1卷，人民出版社2004年版，第204页。

济基础和它的以自由平等观念为核心的资本主义上层建筑及其意识形态之间的关系也难以得到准确理解；资本主义社会与其他社会的相同处不同处也难以有科学而全面的论述。可见，人的一般劳动或劳动的一般性在《资本论》中是占有非常重要的地位的，尽管相关篇幅不大。

《资本论》不仅论述了活的个人的机体力是自然力，是客观的力量，而且论述了由协作和分工产生的力也“是社会劳动的自然力”①，从而把劳动力的自然性、客观普遍性说透彻了。由协作产生的集体力和由分工产生的扩大力，生产力部分有进一步论说。

劳动的自然性从大的方面看，可以归结为人本身的自然（如人种等等）和人周围的自然。因为劳动就是利用人本身的自然作用于人周围的自然。人周围的自然物，从劳动的角度说，主要就是劳动对象和劳动资料。马克思在分析劳动的一般性的时候就指出了劳动的三要素：“有目的的活动或劳动本身，劳动对象和劳动资料。”② 劳动本身就是劳动力的有目的的使用或耗费过程。这可以说是劳动过程中的人的因素。前文已经有所论述了。后两者则是物的因素。劳动对象，一般而言，就是劳动这种活动所指向的客体，是劳动加工、改造的对象，或者是通过劳动所获取或生产的物。劳动对象的最初形态恐怕就是直接取自自然的生活资料，例如，饮用水，从水中捕获的鱼，从丛林中猎获的动物，从森林中砍伐的树木等。马克思把“那些通过劳动只是同土地脱离直接联系的东西”都称之为“天然存在的劳动对象。”③ 随着劳动的不断发展，人的劳动对象会不断扩大或增多。劳动对象的增多或扩大也是劳动发展或进步的一个标志。劳动对象随社会历史的发展而不断变化，这是劳动的历史性的表现。后面再说。但任何劳动都具有劳动对象，任何劳动对象都是客观的感性的东西。这同样是劳动的自然性，一般性，普遍性，或者永恒不变性。

马克思所说的劳动资料大致有狭义和广义的区别。狭义的劳动资料主要就是物质工具系统。马克思说：“劳动资料是劳动者置于自己和劳动对象之间，用来把自己的活劳动传导到劳动对象上去的物或物的综合体”，④ 这个劳动资料主要就是指的物质工具系统。广义的劳动资料指“劳动过

① ［德］马克思：《资本论》第1卷，人民出版社2004年版，第443页。
② 同上书，第208页。
③ 同上书，第209页。
④ 同上。

程的进行所需要的一切物质条件”，土地也“是这类一般的劳动资料”。[①]还有同土地相联的“劳动资料的自然富源，如奔腾的瀑布、可以航行的河流、森林、金属、煤炭等等”。[②] 可见，广义的劳动资料除了物质工具系统之外，还包括原料、辅助材料以及其他使劳动得以进行的物质设施或物质条件。

本书认为，劳动资料和劳动对象的区分是相对的。从一定的意义上看，两者有一定差异，从另外的角度看，两者又没有明确的界限。就差异说，狭义的劳动资料和劳动对象有明显的不同，两者比较容易区分开。从语义的角度看，即使是广义的劳动资料和劳动对象也很容易区分开。因为劳动资料是资料，对象是对象；对象不是资料，资料也不是对象。但从事实上看，从劳动的实际发生发展过程看，资料和对象有时是难以完全区分开的。尤其是广义的劳动资料和劳动对象，它们之间的界限非常模糊。有些物质条件到底是资料还是对象，很难区分清楚。例如土地，马克思明确肯定它是劳动资料，因为作为劳动主体的人就生活在大地之上，人的劳动所需要的一些基本的物质条件、物质手段都来源于土地，如经过简单加工的石器、木棒等可以说就来源于大地。与土地密切相连或者来源于土地的木棒、石斧、石刀等是劳动工具，而工具是劳动资料中的主体部分。所以，土地是狭义的劳动资料。土地也可以说是劳动对象，而且是人的最初的劳动对象。例如采掘业、狩猎业、捕鱼业的劳动对象都直接源于土地。如果再考虑不同种类的生产劳动之间的关联和不同社会历史条件下的生产的发展变化，劳动资料和劳动对象之间的界限就更模糊了。因为十分明显，在同一社会中，一种劳动的劳动资料很可能是另一种劳动的劳动对象，一种劳动的对象也可能是另一种劳动的资料。在一个社会，作为劳动对象而存在的物质成果；在另一社会中，完全可能作为劳动资料而存在。可见，劳动资料和劳动对象在许多情况下是不容易区分的。所以，马克思有时就把劳动对象和劳动资料一起称为劳动不可缺少的物质因素。它们都是人周围的自然，或者人的自然有机体之外的自然物。由于劳动对象和劳动资料都是生产劳动中不可缺少的物的因素，马克思有时就用生产资料这个语词来称呼它们。马克思说：“如果整个过程从其结果的角度，从产品

① ［德］马克思：《资本论》第1卷，人民出版社2004年版，第211页。

② 同上书，第586页。

的角度加以考察，那么劳动资料和劳动对象二者表现为生产资料。”① 需要补充说明的是，《资本论》中的“生产资料”这个词似乎有不同的用法。一个含义或用法就是这里所引用的一段话的意思，用的是字面上的意义，指生产不能缺少的物质资料，包括生产资料和生产对象两个方面。生产资料的另一个用法则是强调生产劳动中所凭借、所利用的物的社会意义。如果说，劳动资料更多的指劳动所凭借的物的自然性，那么，生产资料则主要指生产中所凭借或利用的物的社会意义。生产资料是一定社会条件或社会关系中的劳动资料，是凝聚了生产关系的劳动资料。作为劳动的自然的物质资料的土地、机器等等，因为代表了一定的生产关系，就成为一定社会中的生产资料了。比如，资本主义生产关系中的商品、货币等，就不仅仅是自然的劳动资料，而是体现了资本主义生产关系的物，是生产的资料，甚至是资本。但即使这些物在生产中成了生产关系的化身，成了资本，它们作为劳动的物质资料，仍然可以是物。所以，生产资料可以说生产的物质资料和生产的社会关系的统一，资本主义的生产资料就是劳动资料和剥削手段的统一。而劳动资料就是劳动所凭借或利用的客观自然物。《资本论》是否自始至终严格遵守了这样的用字习惯，本书并不能完全肯定。但在《资本论》中，劳动资料和生产资料是有这样的区别的。明确区分这两个语词，可以更好地将劳动的自然性一般性和社会历史性区分开来，可以更准确描述某些问题和解决某些问题。

以上的分析显示，劳动就是作为感性的人，利用他自身的自然和他周围的自然，作用于另外一些自然物的活动，就是人与自然之间的物的活动，对象性的活动。在这个感性的、物的、对象性的活动之中，一方面，人要耗费自己的脑力和体力，即耗费自己的自然力；另一方面，也影响着改变着作为自然物的对象本身，并在影响或改变对象物的过程及其结果中，满足人自身的需要。马克思说：“人在生产中只能像自然本身那样发挥作用，就是说，只能改变物质的形式。不仅如此，他在这种改变形态的劳动本身中还要经常依靠自然力的帮助。”② 这种观点毫无疑问不是什么惊天动地的新主张，而只是常识。《资本论》为什么要陈述常识，并且还在注释中引用其他学者的观点来强调这个常识呢？从消极的意义上说，并

① ［德］马克思：《资本论》第1卷，人民出版社2004年版，第211页。

② 同上书，第56页。

非所有人在所有时候都记住并运用了常识，因此，在许多时候，重复或者强调常识并非没有意义。从积极的意义上说，马克思是要利用常识来论证或强化唯物主义的物质概念，强化与常识一致，与科学事实一致的唯物主义的物质概念，并运用唯物主义的物质概念对劳动作出唯物主义的科学界定，为唯物主义的理解历史、理解社会提供一个科学合理的理论基础。马克思反复指出，人的活动，主要就是物质生产实践活动，而实践活动没有也不可能改变自然物的物性。“宇宙中的一切现象，不论是由人手创造的，还是由自然的一般规律引起的，都不是真正的新创造，而只是物质的形态变化。结合和分离是人的智慧在分析再生产的观念时一再发现的唯一要素”。① 这当然不是要说明人的劳动的有限性，而是在明白无误地陈述人的劳动的一般特点：人的劳动仅仅是利用了一定的物引起了另外一些物的某些形态上的改变。人的劳动肯定具有创造的功能，改变人周围的自然的功能。但这个改变或创造的功能，我们必须对之有准确的理解或把握。因为劳动作为一种物质性的活动，它只能像物质活动那样来创造，而不能像意识活动那样来创造。人在劳动中的创造只能依靠自然力，耗费自然力来实现，因而，创造的结果就与盲目的自然力的作用所产生的自然形态的改变，在物质层面上就没有实质性区别。不仅如此，人的劳动在物质层面上改变自然的功能常常不如自然。比如，人站在自然的面前，常常惊叹自然的鬼斧神工，惊叹人力的不济，惊叹自然的强大威力和人力的藐小。个体的自然力微不足道，集团的或者社会的自然力，在特定历史阶段，也是非常有限的。因此，人在改造自然的创造性劳动的过程中，即使非常谦卑的严格的规范自己的要求，不提出过分的要求，并且小心翼翼地劳作，有时也难免失败。这都是人的劳动的自然性的体现。人的劳动自然也有成功的时候。而所谓成功，也只是人通过劳动，满足了人的有限的目的。比如，直接从地里搬来一块石头，就可以当桌子。但这样的桌子在一些其他小的方面比如平整、光滑、美观、对人的身体无害等等不能完全满足人的需要。通过劳动，使石头的大小、形状等等发生一些改变，使石头在供人在上面开饭的同时满足人的视觉上触觉上的舒适性需要。石头的物理的化学的属性并没有任何的改变。马克思直接把人的劳动产品称作“是经过

① ［德］马克思：《资本论》第1卷，人民出版社2004年版，第56页。

形式变化而适合人的需要的自然物质”,① 《资本论》的这个讲法值得我们认真对待。马克思自然没有糊涂到混淆自然物和人工产品的地步，马克思是通过肯定常识来强调：劳动产品尽管是人工物，或者打上了人的印记的物，但它仍然是物，具有与自然物完全相同的物性；马克思还要通过肯定常识来强调：社会具有自然物质性，社会在某种意义上也是“自然物质”。因为十分明显，如果劳动产品是“自然物质”，而社会就可以认为是劳动的产品，实践的产品，所以，社会也是“自然物质”。唯物主义的物质概念就完整地凸显出来了。被贝克莱以及形形色色的唯心主义者所渲染的意识之外的物质概念的种种麻烦或困难，在《资本论》中就根本不存在!《资本论》利用人的劳动，利用人的世代沿袭的生存方式，肯定了经过人的有意识的活动改造之后的物，仍然是客观的自然物，仍然是在人的意识之外独立存在着的客观自然物，是与纯粹的自然物在物性上没有任何差异的物质实在。从而完整地肯定了唯物主义的物质概念。唯物主义的物质概念不再只是一个只指自然存在的残缺不全的概念，而是一个包含了自然、社会、人的物质实践活动及其相互关系的完整概念。

由于劳动产品是“自然物质”这个命题异常重要，而又没有得到应有的重视。这里把前文已经说过的理由聚合一起，算是对这个问题的强调。

第一，劳动产品就是劳动活动的对象化，物化，就是劳动的活动过程获得了“静的属性，以存在的形式表现出来”。② 马克思这里所说的存在形式，毫无疑问是一般的存在形式，是包括了自然存在和社会存在的一般存在。或者说，劳动产品作为存在物，抛开其价值，它就与自然存在物没有任何不同。第二，劳动产品是由人凭借其感性的自然存在并利用自然物质条件、改变改造自然物的结果。劳动过程从本体论的角度说，有与自然物之间的相互作用一样的地方，不同之处在于自然物之间的相互作用是盲目的、无意识的，而人的劳动是有意识的，仅此而已。但有意识地利用物之间的相互作用并不改变物以及物之间的相互作用的客观实在性。第三，打上了意识“印记”的劳动产品仍然具有自然物的全部物性，比如，由石头打磨而成的石斧等用具仍然具有石头的全部的物理属性，由木头加工

① ［德］马克思：《资本论》第1卷，人民出版社2004年版，第211页。

② 同上。

制作而成的桌子仍然具有木头的所有的物理特性，铁制机械具有铁的全部特性，金银等金属货币具有金属的全部属性，如此等等。甚至人这个社会存在，这个社会关系总和的载承物，这个具有自觉意识的存在物，仍然具有动物的全部自然性。因为人造物上的意识“印记”只要通过意识将其忽略不计，它就与纯自然物没有任何不同。第四，有意识的劳动产品生产出来是为了满足人的某种需要的，在满足人的某些需要方面，劳动产品与自然物也可以没有差异。满足人的需要，从大的方面说，就是满足人的生活需要和满足人的生产的需要。劳动产品无论是满足个人生活需要，还是满足社会生产需要，都与纯自然物可以没有差异。人们每天使用的自来水，有谁会想到它是有人的劳动凝结于其中的呢？家养牲畜和野猪野羊在供人食用方面也可以没有差异。本书的作者知道，目前有一股所谓回归自然的风潮，表现之一，就是认为自然的比人工的好。这种风潮出现的原因很复杂，需要专门研究。粗略地说，有两条。一是人的心理、情感方面的喜好。有些人就是盲目的没有任何科学根据地认为：自然的东西比人工产品好。情感方面的喜好是纯粹主观的东西，不必讨论。第二个原因是客观的原因，即有些人工产品的确存在质量问题。以次充好，以假乱真，甚至为了暴利而添加危害人的身心健康的物质……。这些现象的大量出现，导致了许多人工产品存在这样那样的质量问题。人造产品的质量问题进一步影响了人的情感态度。这是不正常的。从道理上说，人工产品完全可以和自然物没有任何差异，甚至可以比自然物更好。因为人工产品是人专门制作出来满足人的需要的，是对自然物进行了加工改造的。但无论是更好地满足需要，还是不能很好地满足需要，都只是程度方面的问题，事实方面的问题。从道理上说，在满足人的生活需要方面，人工物和自然物是可以没有差异的。在满足社会的生产需要方面，前文已经指出，人工制造物和纯天然的物，在物的性质功能方面也是没有任何不同的。因而从生产的劳动过程看，而不是从生产的价值或价值增殖的角度看，劳动产品和纯天然物在劳动过程中所起的物质方面的作用就是没有任何不同的。马克思说，如果劳动产品本身很好，或者没有什么问题，“它的使用属性由过去劳动创造这一点就看不出来了。”① 更不会计较它是在什么社会条件下生产的了，而只把它作为物来使用。工具和机器等也同样。“如果我们不算机器

① ［德］马克思：《资本论》第1卷，人民出版社2004年版，第217页。

和工具二者每天的平均费用，即不算由于它们每天的平均损耗和机油、煤炭等辅助材料的消耗而加到产品上的那个价值组成部分，那么，它们的作用是不需要代价的，同未经人类加工就已经存在的自然力完全一样。”①也就是说，从劳动的角度，从自然的角度，而不从经济成本或经济价值的角度看，工具、机器以及所有其他人造物彼此都一样，它们和纯自然物是没有任何不同的，都是客观外物，都是人的生产劳动所需要所凭借或利用的外物，都是可以在某些方面，在某种程度上满足人的劳动需要的客观外物。这也就是前文所说的，马克思把劳动资料和劳动对象合并在一起，称之为生产资料的一个基本原因。可见，工具、机器等具有自然性，是构成人的劳动不可缺少的物质资料或物质手段，这也是劳动的自然性的一个证明。

正因为在资本主义生产中，作为资本的物质载体的工具、机器等仍然具有自然物质性，是客观存在，当出现工人破坏机器的行为时，马克思就对这个行为进行了具体分析。一方面，马克思把破坏机器看成是“反对资本的物质存在方式”，反对“作为资本主义生产方式的物质基础”的行为，而不仅仅是破坏机器本身。因为在特定的社会条件下，即在资本主义生产关系之中，机器已经是资本的化身了。另一方面，如果仅仅把工具、机器等作为劳动的客观物质条件看，它们就是物，就是人的劳动可以依凭的物质资料。所以，马克思要求工人尽快学会区分“机器和机器的资本主义应用”，“从而学会把自己的攻击从物质生产资料本身转向物质资料的社会使用形式”。② 也就是学会把物质载体和物质载体所载负的社会职能区分开来，从而把反抗和批判的目标真正对准资本主义制度。实现从盲目的幼稚的斗争向自觉的成熟的政治斗争的转变。

进一步说，劳动的非价值性也是劳动在总体上具有自然性的一个证明。马克思指出，尽管“劳动是价值的实体和内在尺度，但它本身没有价值”。③ 马克思把“劳动的价值”这个语词称为“虚幻的用语”④，因而所谓“劳动的价格”就和“黄色的对数”一样不合理。⑤ 马克思在注释

① ［德］马克思：《资本论》第1卷，人民出版社2004年版，第445页。
② 同上书，第493页。
③ 同上书，第615页。
④ 同上书，第616页。
⑤ ［德］马克思：《资本论》第3卷，人民出版社2004年版，第926页。

中又引用了拖·霍吉斯金的观点："劳动，即价值的惟一尺度……一切财富的创造者，不是商品。"① 被"称为劳动的价值的东西，实际上就是劳动力的价值；劳动力存在于工人身体内，它不同于它的职能即劳动，正如机器不同于机器的运转一样。"② 劳动不是商品，它本身没有价值，这是由劳动的自然性决定的，自然的因素或条件都不是商品，没有价值。

总之，马克思所说的"一切社会形式所共有"的劳动，即"不叙述一个劳动者和其他劳动者的关系"的劳动，"人和自然之间的物质变换的一般条件"的劳动，"人类生活的永恒的自然条件的"劳动，③就是一般劳动，或者劳动的普遍一般性，自然物质性。

马克思把劳动看成是人的类特征，所谓类特征就是人与人之外的动物相区别的特征，是人这个类所特有的本质。在人这个类的内部，劳动却是人共有的特征。能劳动的特性强调的是人与人的无差别性。所以，劳动的一般性也就是人的一般性。人的一般性也就是劳动的一般性。如果不承认劳动的一般性普遍性，人与人之外的动物相区别的人的类特征就没有了，人的绝对性普遍性就没有了。

劳动的自然性或劳动本身突出或强调的是劳动的普遍性、一般性，突出或强调的是人的类特征，人与人的平等。马克思在《1844年经济学哲学手稿》中就指出：正是在改造对象世界中，人才真正地证明自己是类存在物。人是自由的自觉的劳动的动物，这个观点也强调的是人的类特征或类本质。有学者认为，突出或强调人的类本质是青年马克思的思想。到了代表成熟马克思的思想的《资本论》中，强调的就是人的具体性、社会历史性、阶级性了。应当看到，《资本论》因为主要是考察资本主义生产方式，自然要突出人的社会历史性，劳动的社会历史性。但劳动的社会历史性是以劳动的自然一般性为前提的，人的社会历史性也以人的自然一般性为前提。因此，马克思在《资本论》中并没有否认人的一般性或类特征，也没有否认劳动的自然一般性。《资本论》始终强调在等量的时间内耗费等量的脑力和体力，创造等量的价值这个基本命题。在等量劳动创造等量价值等量交换的基础上精确计算出资本对雇佣工人创造的剩余价值

---

① ［德］马克思：《资本论》第1卷，人民出版社2004年版，第615页。

② 同上书，第617页。

③ 同上书，第215页。

的剥削。而等量劳动创造等量价值就是以劳动的自然一般性为前提的。没有这个抽象的一般劳动，劳动价值论就建立不起来，揭露和批判资本主义生产方式在自由公平的幌子下无偿占有工人的剩余劳动的罪恶也就不能科学地进行。

三 如何看待劳动的意识性

前文基本呈现了《资本论》关于劳动的自然性，一般性的观点。从这些论述可以看出，马克思对劳动的理解和卢卡奇对劳动的理解是很不一样的。卢卡奇论述的劳动，更多的是劳动的概念，即对劳动概念的结构分析，重点是分析其中的目的论设定。马克思论述的劳动则是现实的劳动，是作为人类基本生存方式的劳动。马克思描述了劳动的可以用经验方法确定的特点，分析了劳动的自然物质性或客观实在性，总结了劳动的一般性或普遍性。强调劳动是人作为自然存在物，利用一些自然存在物作用于另外一些自然存在物的具体活动。《资本论》所理解的劳动，无论从动态的过程看，还是从静态的存在形式看，如果撇开了劳动中的意识性，那么动的过程和静的对象就和纯自然物的运动过程和静的存在物没有任何不同。

但人的劳动恰恰是有意识的。如果要细说，劳动过程中涉及的意识还是多方面多层次的，因而是错综复杂的。从大的方面看，劳动过程首先涉及的意识有不同主体的意识，尤其是复杂的劳动，它涉及众多不同劳动者的意识。粗略而言，有规划设计者的意识，组织监督者的意识，直接劳动者的意识等等。而其中的每一个方面，比如规划设计者，又往往是由众多不同的人联合充当的。这些不同方面不同主体的主体意识都渗透于劳动的整个过程之中，都对劳动过程及其结果起着这种那种作用。其次，劳动涉及的不同方面不同主体的意识还有动的意识和静的意识的不同以及动静意识的相互转化。比如，比较复杂的劳动计划可能就是由众多不同的动的意识转化为静的意识的。而劳动计划付诸实施，就是静的意识再次转化为劳动组织监督者的动的意识以及直接劳动者的动的意识。第三，劳动过程涉及的意识还可能有不同层次。仅就直接劳动者的意识而言，就有劳动者的意识力即脑力，劳动者在劳动过程中的认知意识，反省意识，劳动者的价值追求等等。意识力是在劳动过程中被耗费的意识；认知意识主要涉及如何操作工具作用于劳动对象的问题；反省意识主要是对劳动过程及其结果的评价；而评价的标准中就涉及价值追求等。可见，劳动涉及的意识决不是简单的，单一的。需要分别论说，才可能弄得明白一些。

直接生产劳动者在劳动过程中一定要耗费意识力。如果不耗费脑力或者意识力，人要么不能劳动，要么不能从事人的劳动。在劳动过程中耗费的意识力毫无疑问是自然劳动力的一部分，它与体力一起，并且通过肢体或者肢体的延长物等工具来改造改变劳动对象。在劳动中耗费的意识力是自然物质力。这一点，《资本论》是有明确界定的。说意识力是自然物质力也是有充分依据的。第一，意识力是在劳动的过程中被耗费的，是作为劳动力被耗费的。第二，在劳动中耗费的意识力大体就是机体力，是机体力的一部分。第三，在劳动中耗费的意识力并不是单独被耗费的，它只能通过肢体或者作为肢体延长物工具或其他物质方式物质手段而起作用，只能和物质力一起被耗费。只有在反思意识之中，我们才可能把意识力单独进行考察，在劳动过程中，直接生产劳动者的意识力是作为自然力，作为物质力而起作用的，因而它就是自然力，物质力的一部分。因此，劳动过程中耗费的劳动者的意识力不仅不是劳动过程和劳动结果不在意识之外的证据或理由，反而是劳动的自然性的一个表现，是劳动过程及其结果在意识之外，具有客观自然性的证据或理由。这一点前文已经有所论及。

再看劳动者的认知意识。在劳动过程中，劳动者肯定要知道他的劳动对象是什么，用什么劳动资料或劳动手段来进行劳动，等等。这样的意识作为纯粹的意识来看，它和前文所说的纯粹的认知意识可能没有不同。这样的意识具有相对的独立性，它与物质活动或者自然力可以有明显的界限。但打上了这样的意识印记的物仍然不改其在意识之外独立存在的地位。因为作为这种意识的对象的劳动对象、劳动资料等决不会因为成为意识对象就不是劳动的对象，不是生产的物质资料。而作为劳动对象，或者劳动的物质凭借物一定是客观物质实在。劳动的对象或者劳动的物质资料，它们和作为纯认识对象的客观存在物在本体论上的地位就没有任何不同，即这些物在劳动者的认识意识之中，但可以在其他人的认识意识之外，而且可以在所有人的反思意识之外，整体意识之外，人的大脑的意识活动之外。

劳动者还有反思意识。在劳动过程中，劳动者随时可以思考劳动的过程，思考他的方法方式手段是否合适，他的每一个步骤是否正确，是否达到了目的；如果不正确，如何修改修正补充完善；等等。劳动结束后，劳动者或者劳动的组织监督者，都可以进一步对整个劳动过程及其结果进行评估。但无论是谁的反思意识本身都不能影响或改变劳动对象劳动资料丝毫。劳动对象、劳动资料仍然作为硬性的客观实实在在于所有人的大脑活动之外存在着。劳动者要改变它们，也只有通过其他物的作用，通过物质力的消耗来进行。也就是说，劳动中的反思意识作为意识来看，它也不改变劳动资料劳动对象分毫。在反思意识之外的劳动对象仍然在反思意识之外。

劳动者在劳动过程中的价值追求或价值实现，比如在劳动中，劳动者因为实现了自己的某方面甚至是多方面的有限目的而获得不同程度的满足或愉悦，这是由劳动而获得的身心愉悦。由劳动这种物质实践活动产生的身心愉悦和人的其他活动所引起的身心愉悦是类似的。而且这种身心愉悦也不能影响或改变劳动对象或者劳动资料等客观物本身的客观物质性。

不同劳动者的主体意识甚至其他主体的动的意识，在劳动过程中所起的作用，从形而上学的角度看，大体是一样的。

劳动除了劳动过程中的意识伴随之外，劳动开始之前还有对劳动的意识谋划。这大体就是卢卡奇所分析的劳动的意识结构甚至前意识结构。这个谋划可以是劳动者个人的，也可以是劳动者集体的，还可以是其他专门的机构或组织的。无论是谁的谋划，都是对劳动的计划。现代的劳动计划可能是非常周密细致的。劳动过程是严格按照计划实施的。从这个意义上说，劳动的结果或者劳动产品可以说是规划意识的外化，物化。意识的外化或者物化如何能说成不依赖于人的意识的独立存在？

劳动的谋划首先体现了人的目的性。因为劳动的根本目的就是使自然物发生某种程度的变化以满足人的需要。如果从积极或者肯定的意义上说，劳动的目的性显示了理性的高贵或狡猾。因为劳动是人利用自然本身的力量来满足人的需要从而实现人的目的活动。谋划的理想结果是最小限度地搅扰自然，而又能最大限度地满足人的需要。所谓最小限度地搅扰自然，就是使自然物的改变最小。因为这样做的结果就是人耗费的自然力最小，或者人花费的成本最小。因为人只能像自然物一样来影响或改变自然物。前文说，劳动只改变了物质的形式，是从劳动的客观自然性的角度来说的。从这里的论述可以看出，从人的目的性意识性的角度看，最小限度地搅扰自然，其实也是人主动追求的目标，甚至是人追求的理想目标。因为最小限度搅扰自然，人的代价一般而言，就是最小的。不少伟大的思想家都称赞，用自然来改变自然，用最小的改变最大限度地满足人，这是理性的狡猾或强大。也是劳动的目的性的充分体现。马克思在《资本论》中也引用黑格尔的论述来强调理性的强大。“理性何等强大，就何等狡猾。理性的狡猾总是在于它的起中介作用的活动，这种活动让对象按照它们本身的性质互相影响，互相作用，它自己并不直接参与这个过程，而只是实现自己的目的。”① 马克思和黑格尔主要强调的是人在生产劳动中使用工具等劳动资料时所显示出的智慧。但劳动本身就可以这样来理解。劳动就是凭借自然力改造利用自然物以实现人的目的的活动。

要最大限度实现劳动的目的，即用最小的代价换回最大最多方面的满足，就需要在谋划中确定明确的目的，还要有实现目的的手段、方式、方法、途径、路线等等，而要做到这些，人的意识中就需要有因果链条，需要有对客观事物以及事物之间的因果关系的正确的认识，如此等等。这的确是劳动的意识性。马克思说，“蜜蜂建筑蜂房的本领使人间的许多建筑师感到惭愧。但是，最蹩脚的建筑师从一开始就比最灵巧的蜜蜂高明的地方，是他在用蜂蜡建筑蜂房以前，已经在自己的头脑中把它建成了。……他不仅使自然物发生形式的变化，同时他还在自然物中实现自己的目的，这个目的是他所知道的”②。现代劳动的谋划越来越专门化，越来越精致细密，完备，它的表现形式自然是客观外化的意识。

但是，劳动的目的性、计划性或观念性并没有改变劳动本身的自然物质性或者客观实在性。目的性计划性若要细说，并不十分容易；而且细说目的性计划性也不是本书的任务。这里只概略指出劳动的目的性计划性的两个主要方面：自然物的形态的最小改变能最大限度地满足人的多方面的需要；手段的适当使用使自然满足人时人所付出的代价最小。

所谓自然的最小改变，从量这个方面看，肯定是相对的，而且是相对于许许多多因素的。比如，相对于特定社会历史条件，相对于或大或小的社会集团，相对于自然本身的修复能力，等等。比如，在现代社会，被认为是对自然物的最小改变的活动，在前资本主义社会可能就是非常大的改变；对某一社会集团，比如采掘业或冶炼业来说，可能是很小的改变，但对另外的行业或社会集团，比如农业或农民来说，可能就是很大的改变；

① ［德］马克思：《资本论》第1卷，人民出版社2004年版，第209页。

② 同上书，第208页。

对于广袤的原始丛林而言，一次比较大规模的砍伐也可以视之为无足轻重的活动，而对于生态已经非常脆弱的地区，任何进一步的改变都可能是灾难性的；如此等等。总之，大小是相对于许许多多的客观条件而说的，是在这种那种客观条件的比较中显示的量的大小。若从目的这个方面说，大体涉及两个方面。一是后文还要论说的，劳动者的劳动力的耗费的大小，也就是劳动代价的大小。一般而言，对自然物的扰动越小，劳动力的耗费则越小，即劳动的代价越小；扰动越大，劳动力的耗费也越大，即劳动的代价也越大。第二个方面，则是出于对人与人的关系的考虑。一般而言，对自然物的扰动越小，对他人的负面影响也可能越小；扰动越大，对他人的负面影响也可能越大。因为人本身就是自然物，而且始终要依赖于自然。在劳动过程中耗费的劳动力，前文已经反复强调过，就是自然的力，客观的力；对他人的或大或小的影响也主要是客观物质方面的影响，生产生活方面的影响。

而所谓最大限度地满足人的某方面的需要或者多方面的需要，若从量这个方面看，同样是相对的。一是相对于人的多方面的需求。一个个体到底可能有多少需求，是不容易说清楚的。一个社会在一定时间内总的需求，就更不容易说清楚了。经济难以精确计划，一个基本原因就在这里。就个体的需要而言，有眼前的需要，中期的需要，长期的需要；有物质消费的需要，精神娱乐的需要，有满足安全生存的需要，有多方面发展的需要等等。每种需要又有质与量的万千差异，即以物质消费需求中的饮食需求而言，一个个体的今天明天的需求就可能有许许多多不同。而且以上列举的这些不同需求还可以进行组合，如个体的眼前的安全生存的十分紧迫的需要，长期的精神娱乐的需要，如此等等。可见，个体的需求就是异常复杂的，论说都难以说完全，要实际地满足这些众多的且不断变化的需要就是更加麻烦的事情。或大或小的集团的需要，社会的需要，类的需要就更加复杂了。进一步说，个体的不同需要在特定时期还可能存在矛盾。也就是说，在特定条件下，对于特定的劳动而言，满足了某个需要或某方面的需要，其他需要就要受到影响或者限制甚至不能被满足。比如，某块土地种上了棉花，就不能在上面盖房子了；土地修成高速公路跑汽车了，就不能在上面种水稻了；如此等等。特定的劳动对于或大或小的集团或者社会的满足程度就更加麻烦了。能满足一个集团的某种需要，可能不能满足另外的集团的某种需要，甚至对其他集团有很大的负面作用。就满足的程度说，这个量同样非常不容易说清楚。个体满足的程度不容易界定，集团或社会的满足程度更不容易界定。最大限度的满足可以说是一个内涵确定而外延极端不明确的概念，因而就是一个没有限度的量，是不能用科学语言或数学语言描述的。可以说，最大限度的满足比我们所能想象的最大还要大许多。所以，最大限度地满足人的需要就只能用想象性的语言，文学的语言来描述了。最大限度地满足人的需要，如果一定要用比较精确的语言来描述，从大的方面看，就是在质的方面做得最好、在量的方面最大。要最好最大地满足个人的某方面的需要都是极端不容易的，要最大最好地满足整个类的多方面的长期的需要，就只能靠人类自身的生产劳动来逐步实现，靠人类的生产劳动和整个社会的不断发展来历史地实现。也可以说，最大最好地满足人的多方面的需要，就是人类社会的历史发展过程，就是物质生产实践活动的无限发展过程。但任何特定社会历史条件下的特定劳动的特定计划，无论做得多么完美，就都只能是满足某些人的某方面的需求，而且是十分有限的满足。而且劳动计划除了满足一部分人的精神方面的需要之外，它本身不能实现人的任何物质性的需要。也就是说，劳动计划作为意识，从形而上学的角度看，它和其他意识完全一样，它不能改变客观物质丝毫，也不能满足人的任何物质方面的需要。

劳动的计划性目的性的第二个作用就是使人在劳动的过程中付出的代价最小。这个最小量和前文所说的最大量一样，是相对量，是相对于许许多多因素的量，也可以说，这个所谓最小量主是由社会历史规定的，而不是纯粹而确定的数学的规定。而社会历史的规定，主要就是由社会的客观物质活动规定的。比如，在特定社会关系中某个人或者某个社会集团付出的代价最小；或者在特定技术条件下，某种劳动付出的代价最小；如此等等。而特定的技术条件和社会关系都是客观的物质性的条件。

总之，劳动的计划性目的性主要对人产生影响，影响人的计划，影响人的决定，影响人的劳动过程以及劳动的结果，影响人选择什么方式生产什么，生产多少，在哪里生产，为谁生产，等等；劳动的计划性也会影响到对劳动过程的操控方式、程度等等。总之，劳动的意识谋划主要是对劳动主体的影响，对社会的影响。准确地讲，劳动的意识谋划是通过客观的劳动过程对社会产生影响。劳动的结果肯定也对自然产生或大或小的影响。但从人类社会的角度看，人的劳动对自然的影响最终同样表现为对人的不同影响，对不同人的不同程度的影响。劳动对自然的影响没有改变自然物的物性，没有使自然存在不存在。可见，劳动的意识性丝毫没有影响劳动的自然性或客观实在性，没有影响或改变劳动就是凭借自然力来使自然形态发生某种程度的改变这个共同的方面，一般的方面或者质的方面。

再说，劳动的目的性计划性本身还是有缺憾的。这个缺憾或缺陷可以认为是一定社会条件下的人的意识的不足。人的意识的不足自然有许许多多方面。就文章这里的目的来看，提两个方面的不足就足够了。一是目的性计划性可能不准确，不合理，不周密，不完善；一是目的性计划性对于某些劳动者而言，在一定时间地点，可能不是非常自觉的意识，即有某种意识，但他没有明确意识到他具有这种意识。而对于不准确、不周密、不完善而又不自觉的意识，是难以在任何时候都能在生产劳动中完满实现的。甚至可以说，到目前为止的生产劳动都没能完满实现人的目的或计划。

意识的任何方面的不足或缺陷，都是可以得到修正补充或完善的。但任何人在任何时候对意识的任何修改补充完善，或者提出的新的方案，在修正已有方案的某些方面的不足的同时，新方案本身同样有这种那种不足。没有缺陷的完美的方案是得不到的。如果人要等到把所有问题都认识清楚之后再行动，人要制定出了完美的没有缺陷的规划之后再行动，人这个类就根本不能存在，更谈不上发展。到目前为止，人的任何活动所依凭的目的都是些简单的、有限的目的意识，都是些有限的、简单的、模糊的甚至不正确的认识。有限的目的的合理性就只能是在某个方面可能具有某种程度的合理性。对某个集团合理，对个体、对其他集团则未必合理；对解决人的物质方面的需要来看是合理的，但对人的精神需要的满足和全面发展来说，则未必合理；就眼前来看，合理；就长远看，未必合理；如此等等。有限的简单的模糊的认识或不正确的认识，就意味着许多东西人是不知道的，而且知道的也不清晰，有许多甚至完全不对。在许多情况下，劳动的结果尤其是长期结果常常超出人的原有认识。因此，人的社会物质实践活动是比人的意识要伟大得多的东西。比如，由偶然的物与物的交换产生出货币这样的一般等价物就远远超出了当事人的预期。“他们没有意识到这一点，但是他们这样做了。”① 或者他们都像浮士德那样：“起初是

① ［德］马克思：《资本论》第1卷，人民出版社2004年版，第91页。

行动。因此他们还没有想就已经做起来了。”① 这是马克思在《资本论》中反复强调的观点。资本的魔力同样超出了所有人的预期。它对生产力的发展和生产率的提高，对社会结构和社会进步的影响，对人的影响等都超出了所有人的预期。目前的经济全球化会把我们带向哪里，会给社会产生怎样的结果，现在也没有人能准确告诉我们。这是劳动尽管具有目的性计划性，仍然是自然的客观的物质活动的基本原因，这也是社会历史尽管是人的活动及其过程和结果，但社会历史仍然像自然一样的一个基本原因。马克思反复强调社会的存在及其发展过程的自然性就是这个意思。马克思经常用“生成”这个概念表示社会存在形式（马克思经常称之为社会的器官）的形成过程。生成这个概念就比一些西方哲学家所说的建构等概念具有更多的自然性、客观性或非人为性。意识在劳动过程中，在社会历史的过程中的确是起作用的，有时起的作用还非常大。但意识的作用是不能和劳动等物质实践活动相比的。而且意识的作用只有通过劳动等物质性的实践活动才能体现出来。劳动是人在目的的主导下实现目的的手段，劳动的过程是客观的物质活动的过程，劳动的过程及其客观结果尤其是长远结果远远超出了意识的范围。劳动成果的在意识之外与一般的自然物的在意识之外，在一定的意义上看是一样的。第一，它具有物的存在形态，不是意识，不在意识、观念或者大脑之中。而且这个在意识之外与自然物的在意识之外一样能合理言说。第二，它作为物是面向人的物质实践活动的，是满足人的物质需要的，不像语言、普通艺术作品那样是面向大脑的。第三，劳动过程及其客观结果有它自身的逻辑，人在它面前并不能想如何就如何。

那种认为如果是有意识的活动，就一切都处于意识之中，一切都在意识的精确控制之中，甚至于就是意识；而如果是自然的，就完全与人无干，与社会无关的观点是割裂了自然与社会，物质与精神的形而上学的态度。这种态度是不能正确理解劳动，也不能正确理解社会存在及其历史的。

① ［德］马克思：《资本论》第1卷，人民出版社2004年版，第105页。

四　劳动的社会性

“上面从物质生产性质本身中得出的关于劳动的最初的定义……始终是正确的”,① 对于理解社会的客观物质性，对于理解社会存在和发展的一般规律始终是正确的。但对于通过研究资本主义的特殊生产方式来揭露资本剥削雇佣工人的劳动的秘密，从而揭示资本主义必然为更高级的社会代替这样的研究目的来说又是远远不够的。所以，《资本论》在考察了劳动的客观自然性，普遍不变性，绝对永恒性之后，又重点分析了劳动的社会历史性、特殊性。更准确地说，《资本论》考察劳动的自然性一般性是为了考察劳动的社会性历史性或特殊性。《资本论》为了实现其理论目的而区分的不同劳动，比如无酬劳动、有酬劳动；必要劳动、剩余劳动；私人劳动、社会劳动等等，都是劳动的社会历史性或特殊性的种种表现。

首先明确：劳动的社会性和社会劳动是不一样的。在《资本论》中，社会劳动基本与私人劳动相对，指社会总劳动。私人劳动通过交换，为他人承认或接受，也就成了社会共有的劳动，因而成为社会总劳动的一部分。这个含义马克思有时直接用“社会总劳动”这个语词来表示。马克思说，“私人劳动的总和形成社会总劳动”② 就是这个意思。一旦人们采取某种方式为他人或社会劳动而不仅仅是为自己劳动时，他们的劳动就是社会总劳动的一部分，是社会劳动。

社会劳动或社会总劳动自然具有社会性。无论是与自然相对的社会性，还是与历史大体同义的社会性，社会总劳动都具备。但社会劳动毕竟是某一社会的总劳动，它与劳动都具有的社会性肯定是不一样的。

作为所有劳动都具有的社会性，若要细说，大致有两层意思。一是一般意义上的社会性，它大体与自然的本能的动物式的活动相对。因为劳动是人的有目的的活动，是人的自觉的活动，因而就是社会性的活动。从这个意义上说，所有人的劳动都具有社会性。它是人的存在方式。劳动的这个社会性尽管与自然相对，但它是以自然为基础，是在自然的动物式的本能活动的基础上发展来的。如果说类猿人、黑猩猩的活动更多是本能式的

---

①［德］马克思：《资本论》第1卷，人民出版社2004年版，第582页。

② 同上书，第90页。

活动，是类似于人的劳动的自然活动，那么人的劳动就是自觉的社会性的活动，是更加高级的劳动。马克思说："劳动的一般的人类的性质形成劳动的独特的社会的性质"。① 这就是从人的本质属性，人的社会性来规定劳动的社会性的。这样的社会性只是与自然性不一样，它比自然高级，但不与自然性相排斥，反而与自然性协调。也就是与劳动的一般性普遍性协调。因为这个社会性是所有人的劳动都具有的特点。即使是人类最初的完全以自然为前提、为条件的动物式的劳动也不是完全没有社会性，只是原始劳动的社会性程度比较低。所以，这个意义上的社会性是与自然性协调的，是与劳动的一般性普遍性相关联的。这个社会性是人的劳动不同于动物的本能活动的本质规定性或一般规定。

社会性的第二层意思指劳动的历史性。即任何劳动都是处在特定社会条件或者社会关系下的劳动，因而不同社会条件下的劳动就呈现出不同的社会特点、社会差异。比如，奴隶社会的劳动不同于原始社会的劳动，封建社会的劳动不同于奴隶社会的劳动，资本主义社会的劳动不同于封建社会的劳动，如此等等。这就是劳动的社会历史差异性，或者劳动随社会的发展而发展。

不同社会的劳动，从一方面看，是社会条件或者社会关系的不同。从另一方面说，也是劳动的不同，劳动随社会关系的发展而变化。讨论劳动的社会差异性，就是讨论不同社会中的劳动的不同。

从劳动的社会差异性或独特性的角度来看，严格说来，所有的社会劳动都彼此不同。不仅不同社会形态、不同社会历史发展阶段的劳动彼此不一样，就是同一社会形态同一社会历史阶段中的劳动也彼此区别，这就像人彼此区别一样。人彼此相互区别，凭借的是社会关系，因为人"是一切社会关系的总和。"② 人的劳动也可以凭借社会关系相互区别。因为社会关系也是支撑社会劳动的社会条件。

本章区分了两种不同的社会性。第一种社会性是沟通自然性与第二种社会性的桥梁。第二种社会性是在自然性和第一种社会性的基础上生产出来的。第一种社会性是稳定的，普遍的，一般的，因为它也是劳动的最基本的特征，劳动的本质规定性；第二种社会性表示的是劳动的特殊性、暂

---

① ［德］马克思：《资本论》第1卷，人民出版社2004年版，第84页。

② 《马克思恩格斯选集》第1卷，人民出版社1995年版，第56页。

时性、偶然性、历史变化性。因为每一种具体劳动的社会历史条件以及在这种具体的社会历史条件中形成的这种那种特点，都不是必然产生的。出现之后，也是可以随着生产的不断发展而变化的。但无论具体的社会条件如何变化，劳动的具体社会特点如何彼此不同。劳动总是在一定社会条件中存在的。即第一种社会性通过第二种社会性来表现；第二种社会性也表现了第一种社会性。用黑格尔的语言来说，第二种社会性是第一种社会性和自然性的异化。尽管这种异化是劳动的发展，社会的进步所必须的。但它毕竟采取了异化的形式。按照马克思的设想，共产主义社会的劳动则是异化劳动的回归，是否定的否定。马克思说："有一个自由人联合体，他们用公共的生产资料进行劳动，并且自觉地把他们许多个人劳动力当作一个社会劳动力来使用。……这个联合体的总产品是一个社会产品。这个产品的一部分重新用作生产资料。这一部分依旧是社会的。而另一部分则作为生活资料由联合体成员消费。因此，这一部分要在他们之间进行分配。这种分配的方式会随着社会生产有机体本身的特殊方式和随着生产者的相应的历史发展程度而改变。仅仅为了同商品生产进行对比，我们假定，每个生产者在生活资料中得到的份额是由他的劳动时间决定的。这样劳动时间就会起双重作用。劳动时间的社会的有计划的分配，调节着各种劳动职能同各种需要的适当的比例。另一方面，劳动时间又是计量生产者在共同劳动中个人所占份额的尺度。因而也是计量生产者在共同产品的个人可消费部分中所占份额的尺度。在那里，人们同他们的劳动和劳动产品的关系，无论在生产上还是在分配上，都是简单明了的。"① 这里的论述主要是从劳动的一般性的角度来说的。劳动资料和劳动力都成了劳动的纯粹的物质条件了，劳动产品也成了社会的公共的了，劳动时间在整个社会内实行计划调配，生活资料根据劳动时间的多少分配。马克思的论述有些方面比如劳动时间如何计划，生活资料如何分配等等尽管不是十分详尽，但基本的观点是清楚的。即劳动成了人的存在方式，成了社会调节社会与自然的手段。根据马克思的这些论述，共产主义社会的劳动就只具有自然性和第一种社会性，没有第二种社会性了。这就是异化的回归。但共产主义社会的劳动是劳动的理想状态。到目前为止的社会劳动，或者现实的劳动，它们的社会历史性都主要是通过第二种社会性体现出来的。马克思讨论劳

---

① ［德］马克思：《资本论》第1卷，人民出版社2004年版，第96—97页。

动的社会性也主要是讨论第二种社会性，即讨论不同社会形态中的不同的劳动特点。

不同社会形态中的劳动，具有不同历史差异性的劳动，按照《资本论》的用词习惯，往往就是生产。劳动、生产，也许还有实践，在马克思主义理论中都是很重要的概念，但目前的学术界对这些概念以及它们彼此之间的关系远没有形成共识。这里略作说明。

本书不能肯定，马克思在他的主要著作中对这三个语词的使用始终是清晰的并且是一贯的。但马克思的主导用词习惯大体还是清楚的。总体情况是这样：这三个语词有相同、相通、相近的含义，如，都可以表示人的有目的地改造客观对象的物质活动的含义，因而就有“生产劳动”“劳动生产”“物质生产实践”或者“生产实践”等等说法。在一些场合，尤其在《1844 年经济学哲学手稿》等早期著作中，三个语词可能就没有严格的区分，甚至是可以保全真值的相互替换的。但在《资本论》中，劳动、生产、实践这三者就有了一定的差异。实践更多与观念、理论、意识等语词相对来使用，指社会的一般的物质性活动，既包括改变自然的物质活动，也包括变革社会的物质活动。比如“在观念上作为资本家的计划，在实践中作为资本家的权威”① 就是一例。在整个马克思主义理论中，实践更多表示把观念变成感性的客观存在的社会历史活动。改变自然的物质生产是实践，改变社会关系的革命或者战争也是实践。

因为《资本论》主要研究资本主义生产以及和它相适应的生产关系，所以，生产、劳动这两个语词比实践的使用频率要高很多。劳动，前文已经指出了，它主要针对人与自然的物质性关系而言，强调人在作用于自然的过程中的脑力和体力的耗费，在劳动过程中消耗的脑力和体力的量的大小就是商品价值的量的大小。因此，劳动概念强调了人的劳动的彼此一致性，无差别性，强调了人的成果与自然物在物性上的无差别和价值上的相互区别。有劳动凝结于其中的物就是有价值的，自然物因为没有劳动的凝结而没有价值。但劳动的产物作为物则与自然物没有不同。生产这个语词有两个相对专门的含义，一指一定社会关系或社会条件之中的劳动。也可以说，劳动的社会历史化就是生产。因此，把劳动的产品作为物质资料再次投入到生产活动之中去，这就是社会的再生产。无论是简单再生产，还

① ［德］马克思：《资本论》第 1 卷，人民出版社 2004 年版，第 385 页。

是扩大再生产，按《资本论》的用字习惯，就是奇怪的说法。生产的另一个意义指与流通不同的经济环节或经济活动过程，或者说是与分配、交换、消费等活动既相联系又相区别的一个环节或活动。比如，《资本论》认定，剩余价值是在工场中生产出来的，而不是在市场交换中产生，就是这个意思。总之，劳动更多强调的是人和自然之间的物质变换关系，强调人在面对自然时要用自然的手段或方法与自然进行物质的交流。生产更多强调的是劳动活动中的各种条件或因素，自然的因素，物的因素，人的因素，社会的因素等如何相互配合而起作用。因而生产更多指各种不同劳动的差异性或特殊性，如不同生产部门的生产、不同社会历史条件下的生产是不一样的甚至是很不一样的，等等。可见，劳动的含义相对简单，生产的含义则更丰富或复杂，劳动就是一种有目的的物质变换活动，就是人的一般的无差别的物质活动。生产则更多考虑各种条件的特殊性，差别性。所以，生产可以说是物质变换活动和价值生产活动的统一；私人劳动和社会劳动的统一；为他人的劳动和为自己的劳动的统一。因而，我们就可以从《资本论》中看到“从劳动过程的观点来考察生产过程”的说法①以及从价值增殖的角度来考察生产的方法。从劳动过程考察生产，就是把生产作为一种最一般的人的劳动过程来考察，而不考虑劳动中所凭借的物质资料的价值性这个因素。而从这个角度看，生产就是人利用劳动资料作用于劳动对象的有目的的物质生产活动过程，就是人的脑力和体力的消耗过程，就是一个创造有用物的过程。因而从这个角度看，生产与劳动就是一致的，是可以相互替换的。但从价值的角度说，劳动和生产就不一样了。劳动尽管是价值的源泉，但劳动本身没有价值。劳动不能拿到市场上去买卖。在资本主义社会，商品的价值是在生产过程中由雇佣工人生产出来的。剩余价值是雇佣工人在生产中创造的全部价值扣除了资本用于购买劳动力的价值的余额。

为了准确说明资本对劳动力的剥削程度，马克思在计算资本的流通时间时还区分了劳动时间和生产时间两个概念，认为生产时间可能比劳动时间长。因为“资本停留在生产领域内的时间和它停留在生产过程内的时间”是不同的。播种在地里的谷种的自然生长过程，很明显是“资本停留在生产领域内的时间”而不是“停留在生产过程内的时间”，因为在这

---

① ［德］马克思：《资本论》第1卷，人民出版社2004年版，第359页。

个时间内，人的劳动是停止了的（对谷种的生长过程实施管理是另外的劳动）。但资本仍然停留在生产领域内而没有进入销售市场。资本停留在生产领域内的时间的长短对资本的增殖程度因而对资本本身是至关重要的。从《资本论》对生产时间和劳动时间的区分，可以进一步看到生产和劳动的一些细微差异。

说生产是更具社会历史意义的概念，因而是更加具体的概念。这个论题是在和劳动的对比中论说的。它并不表明生产没有一般性或普遍性。前文提到过，任何概念，即使是单独概念，也具有普遍性或一般性。生产作为普遍概念，毫无疑问具有一般性、普遍性。马克思指出：生产毫无疑问是一定的人群在特定物质条件和社会环境下的活动，毫无疑问是历史的具体的活动。但“生产的一切时代有某些共同标志，共同规定”，“其中有些属于一切时代，另一些是几个时代共有的。”① “如果没有生产一般，也就没有一般的生产。”② 也就是说，生产这个概念的一般规定性，来源于人类世代生产活动所具有的一般性、普遍性、共性或公性。“总之：一切生产阶段所共有的、被思维当作一般规定而确定下来的规定，是存在的。”③ 生产这个概念中包含的超越了特定物质生产条件和社会历史条件的普遍性、一般性大体也是劳动的基本含义。生产既有和劳动相同相通的一般意义，也有与劳动不同的特殊意义。本书在讨论劳动的第二种社会意义时，主要就是讨论生产的特殊意义，因为特殊的劳动往往由生产这个语词来表达。

不同社会历史条件下的生产的特殊性是多种多样的，比如，劳动对象不同，劳动所凭借的技术手段或物质资料不同，劳动者的劳动能力不同，等等。要肯定，这些不同的确都是劳动的社会性的表现，是劳动随社会历史的不同而变化的表现。但这些不同仍然主要可以看成是劳动的自然方面的不同，是劳动随社会历史的不同而呈现出来的自然方面的一些差异。劳动随社会历史的不同而呈现出来的社会方面的最主要的不同应当是在人与物的不同结合方式上。所以，马克思说：“各种经济时代的区别，不在于生产什么，而在于怎样生产，用什么劳动资料生产。”④ 用什么劳动资料

① 《马克思恩格斯选集》第2卷，人民出版社1995年版，第3页。

② 同上书，第4页。

③ 同上书，第6页。

④ ［德］马克思：《资本论》第1卷，人民出版社2004年版，第210页。

生产，尽管包括劳动资料的物的方面，劳动者的技术技能的方面，但最主要的方面还是生产者和劳动资料的结合方式。各个社会的劳动彼此区别的最根本的特点就是这个结合方式。《资本论》研究资本主义社会的生产不同于其他社会的生产的特殊性，研究资本主义生产的特殊规律，因而也是紧紧抓住了资本主义生产的人和物的结合方式来分析的。通过分析资本主义生产的人与物的结合方式不同于前资本主义生产的结合方式来呈现资本主义生产不同于前资本主义生产。本书这里根据《资本论》的论述，对资本主义前生产方式和资本主义生产方式的不同略作说明。

马克思通过对比研究发现，资本主义社会以前的生产者，总的说来是不自由的，而资本主义社会的生产者即雇佣工人是自由的。

前资本主义社会的生产者的不自由，从生产的角度说，就是生产者所拥有的劳动力没有进入自由市场，买卖双方不能听凭自己的意愿而自由地买卖劳动力。劳动力的所有者完全没有权力或者没有完全的权力自由处置自己的劳动力，生产资料的所有者即劳动力的购买者也不能完全凭自己的意愿购买自己所需要的劳动力。前资本主义社会的生产者和生产资料的所有者之间往往存在比较明显的人身依附关系，因而双方都不能完全自由地选择。人身依附关系一般有下面几个特点：第一，生产者的身份或职业是相对固定的，有些生产者终其一生都只从事某一职业，因此，职业和身份往往是同一的。社会往往习惯用职业标示劳动者的身份。子承父业，代代相传者的现象也不少见。这就更加固了职业和身份之间的同一关系。某人出身于某种职业家庭，他就从事某种职业，他从事某种职业，因而就是什么人；他是什么人，也就从事什么职业。这种封闭的关系使职业和身份趋于固定，趋于同一。第二，生产者和生产资料的所有者之间的关系往往是支配与被支配的关系，比如，奴隶主和奴隶之间，封建贵族和平民之间都是如此。生产者和生产资料所有者之间在身份、地位、财富的占有以及所有社会生活的方方面面，都没有平等可言。第三，生产者和生产资料所有者之间的关系是自然的或类自然的，比如继承权、社会身份、所有权等等往往通过自然或类自然的方式获得。某人凭借血缘，一出生就享有奴隶主或者贵族的地位与权力，而另外的一些人，一出生就是奴隶或者平民；某人因为性别而没有继承权；有的人凭借长子地位而拥有继承权，获得巨额社会财富的所有权支配权，如此等等。第四，个体的活动范围是狭小的，有限的，不仅奴隶、平民的生产、生活的范围狭小；就是奴隶主，封建贵族的活动范围也有限。第五，个体之间的关系是固定的，受偶然的因素的影响比较小。

处于这样的社会条件之中的生产，我们自然大体清楚是什么性质的生产，什么水平的生产，而这样的生产也决定了生产出来的社会只能是什么性质什么水平的社会。

资本主义社会的生产是典型的和发达的商品生产。这种生产一是存在私人劳动和社会总劳动的矛盾。每个商品生产者的劳动首先都是私人的劳动，生产所需要的客观物质条件是私人的，或者是私人自主从市场上购买的，劳动力也是私人自主从市场上购买的，生产什么，生产多少等等也都是生产者私人的事情，生产出来的产品也直接归私人所有。总之，商品生产首先是为自己的生产，是私人劳动。只有劳动的产品在市场上卖出去了，这个私人劳动才得到了社会的承认，才成为社会总劳动的有效部分，才是社会的总劳动。我们知道，原始社会的劳动就不存在私人劳动和社会总劳动的区别，所有的劳动都直接是劳动者的劳动，都直接就是社会总劳动的有效构成部分。以人身依附关系为条件的劳动往往采取劳役或实物贡赋的形式进行，因而直接就是为他人的劳动，也直接是社会劳动。只有生产商品的劳动存在私人劳动和社会总劳动的矛盾，为自己的劳动和为他人的劳动的矛盾。这个矛盾要通过市场交换才能获得某种程度的解决。整个社会似乎都在围绕市场转。在这样的社会中，生产者彼此之间，生产资料的所有者之间，生产者和生产资料的所有者之间，所有者和购买者消费者之间，只是因为有商品交换，在市场上才建立起关系。而在市场上建立起来的关系，其实就是商品的交换关系，物的交换的关系。劳动者所拥有的劳动力也是作为物在市场上进行买卖的。人与人彼此之间的人的关系，社会关系就完全成为物的交换关系。人彼此之间也只关心物的交换是否成功，而不考虑人本身的问题。这是从道理上说的。在实际活动中，生产者，所有者，购买者彼此之间有时也可能关心人本身的问题，比如对方的身心健康状况，兴趣爱好等等。彼此之所以关心他人作为人的问题，也还是因为这些人的问题可能影响物的交换。因此，人与人之间的真正关系其实就只有物的交换关系。人的劳动的社会关系“不是表现为人们在自己劳动中的直接的社会关系，而是表现为人们之间的物的关系和物之间的社会关系。”① 人的自由也只是买卖物的自由，平等也只是市场上的物的交换的平等。总之，人的关系全面表现物的关系。

资本主义的生产是资本绝对统治下的生产。因为资本主义的生产是建立在生产资料和劳动力相分离的基础上的劳动。劳动力的所有者除了劳动力之外别无所有，不仅没有生产资料，生活资料也几乎没有。而生产资料的所有者又不愿意把他们自己所拥有的劳动力投入到生产之中去。因此，劳动力和生产资料就分离了。劳动力和劳动资料的结合是通过资本实现的。拥有一定社会财富（通常表现为一定量的货币）的人通过市场购买到一定数量的生产资料和劳动力，从而将生产资料和劳动力投入生产。生产资料对劳动力的吸附，或者劳动力耗费于生产的过程也是在资本的监督管理指挥之下进行的。生产的目的就是为资本生产剩余价值，就是资本的再生产。这样的生产就既是资本的生产，也是在资本统治下的生产。

资本主义生产是形式上自由平等实质上不自由不平等的劳动。资本在市场上购买劳动资料是完全自由的，除了遵守市场规则之外，不受其他因素干扰；购买劳动力也完全是自由的，也只遵守市场规则。自然，劳动力的所有者也获得了自由处置自己劳动力的自由，他可以根据自己的意愿，选择自己钟情的买者。资本作为买者，劳动力作为卖者在市场上是完全平等的，买卖双方各自都只遵从自己的意愿，按市场规则，等价交换、公平交易。但这种自由和平等只是形式上的。事实上，资产阶级利用手中掌握的国家机器可以制定出许许多多有利于资本而不利于劳动力的法律法规，从而使买者和卖者处于严重不平等地位。而一旦离开市场，进入生产领域，就连形式上理论上的自由平等也没有了。生产完全是在资本统治下的生产；完全是为了资本的生产；完全是为资本生产剩余价值的生产；完全是生产或再生产资本的生产；也是为雇佣工人生产工资和贫困的生产；也可以说是与雇佣工人完全无关的生产。因为雇佣工人通过生产获得的工资仅仅是劳动力的市场价格，因而整个生产及其结果就是与工人没有关系的。

资本主义的生产存在着为自己劳动和为他人劳动的矛盾。这个矛盾在资本主义社会具有普遍性。就劳动力的所有者而言，因为没有生产资料，他要获得最基本的生存资料，就必须把自己的劳动力出卖给资本家，为资

① ［德］马克思：《资本论》第1卷，人民出版社2004年版，第90页。

本家生产。在为资本生产剩余价值的过程中获得他自己所必需的生活资料。就资本所有者而言，他作为商品生产者，从事生产的唯一目的是获得价值或者剩余价值。但为了得到剩余价值，他就要把价值作为他人的使用价值生产出来。也就是说，商品生产者或资本家为了实现自己的目的，就要生产对自己没有用，但却对他人或社会有用的东西。资本家和雇佣工人以及商品所有者和购买者之间的为己为人的矛盾，一般而言，是通过市场的自由而平等的交换解决的。而且从总体上说，也只有这样，才能保证经济社会的正常运行和持续发展。但这并不排除特殊情况的出现。因为资本所有者为他人或社会生产使用价值是有代价的，很辛苦的。资本所有者如果能够用对他人或社会没有使用价值的东西，甚至对他人或社会有害的东西换回自己钟情的价值和高额的剩余价值，那他们就决不会辛辛苦苦地为他人或社会生产使用价值。所以，掺杂使假，以次充好，假冒伪劣，甚至坑蒙拐骗等等现象，在商品世界就是经常发生的。因为这类现象是由商品的内在矛盾决定的，是由商品生产这种特殊的社会生产所存在的为自己生产和为他人生产的矛盾决定的，是由商品生产这种特殊的社会生产所存在的私人劳动和社会劳动的矛盾决定的。因此，从可能性上看，掺杂使假，以次充好，假冒伪劣，或者坑蒙拐骗等等现象会与商品生产相始终。而直接为自己的生产就不可能出现掺杂使假，以次充好，假冒伪劣，或者坑蒙拐骗等等这类情况。这类现象只可能在商品生产中存在。但这类现象如果长时间的大规模的存在，商品生产就可能难以为继。从而使赚取剩余价值的目的成为泡影。所以，商品生产者为了保证获得价值或剩余价值的目的的稳定而长期的实现，他就要辛苦地为他人或社会生产使用价值。所以，从理论上说，从总体上看，资本主义的商品生产就是在为自己生产和为他人或社会生产的矛盾中展开的。商品生产者在正常情况下一般只能通过为他人或社会生产使用价值来实现为自己生产价值或剩余价值的目的。而一般意义上的劳动，就是人实现目的的手段，只存在手段和目的之间的自然关系，不存在手段和目的转化为为他人和为自己的社会矛盾。可见，目的和手段的矛盾化为为自己和为他人的社会矛盾，是商品生产的特殊性。

资本主义生产是到目前为止的社会生产劳动中经济效益最高的生产。从根本上说，这是由资本的本性决定的，是由资本的不断疯狂地追求剩余价值最大化决定的。资本要追逐最大的剩余价值，就要对生产进行最精确的计算。计算社会生产某种使用价值的必要劳动时间，计算个别的必要劳动时间，计算生产劳动力成本的时间，计算生产资料的价值转移到劳动产品之中的时间，如此等等。而且这样的计算不是纯粹的数学计算，而是通过在资本统治下的生产劳动在实际的生产活动中计算的。而这样的劳动计算或实际活动计算，可以最大限度地提高劳动资料的效率，可以最大限度地节约劳动资源，在单位时间内最大限度的耗费劳动者的劳动力，即让劳动者最大限度地将自己的脑力和体力投入生产之中。总之，就是使为他人或社会生产使用价值的代价最小，从而使为自己生产的价值或剩余价值最大。而每一个社会资本如果都这样做，最大限度地剥削劳动者，最大限度地无偿利用各种自然条件或自然资源，最大限度地无偿利用社会的公共的科学技术成果，而“把巨大的自然力和自然科学并入生产过程，必然大大提高劳动生产率”,① 然后最充分地利用市场，进行最大程度地贱买贵卖，并不断扩大生产规模，等等，整个社会生产的经济效益就会最高、最大。整个社会的生产力就会以最快的速度发展。连马克思主义经典作家也慨叹：“资产阶级在它的不到一百年的阶级统治中所创造的生产力，比过去一切世代创造的全部生产力还要多，还要大。”②

资本主义生产是全面异化的生产。异化是很麻烦的问题，后文还有论述。这里只从劳动的角度简单说说。前文说过，劳动的一般规定是人的改变自然实现自己的目的的活动，是人耗费自己的脑力和体力作用于自然以满足自身的需要实现自身的目的的活动，是人的存在方式。但资本主义生产事实上又是另外的样子。资本主义生产成了一部分人剥削另外一部分人的手段了。这就是劳动的异化或异化劳动。而这样的异化劳动是与劳动的社会历史性一致的，是劳动的社会历史性的一个体现。或者说，异化劳动是特定社会历史阶段的劳动。关于劳动的异化，《资本论》主要讲了以下几点。

第一，资本主义生产成为否定生产劳动者的方式或手段。前文说过，劳动就是人解决自己同自然的关系的手段。人是通过劳动来存在的。因而，一般意义上的劳动是人肯定自己，实现自己的方式。但在资本主义社会，劳动分裂为为自己的劳动和为他人的劳动。劳动力的出卖者在生产的过程中完全受资本的役使。资本消费劳动力的使用价值的过程其实就是奴

---

① ［德］马克思：《资本论》第1卷，人民出版社2004年版，第444页。

② 《马克思恩格斯选集》第1卷，人民出版社1995年版，第277页。

役雇佣工人生产剩余价值的过程，也就是迫使雇佣工人为资本的疯狂增殖而生产的过程。也就是说，劳动的过程既是资本消费劳动力的使用价值的过程，也是资本家役使雇佣工人的过程，因此，劳动的过程就是劳动者的身心受到损害甚至摧残的过程。工厂成了工人的“温和的监狱”①，“甚至减轻劳动也成了折磨人的手段”。② 因为减轻劳动只意味着可能为资本生产更多剩余价值。

第二，劳动资料成了劳动力的统治者。从一般意义上说，劳动资料，劳动对象，都是劳动得以进行的物质条件。所以，马克思有时把这两者一起称为生产资料，是生产劳动得以进行的物质资料或物质条件，是人在劳动之中必须凭借或利用的客观物质条件。但在资本主义社会，人利用的物变成了人的统治者，而人却成了物的奴役对象。按照西方一些马克思主义理论家的讲法，不仅工人成了生产资料的统治对象，甚至资本家也成了资本的统治对象，大机器的统治对象。这样的讲法是从抽象的人的本质，抽象的人性出发得出来的。这样的观点有抹杀雇佣工人和资本家阶级之间根本对立的嫌疑。雇佣工人和资本家阶级即使都受资本的统治，都受生产资料的统治，但受统治的方式程度等等也决不是一样的。整个商品生产是以劳动资料和劳动力的分离为条件的，这个条件在以机器大工业为物质手段的资本主义生产方式中得到了进一步扩张。“资本主义生产方式使劳动条件和劳动产品具有的与工人相独立和相异化的形态，随着机器的发展成为完全的对立。”③ 也就是说，劳动资料与劳动力由分离走向了劳动资料对劳动力的全面剥削或统治。在分析资本主义生产的特点时，马克思主要强调的是生产资料对劳动力的剥削或统治，也就是资本对雇佣工人的统治。生产资料作为资本的代表，作为资本家的代表，体现的是资本家的利益或意志。在马克思的时代，最有时代特征的劳动资料无疑是机器。但机器的资本主义应用延长了工人的工作日，提高了工人的劳动强度，使生产者受自然力的奴役，最后变成了需要救济的贫民等等。“一切提高社会劳动生产力的方法都是靠牺牲工人个人来实现的；一切发展生产的手段都转变为统治和剥削生产者的手段，都使工人畸形发展，成为局部的人，把工人贬

① ［德］马克思：《资本论》第1卷，人民出版社2004年版，第491页。

② 同上书，第487页。

③ 同上书，第497页。

低为机器的附属品，使工人受劳动的折磨，从而使劳动失去内容，并且随着科学作为独立的力量被并入劳动过程而使劳动过程的智力与工人相异化”① “科学、巨大的自然力、社会的群众性劳动都体现在机器体系中，并同机器体系一道构成‘主人’的权力。”② 我们知道，真正统治压迫剥削雇佣工人的是资本，是资本主义生产关系，资本主义社会制度。但我们同样清楚，资本剥削雇佣工人是通过生产实现的，是通过生产资料对劳动力的吸附而实现的，而且资本本身也凝固在物中。只看到物对人的统治而看不到资本主义生产关系对雇佣工人的统治是不对的；但看不到资本主义生产关系对雇佣工人的统治是通过物对人的统治而实现的同样是不对的。马克思在《资本论》中甚至发出了“劳动资料扼杀工人”③ 的呼喊或控诉。总之，在资本主义生产关系中，劳动资料实实在在成了劳动者的异己的力量或敌对的力量，成了统治和剥削工人的力量或手段。

第三，劳动产品对工人的剥削或统治。如果从再生产或生产的历史发展过程看，这一点与第二点其实是一样的。因为资本主义社会的劳动资料基本都是劳动的产品。但如果从一个劳动过程看，劳动资料和劳动产品还是不同的。马克思在《1844 年经济学哲学手稿》中就开始讨论这个问题。《资本论》对之则有了更深入的论述。马克思说：“人在资本主义生产中受他自己双手的产物的支配。”④ 孤立地看这个论述，似乎不太清晰，比如人指谁？是个体、类还是特定的社会集团？如果是社会集团，又是哪个社会集团，是统治者集团，还是被统治者集团？双手的产物具体指什么？劳动产品、商品、货币、资本，还是社会关系社会制度等？并不十分清楚。宣扬抽象人性论的学者往往就是攥住马克思的这类论述并进行歪曲，从而达到为我所用，宣扬他们的抽象的人性论的目的。但如果我们不怀偏见，将马克思的有关论述和整个《资本论》联系起来看，那就非常清楚。《资本论》先引用了他人的一段论述：“资本本身不过是人的劳动的产物……似乎完全不能理解的是，人怎么会落入他自己的产物——资本——的统治下，并且从属于这个产物；然而，因为实际上情况确实如此，所以不禁要问：工人作为资本的创造者，怎么会由资本的主人变为资本的奴隶

① ［德］马克思：《资本论》第 1 卷，人民出版社 2004 年版，第 743 页。
② 同上书，第 487 页。
③ 同上书，第 497 页。
④ 同上书，第 717 页。

呢?”马克思对这个论述的评价是：提出了问题，但对问题的回答“却十分幼稚”。①《资本论》在一定意义上可以看成是对这个问题的科学回答。工人的劳动直接生产的是满足某种需要的有用物，但这个物在资本主义社会是作为商品来生产的，是为了价值，为了交换，为了获取剩余价值而生产的，并且这个剩余价值完全被商品的所有者获得了，被资本获取了，工人没有得到分毫。剩余价值被它的占有者重新投入生产中，成为购买生产资料和劳动力的手段，因而就成了新增资本了，就成了新的吸附劳动力的生产资料了，就成了进一步剥削雇佣工人所创造的剩余价值的手段了。可见，《资本论》对劳动的异化的分析与对资本的本质的揭示，或者剩余价值的揭示是完全一致的。《资本论》展示了包括异化劳动在内的资本主义生产的历史性，呈现了它的种种不合理性，并为超越这种特殊的生产方式提供了理论的根据或科学的指导。

五　劳动是劳动的产物

本章开头就指出，劳动是在劳动的基础上生成和发展的，是劳动的成果。因为在人类社会中，并不存在先天的东西，既定的东西，或者神秘的东西。所有的东西都是在自然的基础上，在人的物质生产活动的过程中逐步生产出来的。劳动本身自然也不例外。劳动，无论是作为过程看，还是作为结果看，大体包括自然的方面和社会的方面。

劳动的自然方面，主要指劳动对象，劳动资料以及利用各种劳动资料作用于劳动对象的方式方法手段工艺等等。这些物和使用物的技术肯定是以往历代生产的结晶。马克思说：劳动需要“一定的社会物质基础或一系列物质生存条件，而这些条件本身又是长期的、痛苦的发展史的自然产物。”② 所谓自然产物，就是通过生产一点一点生成的。

支撑劳动的社会条件，如果要细说，是非常非常多的。比如，社会组织，社会关系，社会制度，甚至还有习惯、情感、思想观念。但最基本的还是劳动组织，生产资料的分配关系以及交换关系等。劳动组织比如家庭等等是在生产的过程中逐步产生和发展的。这是历史唯物主义的一个基本

---

① ［德］马克思：《资本论》第1卷，人民出版社2004年版，第717页。

② 同上书，第97页。

观点。后文还有论说。生产资料的分配关系，这是社会生产关系的核心，是规范生产的最基本的社会因素。这样的社会关系毫无疑问是生产的结果。马克思指出："社会生产过程既是人类生活的物质生存条件的生产过程，又是一个在特殊的、历史的和经济的生产关系中进行的过程，是生产和再生产着这些生产关系本身，因而生产和再生产着这个过程的承担者、他们的物质生存条件和他们的相互关系即他们的一定的经济的和社会形式的过程。因为这种生产的承担者同自然的关系以及他们互相之间的关系，他们借以进行生产的各种关系的总体，就是从社会经济结构方面来看的社会。"① 《资本论》的这个论说是针对整个社会而言的，没有局限于生产资料的分配这一点上。但生产资料的分配关系是生产和再生产的结果，这是《资本论》反复强调的观点。具体到资本主义的生产关系，马克思也指出："资本主义生产过程……不仅生产商品，不仅生产剩余价值，而且还生产和再生产资本关系本身：一方面是资本家，另一方面是雇佣工人。"② 没有比这更明确的论述了。

交换关系是否属于生产关系，生产关系章再细说。这里只是指出，交换关系即使不属于狭义的生产关系，它对于生产劳动尤其是商品生产这样复杂的社会生产来说，也是至关重要的。因为商品就是为他人生产使用价值的生产，就是为交换的生产。没有交换，商品生产就不能持续进行。而交换对于社会关系的发展又是至关重要的。马克思在论述商品的等价形式时写了一个著名公式：z 量商品 A = u 量商品 B，或 = v 量商品 C，或 = w 量商品 D，或 = x 量商品 E，或 = 其他。③ 很明显，随着生产的发展和交往空间的扩大，这个等式是可以无限等下去的。同样十分明显，等式所表示的物的交换体现的是人的关系。而且通过物的交换又进一步巩固了交换者彼此之间的社会关系。

将劳动的自然方面和社会方面分割开来论说，完全是思维抽象的结果。具体的生产活动，一定是自然因素和社会因素统一在一起的活动。大致说来，就是劳动力和生产资料成为生产关系的物质载体，或者，生产关系融入生产的自然物质条件之中，使生产关系实实在在成为生产的社会条

---

① ［德］马克思：《资本论》第 3 卷，人民出版社 2004 年版，第 927 页。

② ［德］马克思：《资本论》第 1 卷，人民出版社 2004 年版，第 666—667 页。

③ 同上书，第 78 页。

件，又在生产中不断被生产出来。马克思在论证资本主义的生产过程时指出：资本主义生产过程是在一定物质条件和社会关系中进行的，这些物质条件和社会关系“一方面是资本主义生产过程的前提，另一方面又是资本主义生产过程的结果和创造物；它们是由资本主义生产过程生产和再生产的。”① 《资本论》的这个论断既强调了具体的生产劳动所需要的自然条件和社会条件的具体统一性，又肯定了劳动所需要的自然条件和社会条件与生产活动的历史辩证关系：作为劳动前提的东西，也是生产的结果。劳动就是在劳动的基础上展开和持续进行的。人和社会就在生产和再生产的历史进程中不断发展。

① ［德］马克思：《资本论》第3卷，人民出版社2004年版，第927页。

第五章　作为社会存在的生产力

本章讨论三个问题：熟悉而又令人疑惑的概念。生产力的社会意义和其物质载体。作为社会存在的生产力的特点。

一　熟悉而又令人疑惑的生产力

生产力这个概念似乎早已是常识的一部分了。从事实的角度看，社会无时无刻不在和自然打交道，无时无刻不在使用自身的力量影响着自然、改造着自然。也就是说，生产力概念描述的内容是大众熟悉的东西。从理论的层面看，生产力是马克思主义理论的一个基本概念。学术论文、教科书以及各类宣传小册子中都有这个概念。现在通行的教科书对生产力的定义是：人利用自然改造自然的物质力量；劳动资料、劳动对象、劳动者是生产力中的基本要素；科学技术也是生产力，或者也是生产力的要素；如此等等。不同教科书或者宣传资料中使用的文字可能略有差异，但基本意思没有实质性不同。长时间一贯。从中学到大学甚至研究院都是这样讲的。因而大众非常熟悉。

学术界的共同的讲法被认为是有根据的。主要的依据是《资本论》中的有关论断。“劳动过程的简单要素是：有目的的活动或劳动本身，劳动对象和劳动资料”。[①] “各种经济时代的区别，不在于生产什么，而在于怎样生产，用什么劳动资料生产”。“劳动资料不仅是人类劳动力发展的测量器，而且是劳动借以进行的社会关系的指示器”。[②] 如此等等。但这

① ［德］马克思：《资本论》第1卷，人民出版社2004年版，第208页。

② 同上书，第210页。

并不意味着学术界对生产力概念的理解或使用是准确、清晰而没有任何疑义的。第一，对通行的表述如何理解？比如，人们可能提出下面的问题来：生产力不是人的力量吗？劳动资料、劳动对象不是物吗？物如何成了人的力量？第二，通行的表述与马克思的论述如何协调。因为马克思的前一论述明显是对劳动过程的构成分析，劳动过程的构成要素如何成了生产力的要素？进而成了生产力本身？劳动过程、劳动、劳动的构成要素、劳动力、生产力这些概念难道没有任何差异因而可以随意相互替换吗？还有，马克思说劳动资料是劳动力和劳动的社会关系的测量器指示器，我们为什么只以此为根据认定劳动资料是生产力的构成要素，而不说劳动资料同时也是劳动的社会关系或者生产关系的构成要素？取一去一似乎不太“公平”。而且因为劳动资料是劳动力的测量器指示器就说劳动资料是生产力，除了劳动力和生产力这两个概念要相等之外，还要求力的测量器指示器和力本身一样。但力的测量器指示器和力本身一样吗？第三，如何正确对待马克思的其他相关论述。一方面，对于生产力这个概念，马克思使用了许多不同的语词，如劳动力，劳动生产力，社会生产力，社会劳动生产力，社会的物质生产力，生产力总和等等语词。另一方面，生产力这个词又有不同的含义，有时指社会的生产能力，有时指生产效率，有时几个含义同时具备。多词一义和一词多义同时存在，的确给生产力的研究增加了难度。

但生产力毫无疑问是马克思的社会历史理论中的核心概念。这个概念如果得不到明确的解释，那马克思主义的一些基本理论观点就很难得到确定的理解。下面主要从社会存在论的角度说说这个概念。

二　生产力的社会意义和物质载体

1. 劳动力的社会化或物化

根据《资本论》的具有倾向性的用词习惯，本书尝试用劳动力这个相对确定的概念来界定生产力，从而使生产力更加明确。按本书的理解，生产力就是劳动力的社会化。劳动力，按马克思的理解，就是人的肌体内的脑力和体力。人就是利用它来解决自己同自然的实践性关系的。或者说，人要让自然满足自己的生存需要，就要消耗体内的脑力和体力。在劳动力的耗费的社会历史过程中，在人处理人与自然的实践性关系中，肌体内的自然劳动力逐渐在社会之中累积并升华为社会的生产力，成为整个社会的处理人与自然的实践关系的物质力量。

劳动力是人的机体力，但并非人的脑力和体力就是劳动力。人在游戏、娱乐、学习甚至饮食男女上，都要消耗一定的脑力和体力。耗费在这些方面的脑力和体力肯定不是劳动力。还有，劳动力作为机体力，在自然的作用下，会自然流失。自然流失掉的脑力和体力，肯定也不是劳动力。可以这样说，凡不是耗费于劳动过程之中的脑力或体力，都不是劳动力。随着社会的进步以及人的全面发展，人的脑力和体力，一般而言，会呈现出增大的趋势。但人的全面发展与人的劳动力的增大毕竟不是一回事情。因为人的全面发展意味着人在学习、游戏、娱乐、自我发展等等方面要耗费更多的脑力和体力。人的全面发展，用最粗略的语言来描述，可以说就是人的力的增多，增大；而劳动力，只是不断增多增大的脑力和体力的一部分，只是耗费于劳动过程之中的脑力和体力。

在劳动过程中耗费的脑力和体力一定是经过了某种程度的社会化的脑力和体力。因为劳动一般来说就是社会性的，是在一定社会条件或社会关系之中的人的活动，是按社会的需要而进行的社会活动。即使是从事最简单最原始的劳动，人也需要从自然中“拿”到相对合适的工具，也要利用工具达到自己的目的，因而就需要活动有某种程度的稳定性、连贯性、持续性，需要利用或凭借一定的劳动经验、劳动技能或者相关知识。这就表明，人的脑力和体力只有经过某种程度的社会化之后才能有效耗费于具有稳定性持续性的社会劳动过程之中。可见，一个人的劳动力并不就是他的自然的脑力和体力的总和。在某些方面经过社会的训练之后，才能满足社会劳动的需要。而没有经过社会训练的方面，力就可能比较小，甚至没有。比如，某个人出身渔民世家，从小就受到捕鱼劳动的浸染，在捕鱼的技能技巧方面受到了很好的熏陶或训练，他如果从事捕鱼活动，他的劳动力就可能很大；而如果从事狩猎活动，他的劳动力就可能很小。另外的一个人可能正好相反。还有，不同社会对个体的脑力和体力的需求也是不一样的。原始社会更多是对体力和经验的需求；在以手工为主的社会更多是对经验和技能技巧的看重；现代社会则主要需要对机器设备的操作或控制能力以及与团队的协作沟通能力；如此等等。劳动者个体如能很好地满足这种社会劳动的需求，他的劳动力就能更合理地耗费于社会的劳动过程之中，他的劳动力就表现得很大；如果不能很好地满足这种需求，即使个人具有很大的自然的脑力和体力，他的劳动力也不大甚至没有。可见，劳动力已经是经过了某种程度的社会化并能满足社会劳动需求的脑力和体力。但这种经过一定程度社会化的力仍然是自然力。经过了一定程度的社会化的劳动力有目的地耗费于劳动过程之中，就逐步物化、实体化为社会生产力。

个人的劳动力物化为实体性的社会生产力的基本成果是生产者，生产资料和生产对象。或者说，生产者，生产资料，生产对象是在社会历史的进程中自然生成的生产力的最基本的物质载体或物质媒介。也可以说，作为社会存在的物质生产力就主要存在于生产者、生产资料、生产对象之中。我们知道，存在者往往有其存在状态或存在方式，比如，运动是普通物的存在方式，社会实践是人的存在方式，等等。作为社会存在的生产力也有其存在方式或状态。生产力大体以生产者，生产资料，生产对象存在于社会的生产活动之中，存在于社会生产的历史发展长河之中。离开了社会生产活动，自然没有生产者、生产资料、生产对象，也就没有社会生产力；如果没有生产者、生产资料、生产对象，也就没有生产活动，同样没有生产力。可见，我们要对作为社会存在的生产力有正确认识，就要正确处理它的社会意义和物质载体的关系。一方面明确肯定，生产者，生产资料，生产对象作为物来看，它们不是生产力；另一方面又要承认，它们是生产力的物质载体，生产力的物质表达，生产力的物质存在。人和物在生产活动中成了生产者、生产资料或者生产对象，因而就成了社会生产力。现在通行的教科书说生产者生产资料生产对象是生产力也只有在这个意义上才是正确的。下面分别讨论这三种物质载体。

2. 生产者

前文说的劳动力主要是生产者的脑力和体力。因而可以说，生产者是劳动力的主体。可见，生产者是劳动力的物质载体。没有生产者，劳动力就不存在，更不能在劳动过程中有目的地持续耗费。但生产者也不是先天的存在，不是永恒不变的实体。生产者所以是生产者，就因为他拥有生产力并能把生产力有目的地耗费于劳动过程之中。生产者是由劳动力塑造的，生产活动塑造的。生产者本身就是劳动力社会化或物化的一个成果。从这个意义上说，生产者只是劳动力的守卫者或凝聚者。这就是生产者和劳动力的相互规定性。一方面，生产者是劳动力的主体；另一方面，劳动力又是生产者的“灵魂”。

但这样的说法不是循环吗？即使是循环，也是历史的循环，而不是逻辑的循环。逻辑的循环是坏的循环，历史的循环则是社会现象以至社会本身发展的正常轨道。比如，实践、认识、再实践、再认识，循环往复，不断进步，就是这类循环发展的合理模式。人作为自然生命就有一定的脑力和体力，他将脑力和体力投入到生产活动中，他就成了生产者，他在生产活动中耗费的脑力和体力就是劳动力。这是一个社会的过程，历史的过程，而不是逻辑的过程。而这个社会历史过程又有自然的前提。因而是合理的。生产者和劳动力的关系只有在这个以自然为前提的社会历史活动中才能得到合理理解。一些学者认为，劳动者是劳动力的主体，这个说法只在抽象的意义上才成立；若从历史发展的角度看，劳动者实由劳动力决定。任何人要成为劳动者，他就必须把自己的机体力塑造成社会需要的劳动力，并把劳动力持续耗费于社会生产活动之中。具有什么样的劳动力，从事什么样的社会生产活动，他就是什么样的生产者。这里再一次显示，像生产者这类社会存在，不是由意识规定的，即不是人以为是什么，它就是什么，或者把什么当成什么，它就是什么。不是！社会存在是由以自然为前提的社会物质活动的历史过程塑造的。

承认生产者和劳动力相互规定是为了更准确地理解生产力。有学者明确指出："虽然人是劳动力的承担者，但是属于生产力的是劳动力，而不是人。"① 这个讲法，如果从积极的意义上来理解，它的主要意思就是要更准确解释生产力。因为从最直接的意义上看，属于生产力的肯定是劳动力，而不是人。因为前文已陈述过事实：人完全可以把自己的脑力和体力不耗费在生产之中。凡自然流失掉的脑力和体力，或者不耗费在生产活动之中的脑力和体力就完全不是生产力。所以，上文就一直在说"力"，而不是人，并且明确肯定生产力是劳动力的社会化而不是人的社会化。但本文并没有完全按照威廉姆·肖的思路来讲，而仍然采用了生产力的物质载体生产者这个概念。理由有三。第一，威廉姆·肖所说的劳动力是生产力的准确含义是什么，并不容易得到清晰的理解。第二，劳动者个人的劳动力并不能无依无靠地在真空中自由飘荡，它需要寄居在活的有机体内，需要劳动者来养育它。这是常识。因协作而产生的集体力和因分工而产生的扩大力等等同样离不开社会的个体生产者。没有凭借、没有寄居处的光溜

---

① ［美］威廉姆·肖：《马克思的历史理论》，重庆出版社 1989 年版，第 12 页。

溜的力，尽管可以对之作形而上学式的玄想，但事实上理论上都难以获得认同。在资本主义生产中，资本的确希望劳动力是光溜溜的存在，希望在市场上购买的是纯粹的劳动力，在工场中使用或消费的也是光溜溜的劳动力。但这是贪婪的妄想。《资本论》对资本的这种贪婪本性和非人化的做法进行了尖锐批判。第三，本文这里说的是生产力的物质外壳，而不是生产力本身。生产力和生产力的物质凭借是不同的概念。所以，本书一方面讲，生产力是劳动力的社会化；另一方面又承认劳动力的最自然、最合适的物质外壳就是处于一定社会关系中的生产者。讨论作为社会存在的生产力而不论述生产者是不行的。但我们也要指出，本书讲的生产者是作为劳动力的物质凭借，因而也是作为生产力的物质凭借来讲的，而不是作为生产力本身来讲的。

作为生产力的物质载体的生产者毫无疑问需要个体的，离不开个体的。即使社会的生产事实上不是个人孤立地进行的。而且随着社会的发展，生产的社会化程度越来越高，生产力作为社会物质存在在社会的历史长河中发展，因而“生产力表现为一种完全不依赖于各个人并与他们分离的东西……生产力好像具有一种物的形式”。① 比如，在资本主义生产中，生产者“个人的劳动力不卖给资本，就得不到利用。它只有在一种联系中才发挥作用，这种联系只有在它出卖以后，在资本家的工场中才存在。”② 也就是说，生产者个人的劳动力只有和生产资料结合，和其他生产者联合，才能进行生产，他才是真正的生产者，他的劳动力才能成为现实社会的生产力。但是，生产者联合为整体终究是个体的联合，是离不开个体的。生产资料更是要由生产者操作或推动。由生产者操作，就是耗费生产者的脑力和体力。马克思指出：“对生产工具一定总和的占有，也就是个人本身的才能的一定总和的发挥。”③ 对现有工具的使用或操控是如此。新的生产资料的再生产，新的工具的制造或使用同样离不开生产者个体的生产活动，离不开生产者个体的才能的一定总和的发挥。马克思指出，“沃康松、阿克莱、瓦特等人的发明之所以能够实现，只是因为这些发明家找到了相当数量的、在工场手工业时期就已准备好了的熟练的机械

① 《马克思恩格斯选集》第 1 卷，人民出版社 1995 年版，第 128 页。
② ［德］马克思：《资本论》第 1 卷，人民出版社 2004 年版，第 417 页。
③ 《马克思恩格斯选集》第 1 卷，人民出版社 1995 年版，第 129 页。

工人。”① 生产者个体的才能的一定总和，或者现代生产中的熟练工人的各种技能都是在利用个体的脑力和体力从事生产的过程中逐步生产或培养起来的。在生产的过程中因为生产出了适应社会需求的劳动力而成为生产者，生产者将自己的脑力和体力有目的地持续耗费于生产活动之中，使脑力和体力不断物化，社会化，因而成为社会化的物质生产力。

生产在将个体塑造成生产者的同时，也塑造了生产者集团，生产者阶级。生产者集团，生产者阶级虽然是由生产者个体组成，但生产者集团作为整体，它所载负的生产力却远远超出了个体力的简单加和。生产者阶级尤其是革命的生产者阶级一旦形成，它就凝结了最大的社会生产力，它就是社会最大的生产力。马克思指出，“在一切生产工具中，最强大的一种生产力是革命阶级本身。”② 因为第一，革命阶级是革命力量的凝聚者。它既具有自觉的革命意识——意识到本阶级是先进生产力的代表者，意识到本阶级有把阻碍生产力的进一步快速发展的社会条件扫除掉的历史使命，更有把革命意识变成社会实践的自觉行动，即实实在在变革社会，推动社会生产力的不断发展。所以，马克思就肯定了“集中的、有组织的社会暴力”在“促进从封建生产方式向资本主义生产方式的转化”中的作用，并称“暴力是每一个孕育着新社会的旧社会的助产婆。暴力本身就是一种经济力”。③ 马克思这里说的“经济力”未必与生产力概念完全一样，但肯定有和生产力相通的意思。按照马克思这里的论说，有组织的社会暴力在一定社会历史阶段就是促进生产力发展的力量。第二，革命阶级作为生产力的最强大的物质载体，它既承继了以往生产者的经验、技能、知识、方法等活的力量，又掌握了以往的生产资料生产对象中的死的力量，从而使死的力量成为活的力量。马克思说：“工人阶级的再生产，同时也包括技能的世代传授和积累。”④ 这主要是就活的力量的承继而说的。“对生产工具一定总和的占有，也就是个人本身的才能的一定总和的发挥”⑤，这主要是就对死的力量的掌握而说的。既继承了以往历史的全部死的生产力，又继承了以往历史的全部活的生产力，而且有力量把阻碍

① ［德］马克思：《资本论》第1卷，人民出版社2004年版，第439页。

② 《马克思恩格斯选集》第1卷，人民出版社1995年版，第194页。

③ ［德］马克思：《资本论》第1卷，人民出版社2004年版，第861页。

④ 同上书，第662页。

⑤ 《马克思恩格斯选集》第1卷，人民出版社1995年版，第129页。

生产力快速发展的社会条件革除掉。这样的革命阶级自然就成了最大的生产力。

但有人根据马克思主义经典著作中的这类论述，得出阶级革命也是生产力的结论。本书认为，这是非常不合适的。因为革命阶级和阶级革命明显是两个不同的概念。革命阶级是一定的人群，比如工人阶级肯定是生产者集团，因而是生产力的物质载体。马克思、恩格斯把革命阶级作为“生产工具”来看待，就是强调革命阶级的物质载体作用。阶级革命尽管有助于生产力的发展，但它本身不是生产力。生产力“不是恰好被规定为那些为生产所必需的东西（因为许多东西，像法律或士兵，也可以成为保证生产顺利持续进行的必需因素），而是被规定为那些成为实际劳动过程基本要素的东西，被规定为在这种过程中被使用的那些因素。”① 为生产所必需的东西，或者有助于生产力的因素是非常多的。凡是人的生存生活或者劳动所需的自然因素以及社会条件等等都对生产力的发展有这种那种或大或小的帮助，除了威廉姆·肖列举的法律、士兵之外，阳光，空气，水，情感，性爱，秩序，竞争，野心，价值观念，美的艺术以及学校，医院，政党，国家等等可以说都是生产力的发展所需要的，都对生产力的发展有这样那样或大或小的贡献。如果生产所必需的东西都是生产力，生产力就可能变得没有边界了。生产所必需的条件不都是生产力，阶级革命同样不是生产力。革命既不是改变自然的物质力量本身，也不是凝聚物质力量的物质媒介或载体。

生产者集团或阶级所凝聚的力量很明显包括了在生产中可能产生的集体力或者合力。马克思说，“不仅是通过协作提高了个人生产力，而且是创造了一种生产力，这种生产力本身必然是集体力”。② 这样的集体力与个体的劳动力相比，可能更不容易把握。一是组成集体力的个体力在有些时候并不容易确定，即到底是哪些人，一共多少人对集体力作出了贡献，有时难于界定；二是增大一个集团的集体力的方式方法条件因素等等，非常非常多，因而可能更加难于界定。但无论如何，集体力是存在的。一个简单的事实：比如一吨重物，一个人徒手一定举不起来。通过多个人协作，就可以完成任务。这就是协作力或者集体力的表现。再比如，像制造

① ［美］威廉姆·肖：《马克思的历史理论》，重庆出版社 1989 年版，第 13 页。
② ［德］马克思：《资本论》第 1 卷，人民出版社 2004 年版，第 378 页。

大型金字塔或者航空母舰这类复杂的活动，一个人终其一生也完成不了。众多的人如果组织起来，就可能在一定时间内完成它。这也是集体力的体现。众多人组织在一起产生的集体力不仅是各个体力的简单相加，而且能产生新的力量。多人在一起，由于“竞争心和特有的精神振奋”[①] 就可能产生大于个体的劳动力的新力。俗语男女搭配干活不累就简洁而通俗地表明了这一点。多人协作，还可以导致生产资料的节约，这也在某种意义上产生了新的集体力。

可以肯定的是，影响集体力的大小的因素非常多。前文说的影响个人的劳动力的发挥的因素也都可以影响集体力的大小。除之而外，就是组织管理的问题，即如何让众多的个体力组合产生出最大的集体力。如何让一个组织或集团生产出最大的集体力，这是实际组织或操作的问题，经验的问题。这样的问题不是这里需要详细讨论的问题。这里只是强调：有集体力的存在。

还有一种力，也是需要肯定的，这就是由社会分工产生的既大于个体的劳动力，而且也不同于集体力的生产力，《资本论》称之为“新力”。社会分工自然是社会历史发展的结果，无论是一般意义的农业工业的分工，特殊意义上的种和亚种的分工，还是企业内部的个别分工,[②] 都是社会历史发展的成果，都是社会的物质实践活动的结果。无论是何种意义上的分工，在正常情况下，都能极大突破劳动者个人的脑力和体力的极限，也能突破原有的集体力的水平，从而产生新的更大的社会生产力。由分工产生的社会新力和由协作产生的集体力都是个体的自然力社会化的结果和表现，是生产力作为社会的物质力量的体现。这类力尽管不能简单还原为个体力，但它是离不开生产者的个体力的。在某种意义上，它也是个体的脑力和体力社会化的成果。

通过对生产者的分析，我们明白：劳动力是自然的，生产力是社会的。劳动力主要是个人的力量，生产力则是社会所拥有的力量。个人的力量是转化为社会的力量的自然基础，但个人的力量不直接是生产力。就目前的实际情况而言，生产力的主体也只是社会，还没有达到超出一定社会的范围而升到类的境界。生产力尽管是劳动力的社会化，但它作为社会的

---

① ［德］马克思：《资本论》第1卷，人民出版社2004年版，第379页。

② 同上书，第406—407页。

力量与自然的个体力是很不一样的。社会生产力需要物质载体。除了生产者之外，还有生产资料和生产对象。

3. 生产资料

如果生产者是活的生产资料，那么以物质生产工具为核心的生产资料就是死的生产资料。生产者是劳动力的社会化的成果，生产资料同样是劳动力的社会化的成果。因为生产资料尤其是工具，直接就是劳动的成果，是直接生产出来的。我们知道，马克思所说的生产资料大致有狭义和广义的区别。狭义生产资料主要是物质工具系统。马克思说："劳动资料是劳动者置于自己和劳动对象之间、用来把自己的活劳动传导到劳动对象上去的物或物的综合体"，[①] 这个劳动资料主要指物质工具系统，因而就是狭义的劳动资料。广义的劳动资料指"劳动过程的进行所需要的一切物质条件"，因此，广义的劳动资料除了物质工具系统之外，还包括原料、辅助材料以及其他使劳动得以进行的物质设施或物质条件。马克思明确肯定，土地也"是这类一般的劳动资料"。[②] 若从历史的角度看，劳动资料毫无疑问是不断变化发展的。最简单的劳动资料可能就是人的肢体。随着劳动的不断发展，劳动的成果逐步在劳动者之外堆积起来，并被不断运用于劳动之中。而劳动都是在一定社会条件或者社会关系之中进行的。在一定社会关系中运用于劳动的劳动资料就逐步演变为代表一定生产关系的生产资料。可见，从纯理论的意义上看，劳动资料具有自然物质性，生产资料具有社会历史性。但从事实上看，人的劳动都是在一定社会关系之中进行的。劳动资料往往就是生产资料。广义的生产资料一方面是劳动的成果，是劳动的物化，也可以说是劳动力的社会化。根据这些物，人们可以直接断定社会是如何生产这些物的，也就可以断定社会的生产力的发展水平，就像根据马的牙齿可以断定马的年龄一样。另一方面，人们可以利用广义的生产资料进行再生产，这就可以极大延长人的肢体和大脑，增大人的自然劳动力，从而极大提高社会的生产力。

不断把生产出来的物质产品作为生产资料投入到新的社会生产活动之中，在新的生产中使旧的生产资料尤其是工具不断得到改良或革新，不断制造出新的生产资料来，并使生产资料在更新的生产中发挥最大的作用。

---

① ［德］马克思：《资本论》第1卷，人民出版社2004年版，第209页。

② 同上书，第211页。

人在通过生产劳动满足自己的日常的有限需要的同时，不断使满足需要的手段或工具留存在社会之中并通过社会不断传承和发展，使寄居于生物有机体内的自然力不断转化为存留于生产资料之中的社会力，使人的力成为物的力，使自然的存在成为社会的存在。在使人周围的自然不断社会化，不断成为社会存在的同时，也使人自身的自然不断社会化，不断转化为社会的物质财富，转化为社会的劳动资料，转化为社会的物质生产力。这是生产力不断在社会中累积、传承并加速发展的最基本方式。这也是社会的物质财富累积、传承并加速增长的最基本方式。没有这个方式，自然的肌体的力量很难转化为社会的物质生产力。没有这个方式，社会生产力的发展决不会如此之快，社会的物质财富也决不会达到今天的丰盈程度。许多人已经注意到自然科学在社会历史中加速发展这个事实。本书认为，自然科学所以能加速发展，主要也是因为自然科学采取了与社会的物质资料的发展方式类似的发展模式。自然科学的发展大体也是把已经取得的科学理论、科学知识拿来用，用于新的科学研究或者技术创新，用于理论难题或者实际问题的解决。在运用的过程中证明理论的真性，在运用的过程中完善旧的理论，在运用的过程中发现新问题，解决新问题，发展新的理论，在运用的过程中改革旧的方式方法，创造新的手段或程序。再用发展出来的新理论、新方法、新工艺、新手段，解决更多的新问题，发展出更多更新的理论，更多的新方法。科学技术就是在社会历史的循环中不断加速发展的。尽管我们不能像实用主义哲学理论那样认为科学只是用，能用的理论就是真的，好的，不能用的就是不好的，不真的。但本书认为，科学的确主要是通过把已经获取的理论运用于新问题的解决来发展自己的。社会的物质财富以至整个社会大体也采取了这种发展方式。随着社会生产的不断发展，社会的物质生产力就不断凝结在生产资料之中了。如果我们在思维中把劳动的三要素完全分割开来，并从量的方面对三者进行比较，就会发现：生产者所凝聚的生产力远不如生产资料所凝结的生产力大。而且随着生产的不断发展，生产资料所凝结的生产力还会进一步加大。这就是前文提到的马克思的“生产力表现为一种完全不依赖于各个人并与他们分离的东西”“生产力好像具有一种物的形式”的基本意思。也是马克思强调各种经济时代或者社会的区别，不在于生产什么，而在于怎样生产，用什么劳动资料生产的基本意思。讲生产力如果看不到生产资料所蕴藏的巨大力量，那讲出来的生产力就只能是劳动者自然肌体里的脑力和体力，就只能是自然力，而不是社会的改造自然的物质力量，就不是社会存在。但我们也必须清楚地意识到：生产资料只是生产力的物质凭借，就像金银等贵金属只是货币的物质凭借一样。生产资料是在生产过程中生产出来的，是人的劳动力的物化。而且生产资料必须始终处于生产活动之中，被生产者直接占有或利用，成为人的实实在在的改造自然的物质手段，它才是社会生产力。否则，生产资料只是僵死的物，和自然物没有任何不同，尽管它是人生产出来的。所以，直接“把生产资料——生产的物质条件——看作是生产力，这是错误的”。①

4. 生产对象

生产对象也可以说是由劳动对象演化而来。劳动对象是劳动这种活动所指向的客体，是劳动加工、改造的对象，或者是通过劳动所获取的实在物。劳动对象的最初形态恐怕就是直接取自自然的生活资料，如饮用水，从水中捕获的鱼，从森林中砍伐的树木等等。马克思把“那些通过只是同土地脱离直接联系的东西”都称为“天然存在的劳动对象。”② 天然的物质实在一旦成为劳动的对象，就成为社会存在了，即使“只是同土地脱离直接联系的东西”，也是社会存在，也是劳动的成果，也是劳动力的对象化，物化，社会化。随着社会的不断发展，人的劳动对象也不断扩大。在一定社会关系中的劳动对象就是生产对象。

一般而言，生产对象既没有生产资料所凝聚的生产力那么大，也不像生产者那样，是生产的主体。所以，从总体上看，生产对象标示生产力、表现生产力的程度要弱一些；推动生产力进一步发展的力度也小一些。一个基本的原因或许是：许许多多的生产对象直接满足了人的有限目的，即被人在日常生活中直接消费掉了。与此不同的是，以工具为主的生产资料却被创造性地保存在生产和再生产的过程之中，保存在社会历史的客观发展进程之中。生产工具在生产中不断使用，甚至用工具生产出更多更新的工具。所以，以工具为核心的生产资料比生产对象更能准确标示生产力的客观水平，也更能推动生产力进一步向前发展。所以，马克思也更看重劳动资料或生产资料作为生产力的指示器测量器的作用。但我们也要明确，马克思的论述只是在相对的意义上说的，就是说劳动资料比劳动对象更具

---

① ［美］威廉姆·肖：《马克思的历史理论》，重庆出版社 1989 年版，第 8 页。

② ［德］马克思：《资本论》第 1 卷，人民出版社 2004 年版，第 209 页。

有标志社会生产力的大小或经济发展程度的意义，更具有标志社会历史发展水平的意义。马克思没有也不可能完全否认劳动对象的标志意义。一是在某些条件下，生产资料和生产对象并不能完全区分开；一是生产对象在很大程度上由生产资料决定，因而，生产对象也可以在一定程度上反映生产资料的水平，因而也能反映生产力的水平。如果人的生产对象始终就是直接饮用的水，从水中捕获的鱼、从森林中砍伐的树木等少数几种天然存在物，这样的劳动处于怎样的发展水平就是不言自明的；这样的社会生产力的水平也是非常容易判定的；这样的社会是怎样的社会也不难理解。所以，生产对象和生产资料一样，都是社会生产力的物质基质。

生产者、生产资料和生产对象这三者，它们作为生产力的物质凭借来看，并没有实质性差异。如果一定要说三者有什么不同的话，那就是它们所蕴藏的生产力有量的大小之分。前文已指出了，生产资料所凝结的力最多最大，而生产对象又与生产资料有交叉，生产对象的力也不小。所以，劳动者所蕴藏的生产力就可能是最小的。而且劳动者所蕴藏的生产力还有进一步下降的趋势。这是人的劳动力不断物化或对象化的结果，是生产活动过程不断物化对象化的结果，是自然力不断社会化的结果。所以，从一般意义上说，物的力的增大，就是人的力的增大的证据。但在私有制社会中，物化的力就可能成为统治人的力。这种颠倒其实是生产关系造成的。生产者生产资料生产对象仅仅作为物来看，仅仅作为生产力的物质载体来看，并没有本质的不同，只有蕴藏的力的大小之分。

但如果从生产过程看，从在劳动中所起的作用看，生产者生产资料生产对象就彼此不一样了。劳动者的劳动，作为生产过程中的活的劳动，作为人的因素，明显不同于物的存在，不同于生产中的死的因素。人的因素在生产中所起的作用是最大的。因为十分明显，如果没有劳动者的劳动，没有劳动者的劳动力的持续的有目的耗费，生产资料和生产对象就都是死的，都只是纯粹的自然物，根本不是生产的资料或对象，也就不是社会生产力的物质表示。这就好比物化的意识，它们如果不重新进入人的大脑并被理解为意识，它们就根本不是意识，而只是纯粹的物。生产资料生产对象只有被生产者直接占有，即投入生产之中，才真正成为生产的资料或对象，才成为凝结生产力的物质凭借，才可能计量其所蕴藏的生产力的量的大小。从这里可以看出，生产者的劳动在整个生产力中所起的作用是非常特殊的。《资本论》从政治经济学的角度出发，认为劳动是价值的源泉，并在此基础上将不变资本和可变资本区分开来，就是利用了劳动过程中人的因素与物的因素的不同这个常识。利用这个常识准确揭示了剩余价值的真正来源，揭示了资本吮吸雇佣工人的活劳动的剥削秘密。这里借机再强调一次：是人的劳动这种社会物质实践活动使某些物成为生产资料或者生产对象，是人的物质生产活动使已经成为纯粹的物的劳动的产品再次成为生产资料或生产对象。这既表明并不存在某些东西固定的必然的就是生产资料或者生产对象，并不存在固定的必然的生产力的物质载体，并不存在所谓先天或先验的社会存在。社会存在是人的活动及其结果。这也表明物和物所表现的社会生产力是不一样的；自然存在和社会存在是不一样的。这里的论说同样显示：社会存在不像唯心主义所理解的那样，是意识规定的结果，即我们把某些东西理解成什么，它就是什么，或者，我们说它是什么，它就是什么。社会存在是社会性的物质实践活动及其结果。这里论说的生产力，前文讨论的商品、货币、资本等等，以及后文要讨论的生产关系等，是而且只是并将永远是物质生产活动的结果。社会一旦停止生产活动，生产者就不是生产者了，生产资料生产对象也不是资料对象了，社会生产力也就不存在了。对生产力及其物质载体的论说再一次显示，马克思主义对社会历史的唯物主义解释是正确合理的，唯心主义的解释是不合理的。

5. 如何看待科学技术

前面说过，马克思是在分析劳动过程时区分的劳动的构成要素，因而就有了生产者，生产对象和生产资料之说。也就是说，有了这三个要素就可以进行具体的生产，实现人影响或改变自然以满足自身的需要的目的。在满足人的需要的过程中，人耗费了劳动力，而人在生产中耗费的劳动力不断物化为社会生产力，不断物化为生产资料和生产对象。在物化为生产资料和生产对象的过程中，劳动者的脑力和体力也不断社会化。所以从劳动的构成要素看，生产者、生产资料、生产对象就是生产力的最基本的物质承担者。但还有没有其他的物质承担者呢？这里说说人们已经说了很多的科学技术。

即使专门以科学技术为研究对象的科学技术哲学，目前也没有一个关于科学技术的令众人满意的定义。本书这里也不能提供一个精确的令学术界普遍接受的科学技术的定义。按一般理解，从本体论的角度说，科学技术包含意识的方面和物质的方面两个内容。科学知识、科学理论还有观念形态的技术等等是意识，科学实验等等是科学技术的物质的方面。很明显，观念形态的科学技术肯定不是生产力，因为生产力是社会存在，而观念，无论什么样的观念都一样，既不是影响自然的物质力量本身，也不是凝聚生产力、表现生产力的物质外壳。所以，观念形态的科学技术不是生产力，这就像水不是火，白不是黑一样，清清楚楚，明明白白。

科学技术的物质方面的内容大体包括两个点。一是科学实验这种物质活动，它与生产基本相同，也表现为劳动者利用劳动工具作用于劳动对象的过程，因而不必多说。第二个点是观念形态的科学技术物化为感性的客观存在。但物化的过程就是生产活动过程。所以，科学技术若以观念形态出现，那么它根本不是生产力；科学技术如果是生产力，就一定以生产者、生产资料或者生产对象的形态存在。因而，在三要素之外不仅不必单独列出科学技术，而且在三者之外再列出科学技术并让科学技术成为独立的物质载体会引起逻辑混乱。因为“任何劳动过程都包括有意识的行动者，他们的意识和他们的技巧、经验和专门技能一起，都是从事于生产使用价值的劳动力的组成部分。科学技术知识不过代表了较高一级的劳动力。科学除非借助于某一行动者，否则就不可能进入生产。”①

有学者可能对上文的论说提出异议。因为现代科学技术的发展引发了许多新情况，比如，技术专利。一方面，技术专利的拥有者可以把技术专利作为商品来出售，从而获得可观的经济效益。另一方面，专利技术的购买者也因为购买了专利技术而获得更大的经济效益。而且在一般情况下，购买者就是把专利技术作为生产资料来购买的，专利在某些时候甚至是比其他生产资料都更重要的生产资料。视作生产资料，就是视作生产力。这还用怀疑吗？

在回答问题之前，请允许我提出问题：专利技术是什么？是物质形态的，还是观念形态的？如果说专利技术是生产力，那它是什么意义上的生产力？是影响生产力本身？还是凝聚或表现生产力的物质外壳？如果购买的专利技术是白纸黑字形式的技术，那它就是观念形态的技术。观念形态的技术与任何其他观念的本体论地位及作用是一样的。观念就是观念。观念根本不是物质，也就根本不是社会的物质生产力。就专利技术的拥有者来说，他把技术专利作为商品来出售，有时是可以获得非常好的经济效益

① ［美］威廉姆·肖：《马克思的历史理论》，重庆出版社1989年版，第16页。

的。但经济效益不是生产力。出售专利技术与比如说出售艺术作品，游戏、娱乐产品类似。如果承认这样的技术专利是生产力，就要承认艺术作品、游戏、娱乐产品等等都是生产力，甚至还要承认黄、赌、毒也是生产力，因为黄、赌、毒同样可能为某些人带来巨大的经济效益。就专利技术的购买者来说，有时购买的用于生产的观念形态的技术的确可以产生很大的作用，甚至可能是决定性的作用。这样的事实在现代社会是有的。所谓很大的作用，或者决定性的作用，其实是针对购买者的生产效率或者经济效益而言的。即如果没有某项技术专利，该企业组织就亏损甚至倒闭；而一旦获得了某项技术，它就可以获得很好的经济利益。企业就可能发展壮大。仅此而已。但本书已经反复强调，经济效益和生产力是不一样的。生产力是社会的物质力量，经济效益则是企业的投入产出之比。而且观念形态的技术要对生产起实实在在的作用，要么是成为生产者的劳动技能、方式、方法，即成为生产者的脑力和体力，要么转化为生产资料或者生产对象。专利技术如果是以实物形态存在的产品，那就是生产资料或生产对象。生产资料或生产对象是生产力的物质外壳。从这个意义上说，它是生产力，是以生产资料或对象形态存在的生产力。可见，专利技术或者只是观念，根本不是生产力，或者，如果是生产力，则以生产者，生产资料或者生产对象的形态存在。不是生产力，自然不能说是生产力；是生产力，也不能在论述了生产力的三要素之后再单独论列科学技术。

本书的作者也注意到《资本论》中的有关论述，例如：大工业把“科学作为一种独立的生产能力与劳动分离开来，并迫使科学为资本服务”。[①]很明显，这里的“科学”是宽泛意义上的概念，是包括技术在内的。马克思在这里不是明确把科学技术作为一种独立的力量，独立的生产力，或者作为一种独立的生产力的要素来论述的吗？

马克思所说的科学技术作为一种独立的生产能力是说科学技术成了生产之外的独立的改变或影响自然的能力吗？不是。有理论常识的人决不会这样说。因为科学技术要成为改造自然的力量，就只能成为生产劳动或者通过生产劳动。马克思的意思是说科学技术成为了与生产者、生产资料和生产对象不同的独立的第四个生产力的物质载体吗？不是。有理论常识或逻辑常识的人也决不会这样说。因为四者并列明显不合逻辑。生产者，生

① ［德］马克思：《资本论》第1卷，人民出版社2004年版，第418页。

产资料，生产对象中都含有科学技术，科学技术也可以成为生产资料生产对象，或者生产者，因为科学技术完全可以成为生产者的脑力和体力的。

如果我们不拘泥于少数的文字，而把《资本论》作为一个整体来看待，把握一个完整的《资本论》的理论体系，就会发现，马克思的大致意思是什么。大家知道，资本主义生产，是通过资本把劳动力和劳动资料结合起来的生产，是生产剩余价值的生产。资本一方面购买工人个人的自然的脑力和体力；另一方面购买有形的物质生产资料；把这两方面的因素投入到生产之中进行资本的生产或再生产。由于科学技术的快速发展，由于机器体系在生产中的广泛运用，许多科学知识，原理或者自然规律以及技能、方式、方法等等已成为社会的共有的东西了，就像地球人共同自由地占有空气一样。资本不需要花一分钱就能占有社会公共的科学技术并充分运用于资本的生产或再生产之中。资本主义生产在生产使用价值的过程中极大地提高了生产效力。很明显，《资本论》这里是在算“经济账”，即更准确计算出资本是如何利用科学技术等手段来剥削雇佣工人的剩余劳动并不断增大资本的，也就是把科学技术拿出来单独核算。这就是马克思所说的“独立”的生产能力的基本意思。

马克思所说的科学技术的独立性的另一层意思是：科学技术物化为机器体系之后，机器体系中的工人已经不需要像《庄子》所描述的解牛的庖丁那种传统意义上的高超的技能、技艺了。工人的劳动技艺同工人分离而独立为机器体系了，甚至成为统治压迫工人的权力了。“生产过程的智力同体力劳动相分离，智力转化为资本支配劳动的权力，是在以机器为基础的大工业中完成的。变得空虚了的单个机器工人的局部技巧，在科学面前，在巨大的自然力面前，在社会的群众性劳动面前，作为微不足道的附属品而消失了；科学、巨大的自然力、社会的群众性劳动都体现在机器体系中，并同机器体系一道构成‘主人’的权力。”①

不独科学技术如此，《资本论》对集体力、新力、自然力或者管理的分析都应当这样来理解。“由协作和分工产生的生产力，不费资本分文。它是社会劳动的自然力。用于生产过程的自然力，如蒸汽、水等等，也不费分文。”② 但资本通过购买劳动力和生产资料并将两者结合在一起进行

---

① ［德］马克思：《资本论》第1卷，人民出版社2004年版，第487页。

② 同上书，第443—444页。

资本的生产或再生产，就可以无偿获得自然力和科学技术力以及集体力扩大力等，进一步扩大资本的实力，从而在更大的规模上，更深的程度上剥削雇佣工人。可见，科学技术不是独立的生产力，自然力，集体力，扩大力等等，也都不是在生产者生产资料生产对象之外的独立的生产力。《资本论》把科学技术力作为独立的力量来核算，和把自然力、集体力、扩大力、新力等等作为独立的力量核算的目的都一样，是为了更准确揭示资本的剥削秘密。科学技术以及巨大的自然力等等在机器体系中，并同机器体系一道构成了资本家的权力，成为剥削雇佣工人的手段，这是资本主义生产或再生产的结果，是资本主义生产关系全面物化的结果。资本把根本不是资本的东西如科学技术，自然力等等都拥入自己的怀抱，恶性膨胀，把不断膨胀的资本不断投入资本主义生产，攫取更多的剩余价值，在客观上极大地促进了社会生产力的加速发展，但也加深了对工人的剥削程度，也就激化了资本主义社会的基本矛盾。可见，《资本论》的论述，从总体看，是非常清楚和确定的。马克思所说的科学技术成为独立的生产能力是针对资本主义生产而言的，是针对资本而言的。绝不是指科学技术成了独立于生产劳动过程的力量，绝不是指科学技术成了与生产者、生产资料和生产对象完全不同的第四个生产力的物质外壳。如果撇开资本这个因素而只考虑劳动过程，只分析劳动过程的构成要素，那就只有生产者、生产资料和生产对象三个要素。科学技术或者作为生产者的脑力和体力，或者作为生产资料，或者作为生产对象在生产中发挥作用。

6. 物质载体和构成要素

讨论生产力的物质载体这个问题当不能回避生产力的构成要素这个问题。尽管从理论上看，物质载体和构成要素是完全不同的。所谓生产力的构成要素，大致意思是：各要素加在一起，就构成了一个社会的生产力的实际状况或水平。我们要考察一个社会的生产力，分析生产力的要素就可以了。而物质外壳或载体是凝固或者表现生产力的物质凭借。载体是静态的，物化的。要素是具体的，活的。从社会存在论的角度看，社会生产力主要是通过相应的物质载体而存在的。但如果从生产活动的角度看，各要素组合在一起，才有具体的生产活动。但事实上载体和要素可能有交叉或重叠。前文所讨论的几种物质载体大体也就是从劳动的角度析出的生产力的构成要素。这里简略说说已经被说得有点混乱了的生产力的构成要素。

就生产力的要素说，二要素说，三要素说都被学者提出来讨论过。有人甚至认为生产力的要素是发展的，因而可以是无限的。比如，有学者认为革命可以促进生产力的发展，因此，革命也是生产力。管理明显可以影响经济效益的，因此，管理也是生产力。作为培养劳动者的学校教育也是生产力。如此等等。对于这样的说法，我们需要有正确认识。前文在威廉姆·肖的有关论述的基础上将生产力的发展所需要的因素和构成实际劳动过程的基本要素区分开，并指出，有助于生产力的因素或条件是非常非常多的。马克思在分析影响生产力的因素时就指出过："劳动生产力是由多种情况决定的，其中包括：工人的平均熟练程度，科学的发展水平和它在工艺上的应用的程度，生产过程的社会结合，生产资料的规模和效能，以及自然条件。"① 我们完全可以认为，马克思这里的枚举明显没有穷尽所有可能的情况。前文提到过的，警察、士兵、艺术作品、学校、医院、阳光、空气、洁净水等等都是从事生产活动不能缺少的因素，都是发展生产力不能缺少的因素。但这些因素与从劳动的角度析出的生产力的构成要素是完全不同的问题。这就像我们可以从一定角度分析学校的构成，指出学校主要就是由学生和老师构成的，大一点的学校还可能有专职的行政管理人员和后勤人员。如果有人对这个分析表示不满，并尖锐指出，学校还要有校园，还要有各种教学设备，师生员工还要吃喝拉撒等等，这些也都是学校的构成因素。而且随着社会的发展，办学所需要的条件、设备等等还会不断增加。对这样的论说，我们可以明确表示：这不是解决问题，而是使问题混乱。师生员工和师生员工的吃喝拉撒以及各种教学设备明显不能混合在一起。从劳动过程的角度看，生产力的要素就是生产者、生产资料、生产对象这三个要素。没有也不可能有其他要素。科学技术、自然条件、管理手段，甚至维护社会正常秩序、养育后备生产者所需要的种种自然的社会的条件等都明显是作用于生产者、生产资料和生产对象的。属于生产者利用生产资料作用于生产对象的活动所需要的条件。任何人都可以从其他角度对生产力进行分析，比如，将生产力分为人的要素和物的要素，或者更形象地称之为活的要素和死的要素。这并无不妥。但无论从什么角度进行分析，都是为了使问题清晰，都是为了解决问题，都要遵守基本的逻辑规则。而不是相反。如果不顾起码的逻辑规则，把完全不同的因素混合在一起，统统称之为生产力的要素，除了导致极大的逻辑混乱之

① ［德］马克思：《资本论》第1卷，人民出版社2004年版，第53页。

外，还会导致生产力的泛化，进一步导致生产关系的泛化。这不仅不利于对生产力和生产关系概念的准确理解，甚至会影响对整个马克思主义理论的准确理解。生产关系不能过于宽泛，生产力也就不能过于宽泛。

从劳动过程的角度析出的生产力的构成要素是生产者生产资料和生产对象，从这个角度析出的生产力的物质载体也就是这三者。

三 作为社会存在的生产力的特点

生产力作为社会存在有和其他社会存在一样的地方，也有和其他社会存在不一样的地方。就相同处说，社会生产力也是社会意义和物质外壳的统一体，社会和自然的统一体，历史和现实的统一体。生产力的社会意义和物质载体前文已经作了说明。下面说说历史性。

社会生产力的历史性至少有两个方面：一是在历史中生成，在历史中累积、传递。前文已指出过，生产者是在生产劳动中生产出来的。生产者所蕴藏的生产力同样是历史生成的。生产者个体所具有的脑力和体力在生产中不断被耗费，不断被物化。耗费的过程就是物化的过程。在耗费或物化的过程中劳动力不断社会化，不断增大。劳动力成为一定社会关系中的生产能力之后，就可以在社会中存留、累积并传承下去。个体的生产经验、技能、技巧、方式、方法等等，不仅可以在个体身上存留或累积，而且可以传递给他人，从而存留于社会之中。比如，许多生产者不仅没有因为年龄的增长、自然力的下降而使生产能力减弱，反而增加了生产能力。这就是自然的劳动力社会化的结果，这就是劳动能力在个体身上累积的体现。个人的生产经验、技能、技艺、技巧等等传递给他人之后，技能、技巧等就不会因个体的死亡而消失。个人在接受了他人的生产经验、技能、技巧、方式、方法之后，又在生产的过程中不断生产，不断发扬光大，再在生产中传递给他人……在生产的历史发展过程中，具有生产经验、技能、技巧的人可能越来越多，生产者所具有的生产经验、技能、技巧等越来越丰富，满足社会生产需要的程度越来越高，也就是生产者的生产能力越来越大。补充说明：个体的生产经验、技能、技巧等是在生产活动的过程中积累、传递或继承的，也是在生产活动的过程中通过物质工具而起作用并表现为物质力的。因此，生产者的劳动力尽管其中包含有脑力或者意识力，而且随着社会的发展，脑力或者意识力所起的作用呈增大的趋势。

但从总体看，它始终通过肢体力或者物质工具体现出来，因而就是物质力并且表现为物质力。

生产资料生产对象也是在历史中生成，在历史中累积、传递的。最初的生产资料，可能是生产者在生产的过程中直接从自然中拿来的，而生产对象则是在生活、生产中偶然碰到的自然物。当生产活动把它作为生产对象的时候，它就成了生产对象，当用某些物作用于生产对象的时候，作用于对象的物就成了生产资料。当生产资料也是有意识的生产出来的物的时候，生产的社会化程度就极大提高了。生产就完全进入社会历史之中而成为社会生产力的物质载体了，成了百分百的社会存在了。作为社会生产力的物质载体的生产资料生产对象尤其是生产资料更容易留存于社会中，并在社会历史的长河中传承。因为生产资料就是为生产准备的，因而就在生产之中不断使用，在不断使用中积累和传承，在不断使用中逐步完善或革新，在革新之中积累和传承。因此，生产资料在生产中的作用就大一些，它凝结的生产力也大一些。生产对象一部分直接供人消费掉了；除了供人消费的部分之外，也都或者作为生产资料，或者作为生产对象在生产的历史发展过程之中被不断生产，在不断生产之中积累和传承。在传承的过程中，凝结的生产力越来越大。

而且十分明显，生产资料生产对象作为生产出来的物，或者被生产加工改造过的物，比自然的劳动力更容易在社会之中保存。因为劳动力毕竟更多受人的自然肌体的影响，受个体的自然寿命的影响。

生产力的历史性的第二个意义就是在历史中发展。在历史之中累积和传承就意味着在历史之中发展。生产力已经随人类社会的发展而有了飞速的发展。今天的社会生产力不要说和五百年前相比有了巨大的发展，就是和五十年前相比，也有了非常大的发展。可以肯定，生产力的发展脚步不会停留在某个地方，而是会不断前行，不断发展壮大。生产力的发展主要表现就是生产力的物质载体生产资料生产对象不断增多、蕴藏的力不断增大。生产者在今天以至今后的社会生产中未必像生产资料生产对象那样不断增多，但由于生产者占有的生产资料生产对象的不断增多，它实际蕴藏的生产力肯定也是不断增大的。将不断增多的客观物质材料不断投入生产之中，将不断增大的生产力不断运用于改变自然的生产活动之中，因而，社会生产力从总体上看，就呈现出不断发展的态势。从而带动整个社会不断向前迈进。

生产力在历史中的累积和发展，与它的社会化程度或物化程度的提升是密切相关的，两者甚至是一回事。生产力的累积和发展就可以说是生产力的社会化或物化程度的不断提高，生产力的社会化物化的不断提升，也就是生产力在社会历史中的不断累积和发展。如果生产力始终只是劳动者的脑力和体力，始终只停留在劳动者的肌体内，始终只以自然的状态存在，那就很难有社会的生产力，即使有了社会生产力，它的社会化的程度也是极低的，而自然或者半自然状态的劳动力就只能以自然的方式或者近乎自然的方式发展，很难以社会历史的方式发展。

生产力和其他一些社会存在也存在不同的地方。一个基本的不同点是生产力的社会意义和它的物质外壳都是物质或者物质力。比如，商品，它的物质外壳一般是实体性的物，但它的社会意义是人的劳动创造的价值，而且是由抽象劳动创造的。抽象劳动是思维抽象的结果。价值这个东西看不见摸不到。可以肯定，社会中有许许多多的物质外壳所蕴藏的社会意义是抽象的，难于把握的。这是毋庸置疑的事实。但生产力与商品等等有所不同，它的社会意义和物质载体都是客观的东西，凭人的自然的感觉器官就能直接感知到。因此，作为社会存在的生产力，它的客观实在性是很容易获得认同的。

作为劳动者个人影响自然的力量就是肌体的自然力。无论体力，还是脑力都是自然的。肌体的体力和任何其他的自然力没有任何不同，这一点没有任何疑义。脑力主要是意识力。说脑力也是自然力，可能有些人不大理解。这里简单说几条理由。第一，脑力从大的方面看，仍然可以看成是人这个有机体的力量，肌体的力量。如果没有人这个自然的生物有机体，没有人的大脑，也就没有所谓脑力。脑力的特殊性主要表现为脑力是意识力，是意识的活动。而在物质和意识的关系中，意识不是物质，物质也不是意识。因而，意识力就应当是与自然物质力不同的。但人在生产劳动中所耗费的脑力从总体看，是产生于肌体的力量，是影响或改变自然的物质力。它与比如说人的逻辑推理或计算能力这样纯意识力是不一样的。逻辑推理或者计算能力可以不需要手脚的帮助就可以独立进行，而且这样的力量不影响自然分毫。第二，生产者在生产劳动过程中使用或耗费的脑力与其他动物在它们的自然的活动中所耗费的脑力并没有根本的不同，只不过人的生产劳动的目的性更强一点，人在生产劳动中耗费的脑力可能多一点。动物的脑力是自然的力量，人的脑力也是自然的力量。第三，人在生产劳动中耗费的脑力并不是纯粹的脑力，并不是独立起作用的力量，像前文所说的逻辑推理能力或者计算能力就是纯粹的脑力，并且是独立起作用的脑力。但人在生产劳动中耗费的脑力不是这样纯粹的脑力或独立的脑力。在生产劳动中耗费的脑力是作为物质力量的一部分而起作用的，脑力只有通过人的肢体或者作为肢体的延长物的物质工具才能体现出来，才是真正的改变自然的物质力量，才是真正的生产力。第四，人的脑力和体力一样，即使不进入社会的生产领域被生产所消耗，它也仍然被自然所消耗。人的脑力和体力每天、每时、每刻都在被自然消耗。在一定时间段，个体每天被自然消耗的脑力和体力可以通过物质能量的补充得到回复，可以通过社会的生活资料的消耗而得到回复。但个体最后会被自然完全打败。随着个体的死亡，这可以说是自然“对特定个体的冷酷的胜利”①。个人肌体内的脑力和体力就完全消失了。消失了的个体生命需要新的生命来补充。而养育新的生命，在特定社会阶段，又只能通过社会的生活资料的消耗才能完成。也就是说，在特定社会中，无论是生产者个体的自然力的回复，还是新生命的抚养，都是由社会的生活资料来保障的。生产者个体的脑力与体力一样受自然的影响，甚至受自然的控制，它的生产或再生产也与体力一样受自然规律的规范。这是生产者的脑力和体力的自然性、客观性的铁的证据。人通过社会的生活资料来满足劳动力的拥有者个人的需要以及养育子女的需要，这是用社会的物质手段来应对自然的威力。人类进入社会之后，就主要通过社会物质手段来解决人的自然问题了。这也更进一步表明个体的脑力和体力都是自然力。但如果肌体的自然力长期只在自然的状态下，在自然的作用下自然地流失，而在自然中流失的自然力又只有在社会中才能得到补充。这明显是不平衡。这样的状况是不能持续的。唯一的办法就是让自然力在社会生产中有目的地被使用或耗费。从而保证养育自然的劳动力所耗费的生活资料能够通过劳动力的合目的的耗费而再生产出来。达到消费与生产的基本平衡。这也是在奴隶社会，即使奴隶被作为牲口一样对待，奴隶也仍然要忍受的自然原因；这同样是资本主义社会里的雇佣工人，即使知道自己被资本剥削，也仍然要忍受，也仍然要把自己的劳动力出卖给资本的自然原因。社会历史就是这样，在自然的作用下，在自然的基础上一步一步建构起来的。社会生产力也同样是在自

---

① ［德］马克思：《1844 年经济学哲学手稿》，人民出版社 2000 年版，第 84 页。

然的作用下，在自然的基础上一步一步发展出来的。

总之，生产劳动者在劳动中耗费的脑力和体力是作为一个整体面对自然的，是作为一个整体在和自然的作用中会被消耗，因而也是作为一个整体得到回复或补充的。而作为包括脑力在内的劳动力就是肌体的力量，就是自然的物质力量。

通过协作产生的集体力在一定程度上超越了个体的自然机体力，但它也只是自然力的有效组织或组合的结果，是自然力的凸显、升华或者放大。如果没有个体的自然力，或大或小的集体力就根本不存在。

组合的方式对力的大小的影响是很大的。某种方式的组合可能产生很大的力，另外的组合可能产生的力不是很大。这里不能细说各种不同的组合方式的各种可能的不同结果，只能说两个基本要点。第一，无论什么方式的组合，是最简单的多人共同活动，还是最复杂的分角色、分层次的人与机器设备的交互联动，都是客观的组合，物质实体性的组合，不是观念的组合，大脑之中的组合。第二，不同的组合方式只改变了力的大小，没有改变力的根本性质，也就是说，只对生产的效率，效益有影响，不对生产力的客观物质性产生影响。所以，通过协作产生的集体力只是个体自然力的放大，集体力仍然是自然力，客观力。只是这股自然力涂上了一层组织、协作的社会油彩。

由社会分工产生的新力或扩大力，其社会的油彩可能更浓厚一些。因为各种意义的分工都是社会的历史成果，生产的成果。马克思、恩格斯说：到目前为止的社会分工“不是自愿，而是自然形成的”，而且这种自然形成的力量对人来说是“一种异己的、同他对立的力量，这种力量压迫着人，而不是人驾驭着这种力量”。由“我们本身的产物聚合为一种统治我们、不受我们控制、使我们的愿望不能实现并使我们的打算落空的物质力量，这是迄今为止历史发展的主要因素之一。受分工制约的不同个人活动产生了一种社会力量，即扩大了的生产力”。[①] 马克思、恩格斯肯定了分工虽是社会历史的产品，但却是由人的物质活动自然形成的物质力量。不是人的意愿能控制它的客观力量。这种客观力量在人的意识之外，不是人说它是什么它就是什么，人让它起什么作用它就有什么作用，人需要它有多大，它就有多大。情况正好相反，分工控制着人，社会把个体塑

① 《马克思恩格斯选集》第1卷，人民出版社1995年版，第85页。

造成什么角色，我们就是什么角色，甚至在一定的社会中我们只是这样的角色。一个农人、牧人、猎人、屠夫、泥瓦匠，或者一个思想家，都是社会分工塑造的不同角色。只要人需要通过社会来获得最基本的生活资料，“他就始终应该是这样的人。”① 可见，分工是社会的物质活动的自然结果，是控制着人、使人不得不如此，不得不是什么的刚性的物质力量。由分工产生的远大于个体劳动力的新的生产力或者扩大力就是在个体自然力的基础上经由社会分工这样控制着人的客观的力量而产生的新的客观力量。可见，由社会分工产生的扩大力，也是客观的物质力，这是没有疑义的。马克思十分肯定地说：“由协作和分工产生的生产力，……是社会劳动的自然力。”②

集体力、扩大力是在社会的生产过程中生产出来的。但在资本主义社会，劳动力作为商品是在市场的交换中被资本购买的，资本购买的是劳动者个人的自然力。资本在使用劳动力的过程即生产中却生产出了集体力和扩大力。对于集体力和扩大力，资本没有花一分钱，但却能够完全占有它，正像资本没有花一分钱购买社会公共的科学技术，没有花一分钱购买自然状态的风力、水力等自然力，却能在生产中凭借生产资料利用它们，占有它们，并最终使它们为资本服务并成为资本一样。资本把本来属于劳动力的力剥离出来，变成自身的力量，这是资本对雇佣工人的剥削；资本把本来是自然的东西也变成资本，这是资本对自然的掠夺，也是对他人的生产或生活资源的掠夺。这是资本主义社会的不公平现象。但我们透过《资本论》却可以明确：集体力、扩大力与个体的自然的劳动力一样，都是客观的物质力量。

生产资料和生产对象作为生产中的物的因素，作为生产力的死的物质外壳，基本没有差别，前面已经说了不少了。现在从社会存在论的角度说几点基本的想法。第一，生产资料和生产对象大体都是劳动过程的结果。“在劳动过程中，劳动不断由动的形式转为存在形式，由运动形式转为对象性形式。”③ 变成对象性存在，也就是变成可以感觉的物。作为可以感觉的物，作为生产活动的物化，它与前文所说的实践对象没有任何不同。

① 《马克思恩格斯选集》第1卷，人民出版社1995年版，第85页。

② ［德］马克思：《资本论》第1卷，人民出版社2004年版，第443页。

③ 同上书，第221页。

第二，劳动的结果完全可以不成为生产资料的。某个对象性存在之成为生产资料完全是社会的规定。用某些哲学家习惯的话说，就是我们拿它当生产资料，它就是生产资料；不拿它当生产资料，它就不是生产资料。当我们走进博物馆时，就可以发现，历史上的生产资料，今天都静静地躺在这里了，成了人们静观或者审美的对象。但我们已经反复强调：拿什么当什么，不是简单的纯粹的意识规定。生产资料是生产的结果。它既由生产作为对象生产出来，也由生产作为生产资料使用。正是在社会的生产活动中，生产把某些东西持续不断地作为物质资料使用，它就成了生产资料。当整个社会拥有了更新更先进的生产资料的时候，作为昔日生产力的物质外壳的生产资料就可能走进历史博物馆，向人们述说它的昔日辉煌。可见，某个东西或某些东西是出现于生产过程中，还是出现于博物馆，从根本上说，是社会的生产劳动规定的。第三，作为生产资料和生产对象的物，自然不是一般意义上的物了，它既是蕴藏了、代表了一定社会历史阶段的生产力的物，又是凝聚了一定生产关系的物。比如，在资本主义社会，生产资料往往代表着资本，体现着资本，生产对象甚至也体现着资本，代表着资本。但生产资料生产对象又是生产力的物质外壳，代表着体现着生产力。凭借这些生产资料和生产对象，人们就可以测量资本主义时代的生产力的发展水平。这是生产力直接是生产关系，生产关系直接是生产力，生产力和生产关系具有直接同一性的突出表现。下文还有论说。但无论是生产力，还是生产关系，都是客观实在。也就是说，生产资料生产对象是用生产出来的物质凭借，表征物质性的社会意义。因此，它们“从里到外”，从物质实体到功能价值，从自然功能到社会意义，都是客观实在。

第六章　作为社会存在的生产关系

与动物的本能式的活动不同，社会生产毫无疑问是在一定的社会关系之中进行的。脱离了社会关系的抽象的人类生产活动只有在思维的规定之中才可能出现，在现实社会中根本不存在。哈贝马斯等人把人类的以物质工具为手段的劳动和以符号为媒介的相互作用（社会关系是相互作用的一部分）平行并列，认为二者都是构成人类社会的基本元素。这种观点应当说充分凸显了社会关系对人，对社会生产活动，对社会历史的重要意义。但这并不意味着本书完全接受哈贝马斯等人的观点。在本书看来，哈贝马斯的社会理论至少有两个根本局限。第一，劳动、相互作用并举，这是典型的二元论。因为哈贝马斯把相互作用看成是和劳动对立的东西，并且是与劳动无干的先验的东西。也就是说，在哈贝马斯看来，相互作用是劳动不可缺少的社会条件，但劳动不能决定或影响相互作用。第二，相互作用是非心非物亦心亦物的混沌。只要承认了这类混沌的存在，就是唯心主义理论。所以，哈贝马斯的社会历史理论肯定也没有从唯心主义的泥沼中走出来。与哈贝马斯不同，马克思的社会存在理论是历史的辩证的唯物主义的一元论。马克思主义认为：一方面，社会关系中的最根本的关系——生产关系——是客观的物质性的关系，包括生产关系在内的整个社会关系是物质生产活动得以进行的条件。另一方面，包括生产关系在内的所有社会关系又不是自然的，也不是上帝赐予的，它就是在人的劳动等社会物质实践活动的过程中，在自然的基础上一点一点生产出来的。这里说说生产关系。

一　内涵明确外延略有伸缩的概念

生产关系，顾名思义，就是生产的关系。它既是生产得以进行的社会关系，也是生产活动生产出来的社会关系。

先看《资本论》的一些表述。

生产关系是“人们在他们的社会生活过程中、在他们的社会生活的生产中所处的各种关系”。①

“劳动生产力处于低级发展阶段，与此相应，人们在物质生活生产过程内部的关系，即他们彼此之间以及他们同自然之间的关系是很狭隘的。”②

前一段文字是对生产关系的直接刻画。后一段文字是对某一社会历史阶段的与某种特定的生产力相适应的生产关系的描述。一一般，一具体；一普遍，一特殊；一侧重内涵的揭示，一侧重外延的描述。透过这两段文字，我们既大体清楚了生产关系是什么，又能看到生产关系的两个基本方面，即人与人的关系和人与物的关系。但这并不意味着马克思主义关于生产关系的所有论述都是十分清晰易懂的，比如，“随着生产方式即谋生的方式的改变，人们也就会改变自己的一切社会关系”。“人们按照自己的物质生产率建立相应的社会关系，正是这些人又按照自己的社会关系创造了相应的原理、观念和范畴。”③ “每一个社会中的生产关系都形成一个统一的整体。”④ 等等。这些说法就不是十分明确了。而且，如果要进行深入细致地分析，即使是前文所引的两段比较清晰的论述，也可能有不太清楚的地方：比如，马克思说的“社会生活的生产”和“物质生活生产”的意思一样吗？我们如何确定生产这个概念的外延？也就是说，人类的什么样的活动是社会生活的生产或物质生活生产？什么样的活动不是生产活动？这个问题如果不清楚，那么哪些人的哪些社会关系是生产关系，哪些不是生产关系就不能完全确定。比如，娱乐、传媒、商业、教育等等活动是生产活动吗？支撑这些活动的社会关系是生产关系吗？再从生产、分

① ［德］马克思：《资本论》第3卷，人民出版社2004年版，第994页。

② ［德］马克思：《资本论》第1卷，人民出版社2004年版，第97页。

③ 《马克思恩格斯选集》第1卷，人民出版社1995年版，第142页。

④ 同上。

配、交换、消费的角度看，不少人认为，生产、分配、交换、消费是一体的，缺少了其中任何一个环节，生产或再生产都不能进行或持续进行。因此，人们有理由追问：马克思所理解的生产包括分配、交换和消费吗？分配关系、交换关系、消费关系都属于生产关系吗？如果分配关系、交换关系、消费关系全都不是生产关系，那我们如何解释生产资料所有制？如何解释生产的正常进行所需要的社会支撑？如果生产包括分配、交换和消费，马克思为什么要在生产之外罗列分配、交换与消费，并让四者并列？而且，如果交换关系消费关系属于生产关系，那一个可能的结果就是：一个社会的全体成员就都可能处于某一种统一的生产关系之中，因而都是生产者。如此一来，根据生产关系划分不同的社会集团或阶级就成为问题了。因为至少在典型的商品社会，所有的人都是消费者，都实际地通过市场购买这种那种商品从而与其他相应的人构成消费关系，而且所有发生在市场上的购买关系都是一样的、平等的。尤其需要注意的是，作为支撑生产的社会条件的生产关系肯定是要看生产的眼色的，生产变化了，关系也就会变化。而事实是：生产本身是不断发展的。“随着劳动过程的协作性质本身的发展，生产劳动和它的承担者即生产工人的概念也就必然扩大。为了从事生产劳动，现在不一定要亲自动手，只要成为总体工人的一个器官，完成他所从属的某一种职能就够了。”① 生产主体变化了，范围扩大了，作为“生产者关系”② 的生产关系就扩大了。也就是说，即使从静态的社会结构说，哪些社会关系是生产关系就不清楚，再加上发展这个因素，哪些社会关系是生产关系，哪些社会关系不是生产关系就更加难以把握了。

总的来说，就目前的情况看，生产关系这个概念的内涵清楚，就是生产中的人彼此之间的关系以及人与生产资料生产对象等等物的关系，而外延则有不确定的地方，即到底哪些社会关系是生产关系，哪些关系不是生产关系并不总是确定的。

二　简单或一般的生产关系

不妨从简单明确的地方说起，也就是从对生产的劳动过程的分析

---

① ［德］马克思：《资本论》第1卷，人民出版社2004年版，第582页。

② 同上书，第89页。

说起。

"劳动首先是人和自然之间的过程，是人以自身的活动来中介、调整和控制人和自然之间的物质变换的过程。"① 从这个最一般的意义上看，任何劳动都涉及劳动者和劳动资料的结合问题，也就是劳动中的人的因素和物的因素及其组合方式问题。马克思说："无论生产的社会形式如何，劳动者和生产资料始终是生产的因素。但是，二者在彼此分离的情况下只在可能性上是生产因素。凡要进行生产，它们就必须结合起来。实行这种结合的特殊方式和方法，使社会结构区分为各个不同的经济时期。"② 马克思这里的意思非常清楚，生产中的人的因素、物的因素的结合方式、方法等等大体就是生产关系。不同的组合方式就是不同的生产关系。根据不同的生产关系就可以大体将不同的社会区分开来。

从纯逻辑的角度说，人的因素、物的因素的组合包括三个方面：人彼此之间的关系，物相互之间的关系，人与物之间的关系。从劳动的实际过程看，生产活动中肯定有物相互之间的关系，比如物质工具彼此之间的协同，物质工具和生产对象的关系，等等。没有这些关系，现实的生产活动是不能展开的。但十分明显，物相互之间的关系，无论是纯自然物之间的关系，人造物之间的关系，还是自然物与人造物之间的关系；无论是物质工具彼此之间的关系，生产对象彼此之间的关系，还是物质工具与生产对象的关系，在一般情况下，它们都一样，都是纯粹的物的关系，而纯粹的物的关系就是自然的关系，因而不是生产关系。物之间的关系只有和人发生关系，成为人的关系，才是社会关系。因此，生产关系就是生产活动中的人彼此之间的关系以及人与物的关系。人与物的关系大体就是人对物的使用或者利用关系以及人对物的所有关系；人彼此之间的关系就是劳动者彼此之间的协同协作关系。而且人与物的关系和人彼此之间的关系是融为一体的。人对物的所有关系影响人对物的使用关系以及人与人之间的劳动协同关系；而人与人的劳动协作关系又影响人对物的所有关系或人对物的使用关系。

以上的分析是纯逻辑、纯理论的分析。具体到社会历史中的生产活动自然是彼此不同的。最初的人类劳动是简单而原始的劳动。原始劳动基本

① ［德］马克思：《资本论》第1卷，人民出版社2004年版，第207—208页。
② ［德］马克思：《资本论》第2卷，人民出版社2004年版，第44页。

上是集体共同劳动。在以血缘为纽带的社会中，生产者大体就是这个社会中的所有有劳动能力的人，而且他们彼此之间基本是平等的生产者。因为分工协作简单，劳动者彼此在劳动生产中的地位，所起的作用基本一样。可能就是马克思、恩格斯所说的“许多个人的共同活动”。这种共同的活动差不多是整个社会的基本活动。在活动中结成的关系差不多是全部的社会关系。“这种共同活动方式本身就是‘生产力’。”①

马克思、恩格斯所说的“许多个人的共同活动”，大体包括以下几个意思。第一，生产者彼此之间可能只有最简单的协作关系。比如，一个人徒手搬不动一块一吨重的石头，多人协作，就可以达到目的。又比如，利用原始工具，一个人捕猎，成功的概率不仅非常低，而且捕猎者还可能成为动物的口中食。如果许多人一起协作，成功的概率就高一些。生产者在生产活动中的这类简单的协作关系就是生产之中的人与人的关系，就是生产关系。第二，生产者彼此之间的关系是平等的关系。这个平等或无差别，主要指在生产活动中所处的地位、所起的作用，对劳动结果的占有等方面而言。因为是简单的协作关系，一起共同活动的关系，也就没有统治与被统治的关系。或许劳动者彼此之间在身份地位方面事实上存在微小差异，比如年龄性别等，但社会没有通过制度承认这个差别。因为是简单的协作关系，一起共同活动的关系，也就没有谁在劳动中的贡献大谁在劳动中的贡献小的差别。或许在实际的生产活动中，一些劳动者有效耗费的脑力和体力多一点，对劳动成果的贡献大一点，另一些劳动者有效耗费的脑力和体力少一点，对劳动成果的贡献小一点，但社会没有通过制度承认这个差别。社会承认的是劳动者在劳动中的无差别的劳动。《资本论》在讨论“农村家长制生产”时也指出：“用时间来计量的个人劳动力的耗费，在这里本来就表现为劳动本身的社会规定，因为个人劳动力本来就只是作为家庭共同劳动力的器官而发挥作用的。”② 还因为是简单的协作关系，一起共同活动的关系，在劳动中耗费的劳动量也没有差异，劳动成果的总量也极端小，除了满足全体社会成员的生存需要之外，没有剩余。因此，劳动成果就在劳动者之间平均处置了。第三，劳动者与非劳动者之间的界限也几乎没有。因为以血缘为纽带的氏族社会，总人口往往不多，加上社

---

① 《马克思恩格斯选集》第 1 卷，人民出版社 1995 年版，第 80 页。

② ［德］马克思：《资本论》第 1 卷，人民出版社 2004 年版，第 96 页。

会的劳动是简单而原始的劳动，这就要求社会的全体成员差不多都要直接参加劳动才可能保证劳动的顺利进行，才可能保证社会的全体成员都能获得最起码的生存资料，才可能保证种族的生存繁衍。

对“许多个人的共同活动”的简单分析，我们大体可以看出生产关系的基本方面。第一，由于社会的全体成员差不多都要直接参与劳动，几乎不存在生产者与非生产者的界限，因而劳动者在劳动中结成的彼此之间的关系差不多就是全部的社会关系。马克思在论及最初的人类社会以及它的生产关系时，有时就在生产关系和社会关系之间画了等号。第二，对劳动成果的平均处置，既是一个劳动过程的自然环节，也是新一轮劳动过程的起点。因为劳动本身就是人实现自己目的的手段，正常的一般的劳动就是有劳动结果的。不包含劳动成果的劳动就不是现实的劳动。新一轮的劳动即再生产也肯定是在前一轮劳动的基础上进行的。在以往劳动的基础上进行劳动，本文认为它包括肯定和否定两方面的意义。从否定的意义上说，如果一个社会不缺乏食物，它在一定时间内就可能不会进行食物的生产；不缺乏饮用水，就不会从事饮用水的生产。尽管马克思早就正确指出：“动物只是在直接需要的支配下生产，而人甚至不受肉体需要的影响也进行生产，并且只有不受这种需要的影响才进行真正的生产。”① 马克思这里是针对充分社会化之后的人说的。在人尚未完全从动物界走出来之时，恐怕就是直接受肉体需要而进行生产的。在食物消耗完之前就可能不会从事食物的生产。从肯定的意义上说，生产要利用以前的生产所留下的工具或经验等。所以，新的劳动一定是在原有劳动的基础上进行的。原始而简单的劳动对劳动成果在劳动者之间的平均处置，既是平等的无差别的劳动的一个结果，也是新一轮的平等劳动的起点或前提。平均处置劳动成果就包含了后来社会生产中的分配的萌芽。也就是说，分配是内在于生产的。它既是旧劳动的自然结果，也是新劳动的自然起点。但交换和消费就有所不同了。劳动完全可以没有交换的，无论是生产，还是再生产，无论是简单再生产，还是扩大再生产，没有交换完全可以。交换只是商品生产这种特殊的社会生产方式才需要。一般的生产可以没有交换。一般的生产也可以没有消费。尽管从长期发展的角度说，没有消费，生产难以持续。但从一个完整的自然劳动过程看，劳动并不必然包括消费。因此，没有消

① ［德］马克思：《1844年经济学哲学手稿》，人民出版社2000年版，第58页。

费的劳动不仅可以想象，而且事实上可以存在。从这里的分析可以看到，分配关系，无论从哪个角度看，它都是生产关系。但交换关系、消费关系则是外在于生产关系的。第三，人与物的关系是直接而平等的。所谓平等，就是社会的全体劳动者对劳动资料、劳动对象、劳动成果的关系是一样的，在质与量上都没有差异。所谓直接，就是对物的享有或使用是一致的甚至是同一的，不存在享有物而不使用物的人，也不存在使用物而不享有物的人。在整个社会中，生产者平等地享有物、共同地使用物。不存在后来社会中的生产资料的所有权和生产者相分离的情况。生产者平等地享有物、共同地使用物规定了在劳动的过程中生产者彼此之间是平等的无差别的共同劳动的关系；在劳动的过程中，生产者彼此之间的平等的无差别的共同劳动的关系，又规定了生产者平等的享有物以及共同的使用物的关系。也就是人与人彼此之间的关系规定了人与物的关系；人与物的关系又规定了人彼此之间的关系。这个彼此规定是在生产和再生产的历史循环之中实现的。生产资料所有制所有权是后来出现的。

这里的论述显示：简单而原始的劳动所需要的是最简单的生产关系，这个关系就是劳动者彼此之间的平等协作关系，以及生产者对生产的成果物的平等享有或者共同使用的关系。而且这两方面的关系都是简单和直接的。所谓直接，就是人与物之间的关系以及人与人的关系都没有受到所有制所有权的影响。所谓简单，就是不复杂。因为两个方面的关系都是直接的关系，而且整个社会基本没有生产者和非生产者的区分，因而也就基本不存在生产关系和非生产关系的区别，因而整个社会中的全部社会关系就是生产关系，生产关系也几乎就是全部的社会关系。这就使得生产关系非常明确、简单。比如，马克思、恩格斯在《德意志意识形态》中就把“夫妻之间的关系，父母和子女之间的关系，也就是家庭”视为人类社会历史起初的“唯一的社会关系”,① 而这个唯一的社会关系大体就是前文所述的“许多个人的共同活动”，这类活动被马克思、恩格斯称为生产力的社会关系或社会的生产关系。不管马克思、恩格斯在这里所使用的家庭关系、社会关系、生产关系（许多个人的共同活动）这三个概念的外延是不是完全相等，但从实际情况看，在人类社会的早期，社会关系和生产关系基本没有差异，生产关系几乎就是全部的社会关系，而社会关系也只是生产关系。

---

① 《马克思恩格斯选集》第 1 卷，人民出版社 1995 年版，第 80 页。

社会关系也几乎只是家庭关系的简单放大。可见，人类社会早期的生产关系大体就是“许多个人的共同活动”，是简单而直接的社会关系。

马克思、恩格斯在讨论“许多个人的共同活动”时提出的生产关系直接是生产力的观点值得我们重视。生产关系至少在两个意义上是生产力。第一是否定的意义。如果没有一定的生产关系支撑，生产就不能进行，生产力也就体现不出来。第二是肯定的意义，即生产关系增大生产力，产生新的生产力。比如，简单协作也能产生新力。复杂的协作分工更能极大提升生产力。第三，从更高的层次上说，辩证法的矛盾概念也有对立面的直接同一这样的意义。马克思经常强调的“生产直接也是消费”“消费直接也是生产”“每一方直接是它的对方”① 就是这样的意义。从这样的意义上看，生产关系直接也是生产力。消费直接是生产的观点流传广远，但生产关系直接是生产力这样常识性的观点，过去可能强调不够，需要引起我们的重视。

从分析“许多个人的共同活动”所获得的劳动者彼此之间的关系以及劳动者与物的关系，这两个方面的关系肯定是生产关系中的最基本的关系。马克思说：“社会生产过程既是人类生活的物质生存条件的生产过程，又是一个在特殊的、历史的和经济的生产关系中进行的过程，是生产和再生产这些关系本身，因而生产和再生产这个过程的承担者、他们的物质生存条件和他们的互相关系即他们的一定的经济的社会形式的过程。因为，这种生产的承担者同自然的关系以及他们互相之间的关系，他们借以进行生产的各种关系的总体，就是从社会经济结构方面来看的社会。”②马克思的这个论述是非常清楚的，它明确提到了生产关系本身、生产关系的承担者、生产关系的外延、生产关系与社会或社会关系的关系。马克思在分析资本主义生产关系时同样明确指出：“在生产本身中，工人同劳动条件的所有者之间，并且工人彼此之间，是处在一定的关系中。这些劳动条件转化为资本这个事实，又意味着直接生产者被剥夺了土地，因而存在着一定的土地所有权形式。”③这里的论说也是非常清晰而严格的。第一，这里的生产主要指物质生产活动；第二，这里的生产关系是非常直接地与

① 《马克思恩格斯选集》第2卷，人民出版社1995年版，第8—9页。

② ［德］马克思：《资本论》第3卷，人民出版社2004年版，第927页。

③ 同上书，第995页。

生产活动相连的社会关系，与生产直接相连的关系就是三个方面的关系。这三个方面的关系又可以进一步概括为两个大的方面的关系：直接生产者人与生产条件物的关系以及生产者人彼此之间的关系。《资本论》对生产关系的外延的主要论述与前文通过分析“许多个人的共同活动”所获得的结论完全一样。第三，这个生产关系甚至连分配关系也是不包括在内的。所以下文在讲生产关系是生产出来的时候就明确肯定：生产“不仅生产出物质产品，而且不断地再生产出产品在其中生产出来的那种生产关系，因而也不断地再生产出相应的分配关系”。①

以上的文字表达了马克思对生产关系的明确看法。看不到这样确定的思想是不应该的，有意识地忽略这些文字就更不对了。自然，前文已经指出，生产关系这个概念有它的特殊性和复杂性。第一是因为生产关系本身随生产的不断发展而不断变化。第二，当社会发展为一个复杂的有机整体时，各种关系是密切交织在一起的，很难说什么社会关系不对、生产活动产生这种那种影响，不是生产得以进行的社会条件。第三，《资本论》篇幅巨大，讨论的问题非常多。有时因为具体问题的需要，或者行文的需要，马克思对生产关系的论述是有一些差异化的处理的，比如，在有些时候论述的生产关系就不包括分配关系，有时的生产关系几乎与社会关系同义，而社会关系有时是狭义使用的，有时又是广义使用的。因而，生产关系这个概念的外延在包括《资本论》在内的马克思主义经典著作中是有一定伸缩性的。但我们不能只看到生产关系的不确定的方面，甚至用不确定的方面故意掩盖其确定的方面。攥住生产关系的确定的方面来理解生产关系，这是研究生产关系首先要解决的问题。

三　研究发展了的生产关系需要明确的几个问题

一般而言，生产关系这个概念的外延的伸缩性主要是由生产关系的历史变化引起的。如果生产关系是固定不变的，我相信《资本论》对生产关系的论述就会更加确定。但生产关系是历史概念，逻辑分析很难完全解决问题。历史概念除了逻辑分析外，还要有历史研究。如果把生产关系的历史变化性作为一个抽象的形而上学命题来处理，即只指出生产关系随历

① ［德］马克思：《资本论》第3卷，人民出版社2004年版，第995页。

史而变化这个事实，那是十分简单的事情，但却无助于问题的解决。若要详细描述生产关系随社会发展而变化的历史细节，那就是非常繁难的工作。历史学家撰写的人类通史著作大体可以把生产关系的历史变化描述得比较详细。但本书不是这类著作。本书只能概略指出生产关系的历史变化性的一些基本方面。很明显，这里的发展了的生产关系，或者复杂的生产关系，是与前文最简单最原始的生产关系相对的，后来的社会生产关系，比如奴隶社会的生产关系、封建社会的生产关系、资本主义社会的生产关系、社会主义社会的生产关系等等都是发展了的生产关系。把这些不同历史阶段的生产关系放在一起进行考察，就只能考察这些生产关系的基本的、共同的方面。

1. 生产劳动者与非生产劳动者的对立

前文所说的简单而原始的生产关系的变化首先是由社会的劳动成果的增多引起的。因为增多的劳动成果没有被劳动者平均占有或共同享用，而是被少数人占有了。而占有了更多劳动成果的人，在劳动中甚至在整个社会中的地位也发生了变化，他们与除了用于基本的生存需要之外没有任何剩余劳动成果的直接生产者不一样了。占有了更多剩余劳动成果的人甚至不用直接从事生产活动了，他们可以靠役使几乎不占有剩余劳动成果的人为其劳动了。社会分裂了，分裂为直接从事物质生产活动的生产者和不直接从事物质生产活动的非生产者了。剩余劳动成果自然是由剩余劳动时间创造的。所以，“没有这种剩余时间，就不可能有剩余劳动，从而不可能有资本家，而且也不可能有奴隶主，不可能有封建贵族，一句话，不可能有大占有者阶级。”① 研究生产关系，社会分裂的历史事实是无论如何不能忽略的。

一些历史研究者可能追问下面的问题：社会中的少部分人到底是因为他们具有的特殊身份或地位而占有了更多的劳动成果，还是因为他们占有了更多的劳动成果而使他们的身份地位特殊？这样的问题用逻辑方法是不容易回答的。马克思、恩格斯在回答语言和意识的关系问题时给出的答案可以给我们启示。马克思、恩格斯认为：语言和意识具有同样久远的历史。人创制出语言，表明人的意识已经非常成熟了；意识若成为真正人的意识而不是动物的本能性大脑活动，那就是有语言的。在意识的发展中，意识

① ［德］马克思：《资本论》第1卷，人民出版社2004年版，第585页。

创制出了语言；而语言又为意识的快速发展提供了最有力的工具。同理，社会上的一部分人因为这种那种的条件而使他们能够占有更多的劳动成果，而占有了更多的劳动成果之后，就使得他们的身份地位更加不同，能够占有更多的劳动成果或社会财富。而占有了更多的社会财富之后，他们的身份地位就更加不一样，能够凭借他们特殊的身份地位占据更多的社会财富。可见，身份地位与社会财富的关系，和语言与意识的关系类似，只能通过历史的循环才能得到更好的理解。历史循环是十分复杂的问题，本书这里不能专门讨论。本书在这里只是指出事实。社会因为有了剩余劳动而分裂：一部分人是直接的生产者；一部分人不再直接从事物质生产。对于研究生产关系而言，确定哪些人是直接从事物质生产的劳动者、哪些人是劳动的物质条件的所有者，这是至关重要的。只有确定了这些基本的方面，生产者在生产中彼此之间的关系以及他们与物的关系才能大体确定。

社会分裂是社会发展的结果。社会分裂之后，社会又进一步快速发展。随着社会的不断发展，直接从事物质生产活动的人，占整个社会总人口的比例，一般来说，肯定呈下降趋势。社会越发展，非生产者的人数总体上看是不断增长的，生产者占整个社会总人口的比例则不断下降。但这并不表示在社会的某些阶段，生产者的绝对数量没有增加的可能。而且生产者的结构也可能随时发生变化，即原来不属于生产者的人，现在则可能属于生产者；原来属于生产者的，现在又可能不是生产者了。所以，要确定分裂了的社会中的哪些社会关系是生产关系，哪些关系不是生产关系，确定生产者集团是很重要的。这里以“总体工人”为例，看《资本论》如何分析资本主义社会的生产者与非生产者的对立情况。

马克思说：“随着劳动过程的协作性质本身的发展，生产劳动和它的承担者即生产工人的概念也就必然扩大。为了从事生产劳动，现在不一定要亲自动手，只要成为总体工人的一个器官，完成他所从属的某一种职能就够了。”① “总体工人即结合工人的构成也发生了根本的变化”②。对于这个变化，《资本论》还有更细致的描述，比如，大量“使用妇女劳动、各种年龄的儿童劳动和非熟练工人劳动”，③ 最小的“2 岁到 2 岁半的儿

① ［德］马克思：《资本论》第 1 卷，人民出版社 2004 年版，第 582 页。

② 同上书，第 531 页。

③ 同上。

童”，[①] 也成了妈妈的好帮手，即成了雇佣劳动者。家庭或私人住宅也顺理成章地成了劳动场所，成了车间。另外就是增加了新的角色或岗位，比如，现代物质生产企业中一般都有数量不等的班组长、工段长、车间主任、书记（簿记）员、技术人员、质量监督检验员等等，这些人在“为了自己的生活目的对自然物实行个人占有”[②] 的前商品生产阶段几乎不存在，但这些人在现代企业中是不可少的，他们都完成了他们各自的某种职能。这些人即使不全部为生产者，至少大多数是生产者，是受资本剥削，为资本家生产剩余价值的人，因而属于“总体工人”。总体工人某些方面的增加或扩大表明资本剥削对象的增加，剥削程度的加深。尤其是一部分脑力劳动也成了资本剥削的对象。这样的新情况应当是资本充分利用了社会分工协作以及科学技术的发展成果而出现的。但这个变化，总体而言并没有使谁是直接的生产者、谁是工人，谁不是直接的生产者、不是被剥削者这类问题变得模糊不清。

总体工人的外延除了扩大之外，有时也可能缩小的。《资本论》明确指出了资本主义“生产劳动的概念缩小”这个事实。因为资本主义生产是剩余价值的生产，所以，“只有为资本家生产剩余价值或者为资本的自行增殖服务的工人，才是生产工人”，[③] 而一切不为资本家生产剩余价值的人都不是生产者，不属于总体工人的范畴。

若要对“总体工人”或“生产工人”的外延有更清晰的了解，除了对企业组织内部的什么人算生产工人进行分析之外，还要对什么样的社会组织属于生产组织进行考察。

关于这个问题，《资本论》的描述非常清楚：因为资本主义生产既是物质生产，又是剩余价值的生产。可见，凡不是物质生产的行业或不以生产剩余价值为目的的领域就都不是资本主义生产领域。按照这两条标准，我们就可以有一些确定的判断。资本主义的各级政府组织以及国家机器如军队，警察，监狱，法庭等等就明显不是生产组织或企业。在这类组织中工作的各类人员尽管也要耗费脑力和体力，但他们不是历史唯物主义所说的生产者，不是工人，不属于总体工人的范畴。

---

① ［德］马克思：《资本论》第1卷，人民出版社2004年版，第539页。

② 同上书，第581—582页。

③ 同上书，第582页。

属于国家机器之部分的军事工业组织，以及其他不以生产剩余价值为目的的类似于企业组织的一些物质生产机构，若从劳动的角度看，它们是从事物质生产的部门，并且与资本主义的其他物质生产企业没有不同，甚至与其他社会中的物质生产组织也没有任何不同。但由于它们不是剩余价值的生产，也就不是资本主义的企业组织。这类组织中的各类工作人员也不是工人，不属于总体工人的范畴。

现代资本主义社会中的文艺、体育、娱乐、大众传播，等等，大多已经是剩余价值的生产领域了，但这些领域基本不是物质生产领域而是精神生产领域，它们生产出来的基本是统治集团的价值观念，或者是带有强烈意识形态色彩的观念。这些组织在维护统治集团的根本利益、在向本社会或他国输送统治集团的价值观念的同时，还能赚钱，这是西方一些资本主义国家的“高明”做法。对此，我们要有清醒的认识，即要认识到这类组织属于社会的上层建筑或者意识形态领域，而不属于马克思所说的资本主义生产领域。这类领域中的工作人员也不是工人，不属于总体工人的范畴。如果因为这类组织是剩余价值生产领域而把它们也看成是生产领域、看成是社会的经济基础部分，就没有看到这类组织的本质特征，从而不利于唯物主义地看待资本主义社会。

威廉姆·肖（William H. Shaw）认为，不仅资本投入精神生产部门的不算生产活动，资本主义制度下的商品流通和买卖也不属于马克思所说的物质生产的范围，商业、银行业也不算。马克思明确肯定的物质生产领域就是四个：制造业、矿业、农业和交通运输业。① 威廉姆·肖的看法自然是可以讨论的。随着生产的发展，社会中可能出现新的物质生产部门，资本的逐利本性决定了它不会局限在某些固定领域。也就是说，当今资本主义社会中如果真的出现了新的生产领域或者行业，它既是物质生产，又是剩余价值的生产，我们不应当特别惊异。比如，从事科学技术研发的部分企业，从事环境保护的部分企业，就可能既是物质生产组织，又是剩余价值生产领域。但在确定什么组织是资本主义企业这个问题时，始终自觉把物质生产和非物质生产区分开来，剩余价值的生产和非剩余价值的生产区分开来是非常重要的。因为如果没有这种区分的话，那将导致资本主义生产和其他生产的区别的消失，生产劳动和非生产劳动的区别的消失，将

---

① ［美］威廉姆·肖：《马克思的历史理论》，重庆出版社 1989 年版，第 34 页。

导致资本主义生产关系和非资本主义生产关系的区别的消失、生产关系和非生产关系的区别的消失，最终导致人的物质关系和人的精神关系的区别的消失、社会存在和非社会存在的区别的消失。这是马克思主义理论不能接受的结果。

总之，马克思所说的资本主义生产大体需要同时满足剩余价值生产和物质生产这两个条件。只有在这样的生产领域从事生产的劳动者，才是生产者，才属于"总体工人"。或者说，只有把劳动力出卖给物质生产领域中的资本家的工人，才属于"总体工人"。马克思即使在分析生产工人的概念的扩大这种情况时也仍然明确肯定："从物质生产性质本身中得出的关于生产劳动的最初的定义，对于作为整体来看的总体工人始终是正确的。"① 这样的理论观点，对于非马克思主义者来说，他们不一定认同。但对于马克思主义者而言，却是很重要的。它是保证对一般社会的唯物主义理解所必需的，是保证对资本主义社会的历史唯物主义理解所必需的。有了对总体工人的这个基本看法，资本主义社会中通过资本结合在一起的生产者彼此之间的劳动协作关系、生产资料和生产者之间的统治与被统治关系、剥削与被剥削的关系就能清晰地呈现出来，从而对资本主义社会生产关系的本质，以至整个资本主义社会的本质有正确认识。如果我们对总体工人的认识，使得资本主义生产关系模糊不清了，那我们的认识就一定不符合马克思的原意。

现在有些学者主张对马克思的"总体工人"概念进行引申，认为现代企业中的员工不仅班组长、工段长、车间主任、书记（簿记）员、技术人员、质量监督检验员等等属于总体工人，中高层管理人员，也应当属于"总体工人"的范畴。本书并不一概排斥对"总体工人"的适当引申。因为作为社会理论范畴的总体工人有随社会历史发展而变化的特点。但本书认为，引申是有底线的。这个底线就是直接出卖自己的劳动力的生产者集团和靠占有他人劳动来生活的社会集团之间的界限。如果对总体工人的引申模糊了这个界限，那么，这个引申就是成问题的，因为它与分裂为统治集团和被统治集团的现代社会现实不吻合，与资本家集团和工人阶级尖锐对立的资本主义社会现实不吻合，与资本家集团和工人阶级尖锐对立首先是生产领域中的对立的社会现实不吻合。而且会导致其他许许多多的理

① ［德］马克思：《资本论》第1卷，人民出版社2004年版，第582页。

论问题。

第一，这个引申与《资本论》关于资本主义企业管理的有关论述直接冲突。熟悉《资本论》的人都知道，《资本论》的确肯定了资本主义企业管理两个方面的职能。第一，充分肯定了管理对生产尤其是现代企业生产的巨大组织协调作用。因为没有有效的组织或管理，要求众多部门众多人员众多设备的协调配合的现代企业生产是不可能有效进行的。这是具备常识的头脑都承认的。《资本论》自然也明确承认了"这种管理、监督和调节的职能"是"一种由社会劳动过程的性质产生并属于社会劳动过程的特殊职能"。第二，明确肯定了资本主义企业管理是"资本的职能"。"资本家的管理……同时也是剥削一种社会劳动过程的职能，因而也是由剥削者和他所剥削的原料之间不可避免的对抗决定的。"① 即剥削越多，反抗越有力，管理的方式、手段等则越严酷。可见，资本主义企业管理明显具有二重性："一方面是制造产品的社会劳动过程，另一方面是资本的价值增殖过程"。② 而且这两种职能不是分开的，而是融合在一起的。也就是一般意义上的劳动的协调、组织或指挥的管理职能服从于服务于资本增殖的管理职能。因此，从总体上看，劳动的"这种管理、监督和调节的职能就成为资本的职能"了。③ 这就像国家的维护社会秩序的公共职能也是为统治阶级的根本利益服务的一样。企业管理，作为制造产品的社会劳动过程，从根本上说，无非是通过协调、组织、指挥等产生更大的协作力以及各种原材料、资源、设备等等的节约。协作力，按照《资本论》的描述，它毫无疑问是由生产者贡献的，是生产者的个体力的放大。尽管协作力事实上可能很难准确还原为个体力。但从理论上说，协作力是由生产者在协作劳动的过程中产生的，协作力创造的价值就是由雇佣劳动者的劳动创造的。但在资本主义生产中，协作力创造的价值却被资本无偿占有。因为资本家支付给工人的工资，无论是计时工资，还是计件工资，都是生产者个人的必要劳动时间的报酬。资本无偿占有工人的协作力创造的价值，这也是《资本论》揭露的资本的剥削手段之一。至于各种原材料、资源、能源、设备等等的节约，若从企业经济效益的角度看，它可能大大

① ［德］马克思：《资本论》第1卷，人民出版社2004年版，第384页。

② 同上书，第385页。

③ 同上书，第384页。

增加了本企业组织的效益，从这个意义上看，节约等于创造了经济效益。但从整个社会来看，社会的总价值并没有增加。这里再次显示，社会生产力与企业经济效益、效率、利润等概念是不一样的。由于有效管理给本组织增加的经济效益同样被资本无偿占有，成了资本的利润，成了新增资本的来源。所以，节约也成了剥削的手段。可见，把一般劳动的协调和剩余价值生产的管理融合在一起的资本主义企业管理是让前者服从于、服务于后者的。因此，从总体上看，资本主义企业管理就是行使资本职能的管理。它把本来是由工人通过协作生产出来的生产力，把工人在生产中通过节约生产出来的经济效益，把由社会分工生产出来的生产力，把工人通过利用自然力生产出来的生产力，把工人通过利用科学技术生产出来的生产力等等都看成是管理生产出来的生产力，看成是资本生产出来的生产力，并把这些生产力统统装进资本家的口袋，并进一步变成新增资本，在更大规模更深程度上剥削雇佣工人。这就是资本主义企业管理的实质。马克思指出："劳动的社会生产力好像是资本天然具有的生产力，是资本内在的生产力。"①《资本论》的科学之处，就是撕开了"好像"的面皮，让人看到了资本的本质，看到了资本主义生产方式的本质。资本主义生产就是把不是资本的东西不断变成资本！资本主义企业管理就是实现这个目的的手段。即使在现代资本主义企业中，某些管理人员已经职业化了，管理者与资本所有者分离了，但管理本身，从总体上看，它作为资本的职能仍然没有实质性变化，管理过程是剩余价值增殖过程也没有实质性变化。在资本主义生产中，管理的资本增殖职能也不可能有实质性变化。所以，如果中高层的管理者属于总体工人，那就不仅使《资本论》论述的管理是资本的职能的命题得不到合理解释，而且会遮蔽资本的剥削本质。

第二，这个引申会使整体的马克思主义理论受到极大伤害。大家知道，马克思考察资本主义生产的目的是为了揭示现代社会两大对立阶级的阶级对抗的经济根源，揭露资本家阶级剥削工人阶级的秘密，为工人阶级推翻资本主义社会的革命提供理论指导。使用总体工人这个概念的根本目的就是要把现代社会中受资本剥削的全部工人都呈现出来，把资本剥削工人的规模或程度准确呈现出来。企业的中高层管理人员，如果像有些学者所主张的那样，都是生产者，是"总体工人"的一部分，管理也创造价

① ［德］马克思：《资本论》第1卷，人民出版社2004年版，第387页。

值，管理也是生产力，那么，生产者集团和靠他人劳动生活的社会集团之间的界限就不清晰了，被剥削者和剥削者之间的界限就不清晰了，剩余价值的真正来源就被遮蔽了，工人阶级和资本家集团之间对立的经济根源也被模糊了。《资本论》在一般劳动的基础上揭示的资本主义生产的特殊性这样的理论成果怎么办?《资本论》指出的资本主义社会的“生产劳动的概念缩小了”的事实又如何解释？剩余价值理论怎么办？马克思的阶级斗争学说和无产阶级革命的理论怎么办？两个必然的命题怎么办？这些命题或理论学说如果都不能在马克思的本来意义上来理解，马克思创建的马克思主义理论是什么？在哪里？这些就都是问题了。所以，本书认为，管理者尤其是中高层的管理者作为一个整体不属于总体工人的范畴，不属于生产工人的范畴，不属于直接生产者的范畴。这一点不能含糊其词，更不能动摇。资本主义社会的生产工人，就是在物质生产领域为资本生产剩余价值的人。这些人组成的整体，就是总体工人。无论对“总体工人”做何解释，都不应当超出这个范围！超出了这个范围，不仅仅是对总体工人这个概念的理解不符合马克思的本意，更重要的是，马克思主义理论作为一个整体会受到极大的伤害。

2．所有权所有制

对于发展了的生产关系来说，所有制所有权，也是至关重要的问题。因为无论是直接生产者彼此之间的关系，还是人与物的关系都与所有制所有权有关，甚至就是所有权所有制。简单的生产关系因为是直接的关系，人与人的关系、人与物的关系都是直接的，基本没有所有权的问题。在发展了的生产关系中，人与物的关系就是所有制所有权，而所有制还规定着生产过程中的人与人的关系。

马克思在批判蒲鲁东时说过，“要想把所有权作为一种独立的关系、一种特殊的范畴、一种抽象的和永恒的观念来下定义，这只能是形而上学或法学的幻想。”① 马克思这里的意思很明确，所有权是社会历史范畴，只能历史地理解，不能抽象地形而上学地理解。因为“在每个历史时代中所有权是以各种不同的方式、在完全不同的社会关系下面发展起来的。因此给资产阶级的所有权下定义不外是把资产阶级生产的全部社会关系描

① 《马克思恩格斯选集》第1卷，人民出版社1995年版，第178页。

述一番”。[1] 把资产阶级的全部社会关系描述一番肯定是有难度的。但这并不表明所有权所有制是不能描述或研究的。《资本论》对一般的所有权所有制有一般的描述，对特殊历史阶段的特殊的所有制所有权比如资产阶级所有权所有制又有特别的论述。

所有权，就是对“各种生产条件的”独占权，[2]并且通过这种独占获得相应权益。《资本论》所理解的各种生产条件是客观物质条件，主要就是生产资料和劳动力。当对生产的客观物质条件的所有成为社会的制度时，它就是所有制，这种制度体现为法律关系时，它就是所有权。“所有权对于资本家来说，表现为占有他人无酬劳动或它的产品的权利，而对于工人来说，则表现为不能占有自己的产品。所有权和劳动的分离，成了似乎是一个以它们的同一性为出发点的规律的必然结果。”[3] 连资产阶级的思想家也承认：“富人不同于穷人的地方，不在于占有土地和货币，而在于拥有对劳动的支配权。”[4] 对劳动的支配权，既包括对劳动过程的支配，也包括对劳动结果的支配。对过程和结果的支配权就是占有他人无酬劳动或它的产品的权利。所有权是也只是如此。

所有制所有权作为生产关系的制度化法律化完全取决于不以所有者的“意志为转移的经济条件”。[5] 首先，独占权不是由所有者的个人意志决定的，不是所有者想拥有某种独占权，就实际拥有某种独占权的。马克思曾尖锐批判过黑格尔的土地所有权的人格规定论。黑格尔认为，人作为人格，必须使自己的意志在这个外在自然界的灵魂具有现实性，因此，他必须把这个自然界作为自己的私有财产来占有。马克思针锋相对地指出：第一，“一个人格不能单凭自己的‘意志’硬说自己是一块土地的所有者，而不顾他人也要在这块土地上体现的意志。”第二，“‘人格’把实现自己意志的界限划定在什么地方，是把自己的意志存在实现在一个国家内，还是要去占有一大批国家，以便‘表示我的意志对物的至高无上’，这是绝对看不出来的。”[6] 马克思进一步指出：“个别人对土地的私有权，和一个

---

① 《马克思恩格斯选集》第1卷，人民出版社1995年版，第177页。

② ［德］马克思：《资本论》第3卷，人民出版社2004年版，第893页。

③ ［德］马克思：《资本论》第1卷，人民出版社2004年版，第674页。

④ 同上书，第711页。

⑤ ［德］马克思：《资本论》第3卷，人民出版社2004年版，第696页。

⑥ 同上书，第695页。

人对另一个人的私有权一样，是十分荒谬的。甚至整个社会，一个民族，以至一切同时存在的社会加在一起，都不是土地的所有者。他们只是土地的占有者，土地的受益者，并且他们应当作为好家长把经过改良的土地传给后代。”① 马克思通过批判黑格尔进一步确定：所有权这种社会生产关系，它既是社会生产的结果，也是生产关系的体现。

其次，权益的获得也不是由所有者的个人意志决定的。马克思指出：“在地租的发展中，有一点表现得特别突出，这就是：地租的量完全不是由地租的获得者的参与所决定的，而是由他没有参与、和他无关的社会劳动的发展决定的。”② “因为单纯法律上的土地所有权，不会为土地所有者创造任何地租。但这种所有权使他有权不让别人去使用他的土地，直到经济关系能使土地的利用给他提供一个余额，而不论土地是用于真正的农业，还是用于其他生产目的，例如建筑等等。”③ 马克思这里说的余额，就是地租。也可以引申为其他租金或者通过独占而获得的权益。无论是地租，还是其他租金，表面上看，是按契约规定支付给所有者的一定量的货币。但这个货币额的真正来源只能是剩余劳动的一部分。马克思说得非常明确，“一切地租都是剩余价值，是剩余劳动的产物。”④ 因此，所有权益的量的大小是由社会生产规定的，而不是由所有者的个人意志规定的。

可见，土地所有权与其他经济关系、经济制度一样，都是生产的结果、社会历史的结果。土地所有权作为一种社会关系。它既在社会关系之中获得独占权，也在社会关系中使独占权获得相应利益；既是生产的结果，又规定着生产。作为生产的结果看，所有的对象一般而言都是生产的物质条件。它可能是生产的直接结果，也可能是生产加工改造过的。纯自然物若要成为某些人的占有物，一定也是因为社会生产的发展使得自然物成了生产的物质条件，因而对自然物的占有有利可图了。所有关系的生成也是离不开社会的物质生产的。而所有权规定、影响生产，主要就是所有权要获取剩余劳动。马克思通过对土地所有权的分析进一步揭示了所有权的本质。土地不是劳动的产物，而是纯粹的自然。马克思称它为“这个无机的自然界本身，这个完全处于原始状态中的‘粗糙的混沌一团的天

① ［德］马克思：《资本论》第3卷，人民出版社2004年版，第878页。
② 同上书，第717页。
③ 同上书，第856页。
④ 同上书，第715页。

然物’”。① 但土地是决不能缺少的劳动资料和生存资料，而且是不能替代的劳动资料和生存资料。一个人或者社会集团将土地所有之后，其他人将无法生存，因而最终同样导致土地所有失去任何意义。而如果将土地所有之后，又不在土地上展开劳动，土地所有也没有任何意义。所以，马克思说土地不能所有，只能占有。而且占有土地只是用社会的方式方法，即获得对劳动资料或生存资料的社会图章。这个社会图章的唯一意义就是获得一定剩余价值的权利。其他自然条件或自然资源同样。

所有权既然是获取剩余劳动的社会图章，不同社会的所有权就是获取剩余劳动的不同方式。“资本主义的所有权关系是一种准备和监督从工人身上侵占无偿劳动的关系，是要求这两个阶级对生产力的具有不同的特定联系的一种榨取。”威廉姆·肖进一步得出结论：“所有权关系不仅是人们之间的所有权关系（不论在何种历史意义上），而且同时还是构成劳动产品的社会分配和支配生产方式一般运动的关系。”② 也就是说，所有权既是生产关系，也规定着生产关系的再生产。

总之，发展了的生产关系表现为所有权所有制。或者所有权所有制是发展了的生产关系的浓缩。生产关系表现为社会制度，表现为社会的法律关系。生产关系就与社会的上层建筑相勾连了。但所有权首先直接是生产关系，它必须在生产或再生产中不断被生产出来，它才是真正起作用的生产关系，也才是真正的所有权。因为劳动资料和劳动力“是一切连续不断地和再生产的劳动的自然条件，也就是任何继续进行的生产的自然条件，这种生产同时总是再生产，因而也是它本身的作用条件的再生产。并且很清楚，在直接劳动者仍然是他自己的生存资料生产所必需的生产资料和劳动条件的‘占有者’的一切形式内，财产关系必然同时表现为直接的统治和从属的关系，因而直接生产者是作为不自由的人出现的”。③

3. 交换关系是否属于生产关系

前文在分析“许多个人的共同活动”时，已经对交换关系表达了一个初步看法。但不少学者认为交换关系是生产关系。理由至少有以下几点。第一，商品交换是一种物质活动，物的关系，即 x 量使用物品 A = y

---

① ［德］马克思：《资本论》第 3 卷，人民出版社 2004 年版，第 922 页。

② ［美］威廉姆·肖：《马克思的历史理论》，重庆出版社 1989 年版，第 38 页。

③ ［德］马克思：《资本论》第 3 卷，人民出版社 2004 年版，第 893 页。

量使用物品 B。而且物的关系体现的是人的社会关系。而生产关系也是人与人的关系或人与物的关系。第二，商品交换也是商品生产的条件。没有商品交换，商品生产是不能进行的。而且严格说来，商品生产就是为他人生产使用价值的生产，就是为了交换的生产。第三，没有商品交换，就没有货币，而没有商品和货币，也就没有资本。而资本是百分百的资本主义生产关系。如果不把商品交换的关系包括在资本主义生产关系中，就不能正确理解资本，就不能正确理解资本主义生产关系。第四，把交换理解为生产的一部分，把交换关系理解为生产关系，在《资本论》以及马克思的其他论著中也能找到依据。比如“在商品生产者的社会里，一般的社会生产关系是这样的：生产者把他们的产品当作商品，从而当作价值来对待，而且通过这种物的形式，把他们的私人劳动当作等同的人类劳动来互相发生关系”。① 把私人劳动当作等同的人类劳动来互相发生关系就是商品交换。可见，马克思在这里就是把交换关系理解为资本主义生产关系的。马克思在《〈政治经济学批判〉导言》中也明确称“交换显然也就作为生产的要素包含在生产之内”。② 交换是生产的一部分，交换关系也就属于生产关系了。这些理由有的是针对一般的交换关系而说的，有的是针对特殊的交换关系即商品交换关系而说的。应当承认，这些论说的确是在思考或回答交换关系是否属于生产关系时需要严肃认真对待的。

首先说第一点。交换关系肯定是物之间的关系，并且物的关系体现的是人的关系。但由交换关系是物的关系，生产关系也是客观的物质性的关系推论交换关系也应当属于生产关系。这样的推论在逻辑上明显不成立。牛是动物，马是动物，牛是马吗？进一步说，商品交换又不仅仅是物的关系。马克思在《资本论》第 2 章交换过程开篇就明确：物的交换关系体现的是人与人的意志关系或者具有契约形式的法的关系。所谓意志关系，就是商品占有者要彼此承认对方都是一样的，都是私有者；对方持有的东西是劳动的产品，是价值形式。“商品交换使商品彼此作为价值发生关系并作为价值来实现。”③ 除此之外，商品占有者还要彼此承认，对方的产品对自己有使用价值。这样的意志关系最后表现为契约的形式。马克思

① ［德］马克思：《资本论》第 1 卷，人民出版社 2004 年版，第 97 页。
② 《马克思恩格斯选集》第 2 卷，人民出版社 1995 年版，第 16 页。
③ ［德］马克思：《资本论》第 1 卷，人民出版社 2004 年版，第 104 页。

说："这种具有契约形式的（不管这种契约是不是用法律固定下来的）法的关系，是一种反映着经济关系的意志关系。这种法的关系或意志关系的内容是由这种经济关系本身决定的。"① 这里的经济关系即使不等于生产关系，也肯定包含生产关系。物的交换所体现的人的意志关系反映着生产关系，并被生产关系所决定。这样的关系还是生产关系吗？可见，商品交换作为物的关系所反映的人的关系是多样的、多方面的，既包括人与人之间的物质交往关系，也包含人的意志关系、法的关系。而人的意志关系毫无疑问不是物质性的关系，不是生产关系。

其次说第二点。从大的方面看，作为生产的特殊形式的商品生产，的确和交换密不可分。因为商品就是为交换而生产的。没有商品交换，就没有商品生产。但商品生产不能离开商品交换，不等于一般性的生产也都离不开交换。特殊毕竟不直接和一般完全等同。生产，一般而言就是人实现自己目的的手段，生产完全可以没有交换。原始社会的原始而简单的生产，就是直接为自己生产有用物的生产，完全可以没有交换。奴隶社会奴隶为奴隶主的生产，封建社会农民为地主的生产都不是为交换的生产，或者没有交换，这些生产都能持续进行。如果把交换直接嵌入生产之中，把交换关系直接理解成生产关系，就可能使商品生产和其他形式的生产之间的历史差异性消失，资本主义生产关系和其他生产关系之间的历史差异消失。

再次说第三点。商品，货币的确是资本的前提。没有发达的商品生产和商品交换，资本难以来到人间。所以，专门研究资本的《资本论》就从分析商品、商品生产、商品交换开始。但商品生产和商品交换只是资本的前史，商品和货币本身并不是资本。进一步说，资本尽管离不开商品生产和商品交换，但只有把商品生产和商品交换明确区分开来，才能准确理解资本主义生产方式，才能准确理解资本的本质。因为，按照《资本论》的论述，劳动力成为商品是资本产生的决定性因素。但劳动力成为商品尽管离不开市场，但主要不是在市场，而是在工场之中完成的。因为在市场，货币持有者和劳动力的所有者是完全平等的自由的买者和卖者。马克思也承认市场"是天赋人权的真正伊甸园"。② "货币所有者和劳动力所

① ［德］马克思：《资本论》第1卷，人民出版社2004年版，第103页。
② 同上书，第204页。

有者仅仅作为买者和卖者互相发生关系，仅仅作为货币所有者和商品所有者互相对立，因而就这方面来说，他们互相之间只是处在单纯的货币关系中。”① 马克思也注意到购买劳动力和购买生活消费资料不一样这个事实。因为“买者一开始就同时是生产资料的所有者……这种生产资料是作为他人的财产而和劳动力的所有者相对立的。另一方面，劳动力的卖者是作为他人的劳动力而和他的买者相对立的。这种劳动力只有归它的买者支配，和买者的资本合并，才能使这种资本真正作为生产资本来活动”。② 但买者是资本家，卖者是雇佣工人的关系是在买卖行为发生之前就已经存在了的。但造成劳动力成为特殊商品的社会条件，即生活资料和生产资料同劳动力的所有者分离的社会条件“在简单商品流通和相应的货币流通中是根本不存在的”。马克思进一步论证：“奴隶的买卖，按其形式来说，也是商品的买卖。但是如果没有奴隶制，货币就不能执行这种职能。有了奴隶制，货币才能用来购买奴隶。相反，买者手中的货币无论怎样充足，也不会使奴隶制成为可能。”③ 马克思的意思非常清楚，资本是需要市场的，但资本真正的出生地，它不断增殖，不断成为它自身的地方是生产领域、是工场。在市场，实行等价交换，从理论上说，类似于相等的数学或逻辑公式之间的逻辑转换。等式之间的逻辑转换不可能产生新的内容，商品的等价交换也不可能产生剩余价值。只有在工场，劳动力在使用的过程中才可能生产出剩余价值来。在工场中生产出来的剩余价值通过市场的等价交换，就真正装进了资本家的口袋。《资本论》对资本的本质的科学分析既充分利用了生产和交换之间的区别，又进一步强调了这个区别。可见，即使对于理解资本主义这种特殊的生产方式而言，也需要将生产和交换做某种程度的区分才行。如果不看到这些关键内容，那就不能把《资本论》对资本本质的科学分析和资产阶级的政治经济学对资本的抽象描述区别开来。

最后说第四点。在说第三点的过程中，已经涉及如何理解《资本论》以至马克思的整体思想这个问题了。不必讳言，专门研究资本主义生产方式的皇皇三大卷《资本论》，由于行文的需要，以及其他方面的考虑，在

---

① ［德］马克思：《资本论》第2卷，人民出版社2004年版，第38页。

② 同上。

③ 同上书，第39页。

不同场合对生产和交换有一些不同的表述，这是十分正常的。但作为《资本论》的学习者、接受者，有理由、有责任把其中的主要思想攥住，并呈现给其他读者。按本书的理解，《资本论》的根本立场是把生产和交换区分开了的。生产不是交换，交换关系也就不属于生产关系。因为如果没有生产和交换的明确区分，资本就得不到正确理解，资本家剥削雇佣工人的秘密也就不能得到科学的揭示。写作《资本论》的根本目的就被遮蔽了。揭示资本的本质、揭示资本的剥削秘密、揭示资本家和雇佣工人对立的经济根源，从而为无产阶级革命提供科学的理论指导。这是《资本论》的核心思想和根本目的。

请本书的读者多一点耐心，允许本书再陈述一点理由，即把商品交换纳入生产的范围，把商品交换建立的社会关系纳入生产关系之中可能带来的两个十分不利的后果。第一，导致生产关系扩大化，甚至使生产关系膨胀为所有人的关系，至少在典型的商品社会如此。因为一方面，商品生产者的理想目标就是把他的商品推向所有的人，或者说，让所有的人都成为他的商品的买者。任何一个商品生产者或商品所有者都可能这样做。另一方面，每个社会的成员都要通过市场来获得自己的生活资料，也就是说，每一个人都要和其他人发生商品交换行为，形成商品交换关系。如果交换是生产，那么一个社会的所有的人都成了直接生产者，连国家的各级常任官吏也不能例外。所有的社会成员就都成为某一生产关系的承担者了。生产关系就可能被人为地扩宽了。

第二，不能合理解释资本家阶级和工人阶级作为阶级整体的对立。因为商品交换完全是个人的行为、偶然的行为、一次性的行为。所谓一次性的行为，就是买卖关系“随着他们所签订的契约期满而告结束”。[①] 有些卖者和买者之间有长期而固定的买卖关系，那也完全是因为一次买卖行为结束之后又签订了新的契约。也就是说，卖者和买者之间的固定的关系也完全是一次一次的买卖行为的简单相加。每一次的买卖行为之间没有确定必然的联系。因而从总体上看，买卖行为都是一次性的。不存在持续的固定的买卖关系。所谓偶然行为，就是说，买卖行为完全由市场决定。任何一个买者可以向任何别一个卖者购买他自己所需要的使用价值；任何一个卖者也可以把自己所拥有的商品出售给任何别一个买者。只要双方自愿就

① ［德］马克思：《资本论》第1卷，人民出版社2004年版，第677页。

可以。还有，买卖行为一般是单个人的行为。集团、组织自然也可以成为市场上的卖者或者买者。但任何一个集团或组织参与市场时，它与单个人并没有实质性差异，顶多是量上可能有所不同。个体的偶然的一次性的行为即使不断重复，也仍然是个体的偶然行为，难以成为集团或阶级的整体行为、自觉的行为。《资本论》的基本看法是，通过对商品的买卖关系的分析，是不能揭示出资本家阶级和工人阶级作为整体的阶级之间的对立的真正根源的。只有分析劳动力这种特殊商品才能揭示这个根源。而劳动力成为特殊商品，是在市场之外的资本主义工场实现的，是在生产之中实现的。

本书的基本结论是，无论是从资本主义这种特殊的生产方式看，还是从一般的劳动的角度说，生产和交换都是不一样的，生产和交换都必须明确区分开。交换不是生产。商品关系不是生产关系。生产关系就是生产得以进行的最直接的社会关系。生产关系不必然包括交换关系。从生产或再生产的角度看都是如此。

4．分配关系

交换关系不属于生产关系，分配关系是否属于生产关系呢？按本书的理解，马克思使用了两个分配概念。一是通常意义上的消费资料或生活资料的分配，马克思有时也称之为产品的分配。二是生产要素的分配。比如，个人“以工资的形式参与产品、生产成果的分配”，① 就明显指消费资料的分配。而像“这个人一开始就没有资本，没有地产。他一出生就由社会分配指定从事雇佣劳动”② 之类的说法则百分百地指生产要素的分配。马克思进一步分析了两种分配之间的关系。十分明显，生产要素的分配直接与生产相连。没有生产要素的分配，就没有现实的生产。生产要素的分配既规定着生产的方式，也规定着生产的结果的分配甚至再分配，即规定着个人生活资料的分配。而生活资料的分配更多与个人生活资料的交换、消费相连，是受生产支配的，因而就受生产要素的分配的支配。马克思指出：“在分配是产品的分配之前，它是（1）生产工具的分配，（2）社会成员在各类生产之间的分配（个人从属于一定的生产关系）——这是同一关系的进一步规定。这种分配包含在生产过程本身中并且决定生产

---

① 《马克思恩格斯选集》第2卷，人民出版社1995年版，第13页。

② 同上书，第13—14页。

的结构，产品的分配显然只是这种分配的结果。”① 马克思在这里已经把两种分配以及它们之间的关系论说得非常清楚了。生产要素的分配规定着生活资料的分配；生活资料的分配直接由生产要素的分配决定。比如，在资本主义社会，个人如果没有生产资料，他就只能“以雇佣劳动的形式参与生产，就以工资形式参与产品、生产成果的分配”。② 资产阶级的一些经济学家把“土地放在生产上来谈，把地租放在分配上来谈”，马克思称这种研究思路“完全是幻觉”。③ 因为与生产分开来谈的分配，就一定是生活资料的分配。但地租明显是由土地的独占而获得的权益，是剩余价值的一部分，是直接生产出来的。也就是说，地租是生产要素的分配的结果，应当与生产放在一起来研究。而把土地和地租分开来谈，就是混淆了两种不同的分配，把地租与生活资料的分配交换放在一起来研究就只能遮蔽地租的实质，遮蔽土地所有者瓜分占有剩余价值的实质。

由于《资本论》主要研究资本主义的生产方式，所以，它主要讨论的是生产要素的分配。马克思说：“所谓分配，不是通常意义上的消费资料的分配，而是生产要素本身的分配，其中物的因素集中在一方，劳动力则与物的因素相分离，处在另一方。”④ 这里对分配的论述，就既有一般意义上的论述，又有针对资本主义生产关系和分配关系的论述。对一般的分配关系的论述，是为了论述资本主义的生产关系和分配关系。而对资本主义生产关系和分配关系的论述，又是对一般的分配关系的显示。但无论是一般的分配关系，还是特殊的资本主义生产关系和分配关系，都主要指生产要素的分配。也只有这个意义上的分配，才是与生产密切联系在一起的，也只有这个意义上的分配关系才是直接决定生产的生产关系。

《资本论》告诉我们，在资本主义社会，劳动产品、商品体之所以成为承载生产关系的物，货币所有者之所以能购买劳动力，从而成为资本家，是因为资本主义生产关系本身已经存在，是因为生产资料已经与劳动力分离并对立了。也就是说，生产资料和劳动力在社会范围内已经分配好了。因此，资本主义的生产要素的分配不仅直接规定着资本主义的生产，也体现着资本主义的生产，并在生产中不断再生产出来。若没有这个生产

① 《马克思恩格斯选集》第 2 卷，人民出版社 1995 年版，第 14 页。
② 同上书，第 13 页。
③ 同上。
④ ［德］马克思：《资本论》第 2 卷，人民出版社 2004 年版，第 40 页。

要素的分配，就没有资本主义生产。生产要素的分配既是分配关系，也直接是生产关系。由此推断，前资本主义的生产要素的分配也不仅直接规定着前资本主义的生产，也体现着前资本主义的生产，也在前资本主义生产中不断再生产出来。一般而言，生产要素的分配不仅直接规定着生产，也体现着生产。因为生产要素的分配“是在生产关系本身内部由生产关系的当事人在同直接生产者的对立中所执行的那些特殊的社会职能的基础。这种分配关系赋予生产条件本身及其代表以特殊的社会的质。它们决定着生产的全部性质和全部运动”。[①] 因此，这样的“分配关系本质上和这些生产关系是同一的”,[②] “分配关系的历史性质就是生产关系的历史性质，分配关系不过表现生产关系的一个方面”。[③] 这些论说都非常清楚而明晰，都指生产要素的分配。

本书的一个基本看法是，《资本论》中无论是与生产关系并列的分配关系，还是作为生产关系的分配关系，一般都指生产要素的分配。生产要素的分配无论从生产的角度看，还是从再生产的角度看，都直接是生产关系，而且是生产关系中的核心的关系和相对稳定的关系。

以上的考察显示：尽管生产是发展变化的，生产关系是随生产的发展而不断变化的。但生产关系中的基本而稳定的关系始终是物质生产领域中的直接生产者之间的协同关系以及生产条件的所有者对直接生产者之间的统治关系。生产者之间的协同关系更多是技术关系，劳动关系，自然关系。而生产资料的所有者和直接生产者之间的关系则主要是统治或剥削关系。所谓统治，就是所有者对生产过程的控制和指挥，甚至包括对生产者的人身控制；剥削就是对直接生产者的劳动或者无酬劳动的占有。为了占有更多劳动，所有者控制着整个生产过程和生产中的人的关系。马克思说：“从直接生产者身上榨取无酬剩余劳动的独特经济形式，决定了统治和从属的关系，这种关系是直接从生产本身中生长出来的，并且又对生产发生决定性的反作用。但是，这种从生产关系本身中生长出来的经济共同体的全部结构，从而这种共同体的独特的政治结构，都是建立在上述的经济形式上的。任何时候，我们总是要在生产条件的所有者同直接生产者的

---

① ［德］马克思：《资本论》第3卷，人民出版社2004年版，第995页。

② 同上书，第994页。

③ 同上书，第1000页。

直接关系——这种关系的任何当时的形式必然总是同劳动方式和劳动社会生产力的一定的发展阶段相适应——当中，为整个社会结构，从而也为主权关系和依附关系的政治形式，总之，为任何当时的独特的国家形式，发现最隐蔽的秘密，发现隐藏着的基础。”① 十分明显，《资本论》的这段论述是站在历史唯物主义的理论高度立论的，它不仅是《资本论》的一个结论，也是马克思主义的一个科学结论。它应当和马克思在《〈政治经济学批判〉序言》中写的那段著名论述对照阅读。两段论述都坚定地强调了生产出来的生产关系对整个社会的经济结构政治结构的基础性作用，论述了生产关系对整个社会存在及其发展的基础性作用。这就是历史唯物主义！与《序言》略有不同的是：《资本论》因为直接研究资本主义生产关系，所以它对生产关系的论述更加清晰。强调任何社会的生产关系大致就是生产条件的所有者同直接生产者之间的关系以及直接生产者彼此之间的劳动协同关系，并且前一个方面的关系规定着决定着后一个方面的关系。

因为《资本论》以至整个马克思主义理论是从历史唯物主义的高度来论述生产关系的。所以，《资本论》以至整个马克思主义理论所理解的生产就主要是物质生产，生产关系自然就是物质生产领域中的生产关系，就是物质生产领域中的生产条件的所有者同直接生产者之间的关系以及直接生产者彼此之间的关系。这是要特别强调的！如果不把生产关系理解为物质生产领域之中的关系，那就可能丢失马克思主义社会历史观的唯物主义根基；如果把生产之外的关系比如交换关系甚至消费关系都纳入生产关系之中，则会极大膨胀生产关系，甚至可能使生产关系与复杂社会之中的社会关系等同，这同样可能丢失马克思主义社会历史观的唯物主义根基；如果对直接生产者这个概念没有正确理解，即把企业组织中的中上层的管理者都算成是直接生产者，都是总体工人的一部分，都属于总体工人，那同样会使生产关系这个概念的外延过于膨胀，从而使马克思通过分析生产关系所揭示的统治阶级和被统治集团之间对立的经济根源被遮蔽，使科学的阶级斗争学说和无产阶级革命理论失去科学的根基。生产关系作为社会存在，是整个社会的根基。它是历史唯物主义观察社会研究社会理解社会的最基本的平台。

---

① ［德］马克思：《资本论》第3卷，人民出版社2004年版，第894页。

四　生产关系的全面物化

从社会存在论的角度说，物化、对象化是非常重要的。从最一般的意义上说，整个社会以及社会中的各种客观对象，都可以说是人的活动尤其是生产劳动的物化。如果没有对象化、没有物化，就没有社会的物质财富和精神文明在社会中的积累或进步，就没有社会组织或社会关系，也就没有社会。但物化（Verdinglichung）、对象化（Vergegenstandlichung），也许还有异化（Entfremdung）等语词，由于黑格尔、马克思、卢卡奇等等众多思想家的使用，一方面，它们早已成了哲学中的流行语词；另一方面，这些语词也不是没有歧义的。本书并不打算全面讨论这几个概念，只想在简要的对比分析中，论说资本主义社会的生产关系的全面物化这个特殊现象。

对象化这个概念，目前已经在非常宽泛的意义上来使用了。不仅社会实践活动、生产劳动等等是对象性活动，创造出来的结果是对象性存在，整个活动过程及其结果，就是对象化；就是艺术创作，或者构造一个逻辑演绎论证，不少人也认为是对象性活动，白纸黑字或者红口白牙都被认为是对象化。但不管是哪一种意义上的对象化，化的都是人的意识。一是把意识化为客观物质实在；二是把大脑中的意识或者动的意识化为客观的静态的意识。卢卡奇说："每一种人类表达方式包括说话都使人类的思想和情感对象化。"因此，"对象化这种现象事实上是不可能从人类社会生活中消除的。"① 很明显，卢卡奇是在十分宽泛的意义上使用对象化这个语词的。

物化，本书认为它有两个意义。一是一般意义上的，即大体与对象化同义的使用；二是特殊意义上的，大体与对象化不同义的使用。就物化与对象化同义的使用来看，对象化的两个含义都可以用物化这个词来表示。至于物化与对象化的不同点，大体有两个。其一，物化不仅可以把人的思想观念通过生产劳动变成实实在在的物，而且可以把人的社会关系凝固在物中，使社会关系成为物的属性或功能。而对象化化的只是人的意识，不包括人的社会关系。其二，物化具有整体性、全社会性，对象化的内容可

① ［匈］卢卡奇：《关于社会存在的本体论》上卷，重庆出版社 1993 年版，第 19—20 页。

以只局限于个人意识。

人的社会关系凝固为物之后，物反过来统治人、压迫人、奴役人，这就是异化。可见，物化与异化是紧密相连的。但“无论在社会中，还是在概念上，两者都不尽相同”。① 因为异化虽然也有变异、使之不同的意思，但异化主要指人的创造物反过来统治人压迫人这种怪异或颠倒现象。

异化这种现象，前文从劳动的角度已有所论述。《资本论》从一般劳动或者劳动的普遍性出发，认定资本主义社会的生产是异化劳动。《资本论》对异化的论述，可以认为是《1844 年经济学哲学手稿》的异化思想的发展。

有些学者可能不愿意承认《1844 年经济学哲学手稿》和《资本论》之间的思想联系，认为前者并非成熟的马克思主义著作，成熟的马克思在《资本论》里就不用或者少用异化这个词了，因此，异化反映的是不成熟的马克思思想。可以肯定，《1844 年经济学哲学手稿》和《资本论》是不能相比的，如果说《1844 年经济学哲学手稿》是幼芽，《资本论》则是参天大树。但我们也不能完全切断《1844 年经济学哲学手稿》和《资本论》之间的思想联系。前文说过，《资本论》也仍然在使用异化这个语词，尽管使用频率不高了。有些时候，《资本论》尽管没有使用异化这个词，但表达的思想完全是异化概念的含义，比如“人在资本主义生产中受他自己双手的产物的支配”②，这其实就是异化。

《资本论》第 3 卷第 48 章对“资本——利息，土地——地租，劳动——工资这些异化的不合理的形式”③ 进行了集中分析。在这一章，“异化”一词至少出现了 5 次。除了刚才引的一段之外，还有：庸俗经济学家“对于各种经济关系的异化的表现形式”“感到很自在”④ “劳动条件的这种和劳动相异化的、和劳动相对立而独立化的、并由此形成的转化形态——在这种形态下，生产出来的生产资料已经转化为资本，土地已经转化为被垄断的土地，转化为土地所有权”。⑤

马克思进一步把“生息资本”称为“最异化最特别的形式”，因为生

① ［匈］卢卡奇：《关于社会存在的本体论》上卷，重庆出版社 1993 年版，第 20 页。
② ［德］马克思：《资本论》第 1 卷，人民出版社 2004 年版，第 715 页。
③ ［德］马克思：《资本论》第 3 卷，人民出版社 2004 年版，第 940 页。
④ 同上书，第 925 页。
⑤ 同上书，第 933 页。

息资本让人感觉利息与工人的雇佣劳动无关，而只是资本的产物。也就是说，利息不仅让人“想不到它的起源，而且让人想到的是和这个起源完全相反的形式”。①

马克思称地租也是剩余价值的“异化和硬化的形式”。因为地租“直接和一个自然要素即土地联系在一起”，地租的“剩余价值的源泉就完全被掩盖起来了”②，如此等等。这都是异化的明确论述。

和《1844年经济学哲学手稿》相比，《资本论》中的“异化”一词尽管使用频率不高，但表达的思想可能更丰富、更深刻。可以认为，《资本论》中的异化思想是《1844年经济学哲学手稿》的发展。发展意味着两者有相同相通之处，又有明显的不同。两著作中的异化都有相反、对立、颠倒、压迫、统治等等含义。这是相同处。不同处大体有二。第一，《1844年经济学哲学手稿》的异化是以人的类本质——劳动为基础的，《资本论》的异化是以一般劳动为基础的。类本质多多少少带有费尔巴哈的抽象的人本学的味道，而一般劳动这个概念则是对人类社会的物质基础即生产活动进行经验概括的结果；类本质更多是形而上学命题，一般劳动更多是经验科学命题。马克思反复强调：一般劳动，或者劳动本身，就是人作用于自然的物质活动，这种活动“不是同作为社会形式规定性的生产资料发生关系，而是同作为物质实体，作为劳动材料和劳动资料的生产资料发生关系”。③ 但在资本主义社会，资本主义生产却要同作为生产资料的资本发生关系。这就是资本主义社会的劳动的异化。而这个异化是和资本主义社会的生产关系的全面物化联系在一起的，是与劳动力成为商品直接相关的。《资本论》更全面、更深刻、更科学合理地揭示了异化的根源。第二，《资本论》更突出了对异化现象“感到很自在”的异化意识。一般人对这种异化现象感到很自在，习以为常。一些资产阶级的经济学家更把异化说成是一般的或普遍的，甚至是自然的。他们把特定历史阶段的社会现象说成社会的一般现象或普遍现象；把历史现象说成是自然现象，借以美化资本主义生产方式、美化资本主义剥削，企图使资本主义社会成为历史上的最自然的社会、最美好的社会，从而成为永恒的社会。这也是

① ［德］马克思：《资本论》第3卷，人民出版社2004年版，第939页。
② 同上书，第940页。
③ 同上书，第934页。

《资本论》要批判的对象。

前文已指出，马克思在《资本论》中是把异化放在生产关系的全面物化这个大背景下来讨论的，认为异化是资本主义生产关系全面物化的一个结果，有其历史的客观必然性。因此，要消除异化，就要全面批判资本主义生产关系的物化，批判资本主义社会制度。资本主义生产“把在生产中由财富的各种物质要素充当承担者的社会关系，变成这些物本身的属性（商品），并且更直截了当地把生产关系本身变成物（货币）。一切已经有商品生产和货币流通的社会形式，都有这种颠倒。但是，在资本主义生产方式下和在构成其占统治地位的范畴，构成其起决定作用的生产关系的资本那里，这种着了魔的颠倒的世界就会更厉害得多地发展起来”。①

资本主义生产关系的物化既以巨大的商品堆积为条件，也以更加庞大的商品堆积为结果。商品作为物，在最一般的意义上，它是人的脑力和体力耗费的直接结果，是人的劳动过程的对象化或物化，也可以说是动态过程获得静态的存在形式。劳动过程的物化或外化不是从商品生产才开始的。有了人，有了人的劳动，就有劳动的物化、外化或者对象化。商品生产也不是资本主义社会独有的。资本主义生产和其他生产的不同之处是，“商品是它的产品的占统治地位的、决定的性质”。② 所谓决定的性质，自然可以从量和质两方面来说。从量这个方面看，在前资本主义生产中，商品生产尽管有，但在整个社会生产中占的份额并不大，而在资本主义社会，商品生产则占据社会生产的超大份额。从质这个方面看，商品作为社会生产出来的物，又不仅仅是物，它还是资本主义生产关系的体现者，或者物质载体。资本主义生产关系随商品的生产或再生产不断地被生产出来。

商品成为资本主义生产关系的物质载体过程，也就是资本主义的发展过程。《资本论》重点考察了这个过程。前文已经指出过，商品生产体现的是人与人之间的平等互为关系。商品生产者生产价值的目的要通过为他人或社会生产使用价值来实现；消费者则要通过向商品生产者支付价值来获得他看中的使用价值。也就是说，人的平等是通过“人类劳动的等同性”来计算的，而劳动的等同性，又是通过“劳动产品的等同的价值对

---

① ［德］马克思：《资本论》第3卷，人民出版社2004年版，第936页。

② 同上书，第996页。

象性这种物的形式”来计算的，而耗费在价值对象性的物上的等量的劳动时间、等量的劳动力之所以能相互比较，是离不开“生产者的劳动的那些社会规定借以实现的生产者关系”的，但生产关系却“取得了劳动产品的社会关系的形式”,① 即生产关系成了物的属性和物与物之间的关系。

“可见，商品形式的奥秘不过在于：商品形式在人们面前把人们本身劳动的社会性质反映成劳动产品本身的物的性质，反映成这些物的天然的社会属性，从而把生产者同总劳动的社会关系反映成存在于生产者之外的物与物之间的社会关系。由于这种转换，劳动产品成了商品，成了可感觉而又超感觉的物或社会的物……这只是人们自己的一定的社会关系，但它在人们面前采取了物与物的关系的虚幻形式。”② 所谓“物与物的关系的虚幻形式”，自然不是说物不存在，物与物的关系只是形而上学的幻想。不是！商品是实实在在的，商品通过货币中介的交换关系也是客观存在的。所谓虚幻形式就是指物的关系其实体现的是人的关系。或者，人的关系体现在物中。人的社会关系成了物的属性、物的存在。仅此而已。

人的关系成为物的属性或功能，这既是人的活动对象化物化的结果。反过来，它也使人进一步物化。比如，在商品世界，人的劳动要抽象为一般的量，劳动过程基本上要成为机械的过程，物相互作用的机械过程，劳动者成为机械的一部分，个人的劳动只是整个劳动的一部分，个人的劳动只是某个劳动产品的片段，因此个人的能力就只有一部分在他所从事的劳动中得到了运用，人的其他部分则像垃圾一样丢弃。这种被包括卢卡奇在内的西方马克思主义竭力宣扬的一般意义上的商品物化，《资本论》是肯定了的。但《资本论》揭露或批判的重点不是一般意义上的商品物化，而是资本主义生产关系的全面物化。

商品生产所以能发展出资本主义生产，并成为资本主义社会占统治地位的生产，劳动力成为商品是关键。劳动力成为和其他实体性的商品一样的可供购买和消费使用的商品，劳动力就被社会制度实体化、物化了，劳动力的拥有者也被安排成了与其他商品体的拥有者一样的商品所有者。在市场上，劳动力的所有者与其他商品所有者具有平等的地位。一般商品持

---

① ［德］马克思：《资本论》第1卷，人民出版社2004年版，第89页。

② 同上书，第89—90页。

有者是物的看护者，他的意义或价值完全由他所拥有的物的意义或价值来决定。物的价值大，拥有者的价值也大；物的价值小，拥有者的价值就小。如果他一无所有，自然就不是商品拥有者。在商品世界，他就没有任何价值。劳动力的拥有者同样。他拥有的劳动力的市场价值大一点，劳动力的所有者即工人的价值就大一点，如果他完全丧失了劳动力，劳动者也就没有价值了。雇佣工人的价值就是劳动力的价值，劳动力的价值就是雇佣工人的价值。“把价值的纯粹象征性的表现——价值符号撇开，价值只是存在于某种使用价值中，存在于某种物中。（人本身单纯作为劳动力的存在来看，也是自然对象，是物，不过是活的有意识的物，而劳动本身则是这种力在物上的表现。）因此，如果使用价值丧失，价值也就丧失。”① 劳动者的劳动力的使用价值在资本主义社会就是为资本所用。如果不能为资本所用，劳动力的使用价值甚至价值就没有了，劳动者的价值也没有了。货币持有者和劳动力的持有者也一样，他也只是物的看护者、守望者。也可以说，他也仅仅因为他所拥有的物而有意义。至少在市场上是如此。因为“货币本身是商品，是可以成为任何人的私产的外界物”。② 他拥有的货币量大一点，物多一点，他的价值就大一点；他如果不拥有物，他就没有价值。从这个意义上说，货币的拥有者和劳动力的持有者一样，都是由物来规定或衡量的。当货币购买到劳动力，使用或消费劳动力时，也就是进入生产领域，并生产出剩余价值时，货币就成为资本了，货币的持有者就是资本家了。劳动力的所有者就成了为资本家生产剩余价值的雇佣工人了。马克思说，“只有当生产资料和生活资料的占有者在市场上找到出卖自己劳动力的自由工人的时候，资本才产生。”③ 有了资本，也就有了资本的所有者资本家。“作为资本家，他只是人格化的资本。他的灵魂就是资本的灵魂。而资本只有一种生活本能，就是增殖自身，创造剩余价值，用自己的不变部分即生产资料吮吸尽可能多的剩余劳动。”④ 资本家和雇佣工人一样，只“是资本和雇佣劳动的体现者，人格化”。⑤ 资本主义社会的真正统治者是资本，是物。

---

① ［德］马克思：《资本论》第1卷，人民出版社2004年版，第235页。

② 同上书，第155—156页。

③ 同上书，第198页。

④ 同上书，第269页。

⑤ ［德］马克思：《资本论》第3卷，人民出版社2004年版，第996页。

在资本主义社会，劳动力和生产资料是分离的。是资本把生产所要求的人的因素和物的要素结合在一起的。“形成商品的人的要素和物的要素这样结合起来一同进入的现实过程，即生产过程，本身就成为资本的一种职能，成为资本主义的生产过程。”劳动力只有在它的买者手中，在生产过程中，“才成为资本。生产资料本身，只有在劳动力作为生产资本的人的存在形式，能够和生产资料相合并时，才成为生产资本的物的形态或生产资本”。[①]尽管《资本论》明确肯定：“货币资本和商品资本都是资本的存在方式。一个是货币形式的资本，另一个是商品形式的资本。”[②] 商品资本首先是商品，是物。在物中，根本看不到劳动力和劳动资料的分裂对峙以及结合的方式。货币资本更是“没有概念，在货币资本中，资本主义生产过程的任何痕迹都已消失”。[③] 但在生产资本中，劳动力，生产资料始终是构成部分。所以，“产业资本是惟一的这样一种资本存在方式，在这种存在方式中，资本的职能不仅是占有剩余价值或剩余产品，而且同时是创造剩余价值或剩余产品。因此产业资本决定了生产的资本主义性质；产业资本的存在，包含着资本家和雇佣工人之间的阶级对立的存在。随着产业资本支配社会的生产，技术和劳动过程的社会组织就会发生变革，从而社会的经济历史类型也会发生变革”。其他资本“不仅要从属于产业资本，并且要改变其职能机制来和产业资本相适应，而且只能在产业资本的基础上运动，从而要和它们的这个基础同生死共存亡”。[④]马克思进一步强调：“在资本家和雇佣工人的关系上，货币关系，买者和卖者的关系，成了生产本身所固有的关系。但是，这种关系的基础是生产的社会性质，而不是交易方式的社会性质；相反，后者是由前者产生的。然而不是把生产方式的性质看作和生产方式相适应的交易方式的基础，而是反过来，这是和资产阶级眼界相符合的。”[⑤] 马克思的意思非常明确，资本主义生产关系是在资本主义物质生产领域中生产出来的，自然也在物质生产领域中物化，物化的资本主义生产关系同样首先在物质生产领域中起作用。这和前文所说的生产关系主要是物质生产领域中的社会关系是一

---

① ［德］马克思：《资本论》第2卷，人民出版社2004年版，第44页。
② 同上书，第56页。
③ 同上书，第59页。
④ 同上书，第66页。
⑤ 同上书，第133页。

致的。

劳动力在物质生产领域被资本消费或使用，自然是作为物来使用的，而且只是作为物的片段来消费或使用的。比如，对于搬运工，资本就消耗其体力；对于纺织女工，资本就只消耗其双手；如此等等。对于其他，则像垃圾一样，弃之不用，或者被视为根本不存在的东西。人成了物，而且只是物的碎片。全面发展的人成了遥不可及的梦想。生产者的碎片化，在机器工厂里达到了登峰造极的程度。马克思称工场是“一个以人为器官的生产机构”。[①] 工人“把自己的整个身体转化为这种操作的自动的片面的器官”。[②] 工人一方面被各种意义上的分工分割成碎片或器官，被社会分工所统治。因为社会分工对人来说是“一种异己的、同他对立的力量，这种力量压迫着人，而不是人驾驭着这种力量”。[③] 另一方面，工人又被作为资本化身的生产资料统治着，被生产资料切割成更细更小的碎片。资本主义的生产“不再是工人使用生产资料，而是生产资料使用工人了。不是工人把生产资料当作自己生产活动的物质要素来消费，而是生产资料把工人当作自己的生活过程的酵母来消费”。[④] 马克思把这个关系称为“颠倒”或“倒置”，这是“死劳动和活劳动、价值和创造价值的力之间的关系的倒置”。[⑤] 这就是异化。人化而为物的同时物化而为人，并且人被人化的物统治着。

物之所以有统治人，吮吸工人的活劳动的力量，就因为资本不是一般的物。韦克菲尔德早就发现，“资本不是一种物，而是一种以物为中介的人和人之间的社会关系”。[⑥] “黑人就是黑人。只有在一定的关系下，他才成为奴隶。纺纱机是纺棉花的机器。只有在一定的关系下，它才成为资本。脱离了这种关系，它也就不是资本了，就像黄金本身不是货币，砂糖并不是砂糖的价格一样……资本是一种社会生产关系，它是一种历史的生产关系。”[⑦] 马克思更是十分详尽而准确地分析或揭示了资本的本质：“资本不是物，而是一定的、社会的、属于一定历史社会形态的生产关系，后

---

① ［德］马克思：《资本论》第1卷，人民出版社2004年版，第392页。
② 同上书，第393页。
③ 《马克思恩格斯选集》第1卷，人民出版社1995年版，第85页。
④ ［德］马克思：《资本论》第1卷，人民出版社2004年版，第359页。
⑤ 同上书，第360页。
⑥ 同上书，第877—878页。
⑦ 同上书，第878页。

者体现在一个物上，并赋予这个物以独特的社会性质。资本不是物质的和生产出来的生产资料的总和。资本是已经转化为资本的生产资料，这种生产资料本身不是资本，就像金和银本身不是货币一样。”① 可见，统治人的其实是社会生产关系。社会生产关系在生产中物化为生产资料，因此生产资料等等物才有了统治人的力量。可见，异化以生产关系的全面物化为前提。

凝固了资本主义社会生产关系的物，在资本主义生产或再生产中不断被生产出来。资本主义生产一方面最大限度地保存了以往社会的物化成果；另一方面又最大限度地利用了以往社会的物化成果。因此，资本主义生产就在物化规模不断加大程度不断加深的基础上又不断扩大规模不断加深程度。“规模不断扩大的劳动过程的协作形式日益发展，科学日益被自觉地应用于技术方面，土地日益被有计划地利用，劳动资料日益转化为只能共同使用的劳动资料，一切生产资料因作为结合的、社会的劳动的生产资料使用而日益节省”,② 如此等等。总之，一切可用的自然的社会的条件都被作为物在生产之中使用，并且是得到最大限度的使用，最经济的使用。人也作为物得到了最大限度的使用。人被完全作为物来使用，是对人的摧残或折磨，但却促进了社会生产力的神奇发展和社会物质财富的惊人增长。人也在被作为物来用的痛苦的折磨中获得了全面发展所需要的条件。现代大工业“通过它的灾难本身使下面这一点成为生死攸关的问题：承认劳动的变换，从而承认工人尽可能多方面的发展是社会生产的普遍规律，并且使各种关系适应于这个规律的正常实现。大工业还使下面这一点成为生死攸关的问题：用适应于不断变动的劳动需求而可以随意支配的人，来代替那些适应于资本的不断变动的剥削需要而处于后备状态的、可供支配的、大量的贫穷工人人口；用那种把不同社会职能当作互相交替的活动方式的全面发展的个人，来代替只是承担一种社会局部职能的局部的个人”。③ 一方面，大工业和资本主义生产需要劳动者能在各个不同岗位，不同部门之间自由流动。这为生产劳动者成为自由而全面发展的人提供了客观的需要，因而为人的自由而全面的发展提供了巨大的动力。另一方

① ［德］马克思：《资本论》第3卷，人民出版社2004年版，第922页。
② ［德］马克思：《资本论》第1卷，人民出版社2004年版，第874页。
③ 同上书，第561页。

面，大工业又使许多技术、技艺变得简单，因而完全不需要一个人用其一生的时间来学习、操作，因而也就消灭了使人因为终身从事某种技艺活动而成为某种身份的人的技术限制和社会限制，为人的自由而全面的发展创造了实际的条件。比如，传统的泥瓦匠、木匠、裁缝、屠夫等等，就是因为终其一生甚至世代都从事某项技艺活动而成了某种身份的人。这种人随着社会的发展已经消失或正在消失。人从某种固定的、恒久不变的身份中走出来，本身就是巨大的历史进步，而且为社会的进一步的发展和人的解放创造了条件。

资本作为特殊的物，在生产或再生产的过程中，一方面把自然资源（包括人的劳动力）、机器、科学技术以及其他所有可能利用的社会条件、社会关系都拿来供其驱遣、役使、利用；另一方面，资本在利用这些物质手段的同时又把它们加以同化，使之成为新增资本或资本的一部分。更准确地讲，就是成为资本本身。因为资本并没有原有资本和新增资本的区别。资本因为不断把可以利用的各种自然资源和社会条件变成资本而不断壮大自己，然后又在更大规模、更深的程度上把一切可能利用的自然资源和社会条件、社会关系等变成资本，从而打造出一个资本的世界。资本就是由资本开拓出来的资本主义世界的至高无上的、唯一的、绝对的统治者。而且资本在其运动的过程中，它的开疆拓土的野心将以疯狂的、残酷的加速度的方式持续下去，直到最后把自己炸毁。

凝固资本主义生产关系的资本物在毁灭之前，在量的方面和质的方面都有不断扩张的过程。《资本论》指出，资本主义生产过程，“不仅生产商品，而且生产剩余价值，而且还生产和再生产资本关系本身：一方面是资本家，另一方面是雇佣工人”。① 所谓量的扩张，就是把社会的不同的生产领域不断变成资本主义的商品生产，变成剩余价值的生产，把社会生活的不同方面不断变成商品关系。所谓质的强化，就是资本关系的加重，剥削关系的加重，资本对剩余价值的追逐越来越厉害。质量两方面结合在一起，资本主义生产“使人和人之间除了赤裸裸的利害关系，除了冷酷无情的‘现金交易’就再也没有任何别的联系了。……它把人的尊严变成了交换价值，用一种没有良心的贸易自由代替了无数特许的和自力挣得的自由。总而言之，它用公开的、无耻的、直接的、露骨的剥削代替了由

① ［德］马克思：《资本论》第1卷，人民出版社2004年版，第666—667页。

宗教幻想和政治幻想掩盖着的剥削”。“资产阶级抹去了一切向来受人尊崇和令人敬畏的职业的神圣光环。它把医生、律师、教士、诗人和学者变成了它出钱招雇的雇佣劳动者。” “资产阶级撕下了罩在家庭关系上的温情脉脉的面纱，把这种关系变成了纯粹的金钱关系。”① 如此等等。总之，整个社会，整个社会生活都被资本统治着，都被资本化的商品物统治着。

社会生产关系全面外化为物的存在形式，甚至让物来统治人，对人的负面影响不能忽视。资本对雇佣工人的压榨或剥削给工人造成的苦难更是必须揭露和批判，并且要唤起工人组织起来改变这个颠倒的生产方式，从而改变这个颠倒的社会。按照资本本身的逻辑来说，它的发展已经为它自己的炸毁创造了客观的历史条件。《资本论》的最大贡献就是通过分析资本主义生产揭示了资本自己发展自己、自己创造炸毁自己的客观历史条件。

① 《马克思恩格斯选集》第1卷，人民出版社1995年版，第275页。

第七章　社会关系中的人

研究社会存在而不专门研究人，这是否合适？

假定本书不专门讨论人，是可以找到足够理由的。因为本书不是专门研究社会存在的，它只是研究《资本论》的。而《资本论》并没有专门讨论人的章节，涉及人的文字是散落各处的。即使把《资本论》的散落各处的关于人的文字，不管是论述人的一般而普遍的本质的文字，还是研究人的某方面的属性或特点或者某种身份的人的文字，全部收罗在一起。这些文字总量也很有限。在这些有限的文字中，又以讨论某种身份的人的文字为主。而且即使是论述某一阶层的人或者某种身份地位的人的文字，也往往是从物的所有者守护者或者消耗者的角度来论述的。也就是说，某种身份的人也往往隐藏在物的背后，是作为物的化身而被论述的。所以，如果仅从字面上看，《资本论》主要是在讨论资本，讨论资本化的物，讨论物的生产或再生产。而以《资本论》为研究对象的书也就可以不专门讨论人了。但这只是问题的一个方面。另一方面，可能也是更重要的方面，《资本论》其实是用了自己独特的思路和方法研究人的。研究《资本论》的人是不能视而不见的。

一　人退居资本物幕后的原因

不妨从直接可见的现象说起。《资本论》直接描写人的文字为什么如此少呢？本书认为大体有如下原因。第一，《资本论》的研究对象、研究主题的限制。任何一部书，任何一个学科都有其特定的对象或范围。《资本论》的研究对象是资本，资本的物化形态，资本的生产或再生产等。因为资本代表的是资本主义生产关系。所以，研究资本的本质，资本的生产或再生产，也就是研究资本主义生产关系的本质，资本主义生产关系的生产或再生产。生产关系自然是人的关系，但资本主义生产关系大体凝聚在物之中。资本主义生产关系的生产或再生产也是通过物的生产或再生产实现的。所以，《资本论》的研究对象，最直接地说，是物，资本物，而不是人的关系或者人。这就像逻辑学的研究对象是用语言表达出来的思维结构或者命题之间的推演关系，而不是人的心理活动，或者人的关系一样。从这个意义上说，《资本论》不直接写人是很正常的。

第二个原因就是资本主义社会本身的异化。资本主义社会本身就是由资本统治着，由物统治着的。资本把一切都同化为资本物。物无可逃遁，人也未能幸免。不仅雇佣工人是资本的役使对象，就连资本家也只是资本的代言人，资本的看护者或守望者。资本物的本质就是资本家的灵魂。在资本主义社会，人降低到了物的水平，人的关系也是通过物的关系来体现的。不仅如此，人还被物统治着。如果说，奴隶社会的统治者是大大小小的奴隶主，封建社会的统治者是大大小小的封建主，那么资本主义社会的真正统治者则是大大小小的资本。而资本又凝固为物，表现为物。资本主义社会的真正统治者就是物，代表资本主义生产关系的商品物。研究奴隶社会封建社会的历史著作是以奴隶主贵族或者帝王将相作为主角的，研究资本主义社会的著作以资本物作为主角，同样合理。所以，“见物不见人”与其说是马克思的错，不如说是资本主义社会的罪恶。

第三，这种安排也体现了马克思对人的理解。一方面，马克思在对资本主义社会的客观现实进行实证性研究和客观叙述的同时，对资本主义社会把人降低到物的水平，又把物提升到人的水平的异化现象进行了尖锐批判。从马克思的叙述和批判中可以看出马克思的人的思想或对人的理想。另一方面，包括《资本论》在内的成熟的马克思主义著作又主要不是抽象地理解人的，而是从人的社会历史活动，从人的社会关系出发理解人的。人处在怎样的社会关系之中，如何从事物质生产等等社会实践活动，人就是怎样的。总之，如果我们不拘泥于文字，不怀偏见，就能发现资本物背后的人，就可以概括出马克思的基本的人学思想或人学理论，就不能得出《资本论》是人学空场的结论来。

二 劳动的主体和被生产关系统治的对象

《资本论》要解剖的是资本主义的生产方式以及这个生产方式中的作为资本的代表的资本家和被资本奴役的雇佣工人。但特殊的生产方式以普遍的劳动为前提，特殊的人以一般的人为前提。《资本论》在一条注释中就明确提出了研究人的一般方法论原则："首先要研究人的一般本性，然后要研究在每个时代历史地发生了变化的人的本性。"① 《资本论》不是纯粹的形而上学著作，对于《资本论》提出的这个方法论原则，我们同样不能形而上学地理解，而要把它理解为社会历史理论的一个方法论原则。也就是说，《资本论》这里所说的"人的一般本性"是研究资本主义生产关系中的人的理论前提，这就像《资本论》中的劳动的一般性、普遍性是研究资本主义生产的理论前提，物质理论是研究人类社会的理论前提一样。《资本论》涉及的理论前提比较多，比如物质、劳动、人的一般本性等，对这些前提的直接论述的文字又不是太多，正确理解这些前提是很重要的。

从抽象而一般的意义上说，人的一般本性就是人的劳动，人的自觉自由的劳动。前文说过，劳动是人为了自身的存在和发展而和自然进行的物质交换活动，是人实现自己的目的的手段。所以，劳动就是人的存在方式，就是人的类本质。马克思把"劳动这种生命活动、这种生产生活"看成是人的"类生活。这是产生生命的生活。一个种的整体的特性、种的类特性就在于生命活动的性质，而自由的有意识的活动恰恰就是人的类特性"。② 这里所说的自由的有意识的活动就是劳动。人的劳动之不同于动物的本能活动的地方，就是利用劳动的结果主要是生产资料进行新的劳动。"劳动资料的使用和创造，虽然就其萌芽状态来说已为某几种动物所固有，但这毕竟是人类劳动过程独有的特征。"所以，人就是"制造工具的动物"。③ 可见，制造工具的动物，从事劳动的动物，大体具有相同的含义。所以，人的一般本性就是劳动，就是利用工具、制造工具从事劳动

① ［德］马克思：《资本论》第 1 卷，人民出版社 2004 年版，第 704 页。
② ［德］马克思：《1844 年经济学哲学手稿》，人民出版社 2000 年版，第 57 页。
③ ［德］马克思：《资本论》第 1 卷，人民出版社 2004 年版，第 210 页。

借以满足自己的需要。这是马克思对人的一个基本看法。

人通过劳动而存在，也可以说，人是劳动的主体。这里的主体一词是在通常的意义上使用的。人作为劳动的主体，大体具有以下的含义。第一，劳动是人独立自主地发动的，不是受其他类或者外部力量驱使的结果。人作为一个受限制的感性存在物，肯定受自然律的控制。也就是说，人的劳动起初在很大程度上是在自然的作用下为了生存而进行的活动。但自然的作用也要通过人的自觉自愿自主的活动才起作用。人之外的其他动物也受自然律的控制，但它们没有将自然律的作用转化为内在的自觉自愿自主的活动。因而它们没有人类的自觉自愿自主的劳动。这里的自主自愿的活动就是指人在自然的作用下主动进行劳动，人只服从人类自身的意愿而劳动。人只听从自己内心的召唤而从事劳动。没有其他什么类能强迫人从事劳动。第二，劳动是人为了自己、满足自己而进行的活动。劳动从最一般的意义上说，就是为了人的。不是为了劳动的对象，也不是为了劳动过程中所依凭或使用的物质资料，更不是为了其他的自然物。劳动百分百是为了满足人的需求的。劳动既满足了人的物质生活的多方面需求，又满足了人的精神生活的多方面需求。第三，劳动过程自始至终是由人操作或掌控的。主要凭借人的机体力而进行的劳动不用说是由人操作或控制的，即使是今天的自动化生产，整个劳动过程其实也仍然是由人操控的，只不过操控的方式方法手段与比如说纯手工劳动的操控方式有所不同罢了。自动控制仍然是代表人的手、脑来操控劳动过程的。所以，在一般的意义上，人是劳动的主体。

但是，人的劳动的类特征，人的劳动的主体地位又决不是先验的、一成不变的，它是在自然的基础上、在劳动的过程中逐渐生产出来的，并且随不同的自然条件和社会条件而呈现出不同的特点。一句话，人的劳动能力、劳动意识、劳动手段、劳动所需要的自然条件和社会关系都不是先验的，而是在劳动的过程中一点一点生产出来的。人的劳动的主体特征，主体地位也是不断变化的。尤其是社会分裂为不同阶级之后，不同阶级在劳动中的主体地位更是随社会发展而不同。对于马克思主义理论来说，研究人的劳动的类特征，研究作为劳动主体的人，主要就是研究劳动的社会关系或社会条件以及劳动的技术手段。研究技术手段如何为生产方式服务，研究社会生产方式如何影响或改变不同的人群，即影响他们在生产中的地位。离开劳动的社会关系和技术手段而研究的劳动就是抽象的劳动，而把抽象的劳动作为人的不变的类特征来研究，这样的类特征就不是现实的人的类特征了。人的劳动的类特征其实是人的现实的具体的劳动，是处于特定社会关系中的劳动。而劳动的社会关系以及劳动的技术手段又是随社会劳动一起发展变化的。也可以说，研究劳动的社会关系和技术手段，就是研究劳动的社会历史发展演进过程。应当指出，年轻的马克思就已经意识到“人的本质是人的真正的社会联系，所以人在积极实现自己本质的过程中创造、生产人的社会联系、社会本质，而社会本质不是一种同单个人相对立的抽象的一般的力量，而是每一个单个人的本质，是他自己的活动，他自己的生活，他自己的享受，他自己的财富”。①

如果说年轻的马克思对人的劳动的类本质的社会历史性还只有一个原则性的看法，那么成熟时的马克思就把这种原则性的看法真正展开了，具体化了，变成了具体分析具体社会历史条件下的人的生产方式的理论。《资本论》作为研究资本主义生产方式的著作，在某种程度上，也可以看成是研究人的著作，研究资本主义社会中的人如何生产如何生活的著作。因为研究人，就是研究人的劳动，研究人在具体社会历史关系社会历史条件下的生产方式、生活方式。因而研究资本主义生产方式，研究资本如何统治人，也就是研究马克思自己所处的现代社会中的人。从这样的意义上，把《资本论》看成一部人学著作也是可以的。

《资本论》是从分析商品开始的。从商品开始，也就是从物开始。但从商品物开始，也可以说是从人开始的，从社会开始的。因为商品是人生产的，而且是人为了满足人的需要而生产的。商品一方面是为商品所有者生产价值的生产；另一方面是为商品使用者生产使用价值的生产。为消费者生产使用价值，是为了人的生产；为生产者生产价值，也是为了人的生产。总之，商品就是人为了人的生产。商品所以是商品，商品所以不同于自然物，就在于它是人的劳动的产品，是人为了满足自己也为了满足他人而生产出来的物。商品承载的是人的关系，实现的是人的目的。商品的登场，明确宣告了《资本论》的对象是社会而不是自然；是人而不是人之外的物。

商品是人的劳动的成果，商品的价值就不是物的自然属性而是人的劳动量的凝结。马克思认为，商品的价值是“无差别的人类劳动的单纯凝

① ［德］马克思：《1844 年经济学哲学手稿》，人民出版社 2000 年版，第 170—171 页。

结”，是“抽象的人类劳动对象化或物化”。[①] 具体说来，就是生产者的脑力和体力的耗费，生产者的劳动时间的耗费，生产者在单位时间内耗费的脑力和体力。用资产阶级思想家习惯的用语来说，商品的价值就是人的人性的凝结。商品交换就是通过物的交换实现的人的无差别的劳动量的交换，劳动时间的交换，生命在一定时间内耗费的等量的脑力和体力的交换，生命在一定时间内创造的等量的价值的交换。商品物彼此之间进行交换的一个重要前提，就是商品的所有者购买者彼此都是同样的人，商品物都是同样的无差别的劳动的凝结物。而通过商品物的交换，又进一步凸显了强化了商品交换者彼此是同样的无差别的人这一点。如果不承认人的劳动的无差别性，不承认人在某种意义上的无差别性，那就不能理解商品的价值，就不能理解商品的等价交换原则。而在资本主义生产方式中，商品又是资本的一种基本的存在方式。因此，不理解商品的一般特性，也就不能理解资本的本质。而资本又是资本主义生产方式的代表，不理解资本的本质，就不能理解资本主义生产方式的本质。不理解资本主义生产方式的本质，就不能理解资本家阶级和雇佣工人。而不理解资本家和雇佣工人，也就不能很好地理解人本身，理解人的一般性。可见，从分析商品物开始，其实蕴含了对人的一般性的理解，对人的一般性的承认。而对这个一般性的人的承认，为科学的认识资本主义生产提供了科学的理论前提，也为认识资本主义社会中的人的不同社会集团的不同特点提供了理论前提，也为从一般的意义上理解人创造了条件。这大概就是《资本论》这部研究资本主义生产方式的著作也主张首先要研究人的一般本性，研究一般的劳动或劳动的自然性的一个基本原因。

本书已经反复强调，《资本论》不是一般的研究抽象的人。上面的分析揭示出来的一般的人，人的无差别的劳动等，其实是作为商品的价值而存在的，是作为商品交换的前提而出现的，是作为具体的经验研究的理论前提而出现的。进一步，《资本论》研究商品，也不是为了纯粹的形而上学的目的，而是为了研究资本主义生产方式，研究资本主义生产方式中的人，研究资本主义生产方式中的不同的人的集团。《资本论》通过对商品的价值和使用价值的矛盾的具体而历史地分析，揭示出了资本主义社会中的商品的价值和使用价值的矛盾对不同人群或社会集团的不同意义。资本

---

① ［德］马克思：《资本论》第1卷，人民出版社2004年版，第51页。

主义商品生产利用商品的价值和使用价值之间的矛盾，为资本家不断生产出剩余价值或巨额财富，而为雇佣工人却只生产出了工资或贫困。这是《资本论》获得的结论。

资本是为了获得商品的价值而进行生产的。资本要获得价值，就要为他人生产使用价值。为了生产使用价值，资本首先必须买，买生产资料和劳动力。再用劳动力推动生产资料进行劳动，生产出商品。最后把商品卖出去，将价值兑现。但资本的一买一卖，并不是数学等式的等量转换，卖出商品获得的价值是多于购买生产资料和劳动力的价值之和的。可见，资本在追逐价值的过程中还获得了由劳动力创造的剩余价值。而劳动力的所有者只获得了与他的劳动力的市场交换价值相当的工资，劳动力在使用的过程中创造的新的价值被资本无偿占有。也就是说，资本主义的商品生产，是一部分人为另一部分人生产剩余价值的生产，也可以说是一部分人无偿占有另一部分人的剩余劳动的生产。这样的结果，仅仅分析劳动的一般性或自然性是无法得到的，仅仅分析人的一般的劳动本质是无法得到的，甚至仅仅分析商品的一般特性或者价值与使用价值的矛盾也是无法得到的。《资本论》的科学结论是在一般商品概念的基础上，通过分析劳动力这个特殊的商品而获得的。

分析普通商品需要以人的一般特性为前提，而分析劳动力这个特殊商品，在某种意义上就是揭示资本主义生产中的直接生产者的地位及作用。

在资本主义商品市场中，无论是在相对自由的市场中，还是在垄断程度比较高的市场中，拥有较多甚至很多社会财富的人，往往只是商品所有者、货币持有者。货币持有者、商品所有者，如果从身份地位方面进行分析，从社会存在的角度看，他们是货币的人格化、商品的人格化，尽管同样是人被物统治着，但他们作为商品所有者、货币持有者，与资本家还是不一样的。只有按照资本的要求，购买了生产力和劳动资料，进行了剩余价值的生产，即组织了为了卖的生产，才是资本家。而货币持有者，他完全可以只依凭他自己的喜好，在市场上购买他所需要的东西，满足他作为自然人甚至社会人的各方面的需要。实现他作为自然人甚至社会人的种种梦想。同样，作为劳动力的所有者，当他出现在市场上的时候，还是有其光鲜亮丽的花环的。雇佣工人在市场上严格说来还不是真正的雇佣工人，他只是劳动力的占有者。他首先是作为商品占有者而不是作为商品而存在的，也可以认为，他是作为人而不是作为物而存在的。这和奴隶社会把奴隶作为会说话的牲口相比，毫无疑问具有巨大的历史进步意义；和封建社会的被固定在庄园或耕地上的农民相比，劳动力的所有者也具有更多的自由与平等。所谓自由，就是完全凭自己的意愿选择买者。所谓平等，就是劳动力的占有者与货币持有者具有一样的权利与地位。这个平等至少有两方面的意义。第一是理论上、逻辑上的平等。劳动力的占有者和货币持有者作为卖者和买者共同构成了买卖关系。缺少其中的任何一方，买卖关系就不存在。卖者和买者之间不存在主从、主谓、主客、主顾或者主动被动、甚至剥削与被剥削的不同。双方除了一方是卖者一方是买者之外，完全一样，地位上完全平等。第二是法律上的平等。买卖双方要彼此尊重对方，都完全按照自己的意愿行事，实行等价交换，公平交易，不能强买强卖等等。这些都是所谓法律上的平等。这的确是劳动力的所有者头上的光环。这样的光环是奴隶、农奴、平民所没有的。这也是资本主义社会比奴隶社会和封建社会进步的重要表现。看不到这些事实，不是科学的态度，不承认这些事实则不是历史的辩证的唯物主义态度。马克思说：在市场或流通领域“确实是天赋人权的真正伊甸园。那里占统治地位的只是自由、平等、所有权和边沁。自由！因为商品例如劳动力的买者和卖者，只取决于自己的自由意志。他们是作为自由的、在法律上平等的人缔结契约的。契约是他们的意志借以得到共同的法律表现的最后结果。平等！因为他们彼此只是作为商品占有者发生关系，用等价物交换等价物。所有权！因为每一个人都只支配自己的东西。边沁！因为双方都只顾自己”。① 总之，劳动力的占有者和货币的占有者是平等的而且都是自由的。从这里可以看到，马克思是承认人的，是肯定人的自由平等自由意志等等这些人之为人的东西的，并且充分肯定了资本主义社会在实现或保障人的基本权利方面有比其他社会制度优越的地方。但即使在这里，也仍然可以看到《资本论》与抽象的人学理论的不同，因为它是通过分析劳动力商品在市场上的交换来获得结论的。

劳动力的所有者之所以有与货币持有者在市场上形式上的平等地位，完全是因为劳动力商品化的结果。个人体内的劳动力有和普通的自然物一样的地方，即都是客观自然物。劳动力作为机体力也是自然的，因为“人本身单纯作为劳动力的存在来看，也是自然对象，是物，不过是活的

① ［德］马克思：《资本论》第1卷，人民出版社2004年版，第204页。

有意识的物”。[①] 资本主义生产将劳动力商品化，直接劳动者可以自由地把自己的劳动力拿到市场上去出售，劳动力的所有者在市场上就获得了与市场的其他参与者平等的地位与权利。劳动力的所有者对自己的所有物拥有所有权，并且始终不能放弃他的这个所有权。他“必须始终把劳动力只出卖一定时间，因为他要是把劳动力一下子全部卖光，他就出卖了他自己，就从自由人转化为奴隶，从商品占有者转化为商品。他作为人，必须总是把自己的劳动力当作自己的财产，从而当作自己的商品。而要做到这一点，他必须始终让买者只是在一定期限内暂时支配他的劳动力，消费他的劳动力，就是说，他在让渡自己的劳动力时不放弃自己对他的所有权”。[②] 货币持有者同样，他也只能在市场上购买到有一定使用时间的劳动力。不能购买到一个人的无时限的劳动力或者全部的劳动力的使用权。这里又一次遇到了量变引起质变的实例。劳动者将自己的劳动力是一次性全部卖完，还是分次出卖，这本只是量的不同。但这个量的差异却带来了质的不同。分次出卖，劳动力的所有者是商品所有者，物的所有者，是自由人；一次出卖，劳动力的所有者就成了与他出卖的对象没有差异或直接同一的东西了，人成了奴隶了，甚至成为物了。一次性拥有劳动者的全部劳动力的使用权的是奴隶主，而一次只能拥有劳动力的一定使用时间的是资本家。资本家不同于奴隶主，劳动力的所有者也不同于奴隶。这个量的不同导致的质的区别的确是资本主义市场上的光环。

劳动力商品除了有与普通商品相同的地方外，还有不同处。一个基本的不同，如果从存在论的角度看，那就是：普通商品在商品占有者之外，是人之外的物。而劳动力商品不在它的所有者之外，它就存在于“人的身体即活的人体中”。[③] 普通商品因为在人之外，商品的卖者在市场上出售了自己的商品之后就可以按自己的意愿自由地回家，而劳动力商品因与所有者不能分割，所以，出卖了劳动力商品的人就要尾随他的购买者，进入购买者开设的工场，供购买者使用或消费。可见，货币所有者在资本主义商品市场名义上把劳动力的所有者作为商品所有者、作为人看待，但实际上只把他作为物来购买，作为使用价值来购买。正是在市场上把劳动力

---

① ［德］马克思：《资本论》第1卷，人民出版社2004年版，第235页。
② 同上书，第195—196页。
③ 同上书，第195页。

作为物来购买，资本才能在工厂把劳动力作为使用价值来消费。可见，资本主义市场和资本主义工厂其实是有统一性的。我们不能因为资本主义市场有自由平等而看不到它的不平等；不能因为它有人的光环而看不到它的非人的一面。

劳动力商品要源源不断地出现在商品市场，就要在生产领域不断把它生产出来。由于劳动力商品和它的所有者不能分割开，劳动力商品的价值也就和人的自然生命体不能分割开。所以，劳动力商品的生产或再生产，也就是劳动力商品的所有者人的生产或再生产。如果一定量的个体已经存在，劳动力商品的生产就是这些个体的生命的维持。而无论是个体生命的维持，还是个体生命的繁殖，都需要一定量的生活资料的消耗。所以，“劳动力的价值，就是维持劳动力占有者所必要的生活资料的价值”。① 即回复或者再生产劳动力商品所耗费的生活资料的价值，就成了劳动力商品的价值，劳动力商品的价值也就是劳动力商品的所有者人的价值。生活资料的价值成了生命的价值，物的价值成了人的价值。反过来，人的价值也就是物的价值，劳动者的价值就是他所拥有的劳动力的市场价格。他所拥有的劳动力值多少钱，他本人就值多少钱，甚至就是多少钱。这里要强调：这里所说的雇佣劳动者人的价值就是他所拥有的劳动力物的价值，这一点和物表现人的价值体现人的价值是不同的。比如，一座建筑物体现的是设计者和建筑者的价值。在这里，物体现的是人的劳动创造的价值，物是人的智慧或劳动成果的凝结，是人的智慧或劳动的外化。物的精致或宏伟，表现的就是人的创造能力，人的智慧的伟大。而劳动力的价值是由个体生命消耗的物的价值量来计算的。一个人消耗多少他就值多少。个体生命消耗的生活资料的价值越大，劳动力的价值也越大。劳动力的价值越大，个体的生命的价值也越大。总之，生命的价值，人的价值表现为对物的消耗。尽管维持个体生命或者繁殖后代所耗费的生活资料的价值量不是由劳动力的所有者的个人意愿决定的，而是由社会的必要劳动时间计算的。但无论如何，人的价值是由它消耗的生活资料的价值来计量的。消耗的生活资料越多，劳动力的价值就越大，劳动者人的价值也越大。这与人的本质是自觉自由的劳动，人的价值就在于为他人或社会做贡献的基本观念相反了。这就是人的本质的异化！一些善良的资产阶级学者对资本主义

① ［德］马克思：《资本论》第1卷，人民出版社2004年版，第199页。

社会的这种颠倒或异化进行过猛烈批判。马克思在《资本论》中同样对这种异化进行了无情的揭露和批判。但马克思更多是从对资本主义生产方式的系统而科学的分析出发进行批判的，而不是从人的抽象本质出发来进行批判的。也就是说，在资本主义社会，雇佣劳动者所拥有的劳动力成为商品是资本主义生产方式生产或再生产出来的，劳动力商品的价值就是劳动力的所有者的价值，物的价值就是人的价值是资本主义生产方式生产或再生产出来的。资本主义生产方式的一个罪恶就是把雇佣劳动者仅仅作为商品来生产，仅仅作为使用价值来生产，仅仅作为物来生产，而不是作为有尊严的人来生产。

购买劳动力商品的人，他享用劳动力商品的使用价值的过程，其实就是指挥劳动力的所有者为其劳动的过程。资本在享用劳动力商品的使用价值的过程中，也不能不破坏与人的自然生命本是一体的劳动力的价值，就像普通人在日常生活中享用普通商品的使用价值会破坏商品的价值一样。资本驱遣劳动力的所有者人为其劳动并创造新的价值或剩余价值的过程，就是破坏劳动者生命价值的过程。也可以说，资本主义生产就是把雇佣劳动者当作物来使用的过程，当作生产资料来使用的过程。但雇佣劳动者毕竟是人，是活的个体，而不是僵死的物。而且雇佣劳动者在生产中也实实在在发挥了与普通物不同的作用。即使是奴隶社会中戴着脚镣手铐劳动的奴隶在劳动中也发挥了人的独特作用。在资本主义商品生产中，雇佣工人同样发挥了人的独特作用。而且这个独特作用是可以用精确的量来计算的。马克思告诉我们：普通的物在生产中只是把自己的价值转移到新的物品之中去，没有增加新的价值，但劳动力商品在生产中却创造出了多于它的市场价格的新增价值。这个新增价值大体就是劳动者作为人在生产中发挥的独特作用的货币量的表现。但资本并不承认这一点，即不承认劳动力商品与其他生产资料的不同，不承认雇佣工人与其他生产资料在生产过程所起的不同作用，并偷偷把劳动力新创造的价值装进了自己的腰包。这就是问题的实质！这就是《资本论》经过科学分析揭示出来的资本主义生产的独特本质。也就是说，在资本主义生产中，资本只把劳动力商品作为普通商品对待，只把人作为普通物来消费。人与普通物的不同，劳动力商品与普通商品的不同完全被资本吞噬了！所以，从生产的角度分析，资本主义生产方式和奴隶制的生产方式并没有实质性不同。奴隶制生产把奴隶作为会说话的牲畜对待，资本主义生产则把雇佣工人作为一般商品物看待。十分明显：这两种生产方式都是把直接生产者人作为生产所凭借的物质资料来对待的，都是把直接生产者作为普通物来对待的。资本主义社会比奴隶社会更富人性的地方是市场。前文指出过，资本主义市场把直接生产者作为人看待也仅仅是形式上的。而在资本主义工厂，就连形式上的人也被吞噬了。在资本主义工场，一切都是生产资料，一切都是资本，一切都是物，一切都被作为物来使用。人也不能例外。以分析资本主义生产方式的本质为主要任务、以揭露资本主义生产方式的罪恶为基本目的的《资本论》把商品物或资本物作为主角来写，通过分析劳动力商品的社会生产、市场交换和工场消费，充分揭露了资本主义生产方式把人变成物的客观过程。这充分体现了马克思的科学态度，历史态度，实事求是的态度。

《资本论》进一步告诉我们，资本主义生产除了是剩余价值的生产之外，还是资本主义生产关系的生产或再生产。或者说，资本主义生产将人物化并由物统治人的种种不合理甚至罪恶，之所以稳定而持续地存在，就是因为资本主义生产不停地生产或再生产资本主义生产关系。马克思指出："资本主义生产过程……不仅生产商品，不仅生产剩余价值，而且还生产和再生产资本关系本身：一方面是资本家，另一方面是雇佣工人。"① 马克思还通过注释引用了《雇佣劳动与资本》的论述来进一步加强这个观点。"资本以雇佣劳动为前提，而雇佣劳动又以资本为前提。两者相互制约；两者相互产生。一个棉纺织厂的工人是不是只生产棉织品呢？不是，他生产资本。他生产重新供人利用去支配他的劳动并通过他的劳动创造新价值的价值。"② "简单再生产不断地再生产出资本关系本身：一方面是资本家，另一方面是雇佣工人；同样，规模扩大的再生产或积累再生产出规模扩大的资本关系：一极是更多的或更大的资本家，另一极是更多的雇佣工人。"③ 市场上具有平等地位的货币所有者和劳动力的所有者在生产领域所以能相应地变成资本家和雇佣工人，根本的原因，就是资本主义生产关系，资本主义生产关系的生产或再生产。因为，比如说，"奴隶的买卖，按其形式来说，也是商品的买卖。但是如果没有奴隶制，货币就不能执行这种职能。

① ［德］马克思：《资本论》第1卷，人民出版社2004年版，第666—667页。
② 同上书，第667页。
③ 同上书，第708页。

有了奴隶制，货币才能用来购买奴隶。相反，买者手中的货币无论怎样充足，也不会使奴隶制成为可能”。① 在奴隶制生产关系中，拥有劳动力的人只能将自己的劳动力连同他本人一起出卖。在资本主义生产关系中，“生产资料是作为他人的财产而和劳动力的所有者相对立的。这种劳动力只有归它的买者支配，和买者的资本合并，才能使这种资本真正地作为生产资本来活动。因此，资本家和雇佣工人的阶级关系，当他们在 G—A（从工人方面看是 A—G）行为中互相对立时，就已经存在了，就已经作为前提肯定了。这是买和卖，是货币关系，但这种买和卖的前提是：买者是资本家，卖者是雇佣工人。而这种关系所以会发生，是因为劳动力实现的条件——生活资料和生产资料——已经作为他人的财产而和劳动力的所有者相分离了。”②因此，在铁的自然律的作用下，在资本主义生产关系中，劳动力的所有者就只能出卖自己的唯一所有物劳动力，向整个生产资料所有者阶级保持开放。而劳动力商品在市场上的自由买卖更有利于资本。因此，我们就看到了劳动力的所有者在市场上名义上的光环。

生产出来的资本家，无论是个体，还是阶级集团，都只是人格化的资本。或者说，在资本主义社会，资本家并不是作为人而存在的，他们其实没有人的灵魂，没有人的欲望或激情，自然也不用像生产者那样直接耗费脑力和体力于生产活动之中。“作为资本家，他只是人格化的资本。他的灵魂就是资本的灵魂。而资本只有一种生活本能，这就是增殖自身，创造剩余价值，用自己的不变部分即生产资料吮吸尽可能多的剩余劳动。资本是死劳动，它像吸血鬼一样，只有吮吸活劳动才有生命，吮吸活劳动越多，它的生命就越旺盛。”③ “资本家只有作为人格化的资本，他才有历史价值……既然这样，他的动机，也就不是使用价值和享受，而是交换价值和交换价值的增殖了……只有作为资本的人格化，资本家才受到尊敬。作为资本的人格化，他同货币贮藏者一样，具有绝对的致富欲。”④ 可见，资本家作为社会存在来看，他不是作为人而存在的，而是作为资本的职能而存在的。永不停歇地生产剩余价值，生产出更多生产剩余价值的机器或物质手段是资本的唯一动机、唯一职能，也是资本家的唯一动机、唯一职

① ［德］马克思：《资本论》第 2 卷，人民出版社 2004 年版，第 39 页。
② 同上书，第 38 页。
③ ［德］马克思：《资本论》第 1 卷，人民出版社 2004 年版，第 708 页。
④ 同上书，第 683 页。

能。资本是凝聚资本主义生产关系的物。资本成了资本家的灵魂，也就是凝聚了资本主义社会生产关系的物成了人的灵魂，人的主宰。所以，在资本主义社会，凝结了资本主义生产关系的物成了社会的真正的统治者，而人却成了资本的统治对象，成了物的统治对象。即使是“笑容满面，雄心勃勃”而“昂首前行”的资本家，[①] 即使是作为资本主义社会的统治阶级的资本家集团也不例外。可见，一般意义上的作为劳动主体的人，在资本主义生产关系中就完完全全成了劳动的统治对象，劳动生产出来的物的统治对象，劳动生产出来的社会生产关系的统治对象。这就是颠倒或异化。马克思在《资本论·第一版序言》中就已经指出：《资本论》中“涉及的人，只是经济学范畴的人格化，是一定的阶级关系和利益的承担者。我的观点是把经济的社会形态的发展理解为一种自然史的过程。不管个人在主观上怎样超脱各种关系，他在社会意义上总是这些关系的产物”。[②] 可见，马克思把人描述为社会关系尤其是生产关系的产物，是自觉的理论行为，是正确描述历史事实，也是与历史事实一致的科学方法论的必然要求。

但是，资本家的物质载体毕竟是自然人。作为自然人，就要有自然人的生活。也就是要有自然人的基本的生存欲求，而且基本的欲求要得到满足。这也可以说是自然的铁的必然性。正像失掉了生产资料甚至生活资料的自然人就只能在自然的铁的必然性的驱使下将自己的劳动力出卖给货币资本从而成为雇佣工人一样。作为资本家的个人的自然欲求也需要得到满足。作为资本家的个人也需要消费和享受。随着资本主义生产方式的发展，“资本家不再仅仅是资本的化身。他对自己的‘亚当具有人的同情感’”。[③]《资本论》甚至描述了“在资本家个人的崇高的心胸中同时展开了积累欲和享受欲之间的浮士德式的冲突”。[④] 在以研究物化的资本主义生产方式为主题的《资本论》中，出现了描写人的内心冲撞的文字，文字尽管不多，但值得重视。《资本论》一方面肯定了资本家个人有消费和享受的正常欲求；另一方面，资本家又是资本的人格化。资本家因而在人的消费享受和资本的人格化，物质载体和社会职能之间就存在某种程度的

---

① ［德］马克思：《资本论》第 1 卷，人民出版社 2004 年版，第 205 页。

② 同上书，第 10 页。

③ 同上书，第 684—685 页。

④ 同上书，第 685 页。

矛盾。尤其是在资本主义生产早期，资本的规模不是很大，剥削或占有的剩余价值总量不算太大。消费和享受多了，积累就少了；而如果积累太多，能消费和享受的就非常少了。这种冲突或矛盾在一定阶段甚至是比较剧烈的。随着资本主义生产方式的发展，资本的规模越来越大，资本家就可以用他们自己的方式来解决积累和消费之间的冲突，或者是作为社会存在的资本家和作为自然人之间的矛盾。一般情况下，资本家往往让个人的消费和享受服从于服务于资本积累，即消费和享受也成为资本增殖的手段，甚至奢侈挥霍，在满足作为资本家个人的欲求的同时，也成为资本积累的手段。因为奢侈挥霍也是资本家取得信贷的手段，也是资本家营业上的一种必要。因此，在资本家奢侈挥霍的“背后总是隐藏着最肮脏的贪欲和最小心的盘算”。所谓“最肮脏的贪欲和最小心的盘算”就是如何最大限度地攫取最多的剩余价值，也就是最大限度地实现资本的职能。总之，资本家作为社会存在，主要不是作为人而存在的，而是作为资本而存在的，作为资本主义生产方式而存在的，作为生产或再生产资本主义生产关系的物质手段而存在的，也就是作为占有无偿劳动或剩余劳动的物质手段而存在的。资本家个人只是资本的物质外壳或物质载体。《资本论》恰到好处地展现了资本家个人的内心冲撞。但《资本论》仍然是用资本来定义资本家的，而不是从抽象而不变的人的一般本质出发来理解资本家的。用资本定义资本家就是对资本家的正确而合理的理解，就是科学而历史的理解；用人的抽象的一般本质或者道德标准审美情操等等来衡量或评价资本家，那就是不得要领的。这就像用金银的物理性质来考量金属货币不得要领一样。金属货币要从货币的角度来理解，资本家也只能从资本的角度来理解。《资本论》揭示的资本家一步一步被资本吞噬的过程，既是人逐步被物吞噬的结果，也是自然劳动一步一步社会历史化的结果。

资本家只是资本的影子或傀儡，是物的统治对象。直接生产者在工场更是完全作为物被资本化的生产资料使用着、消耗着，即完全作为物被另一些物使用着、消耗着。马克思指出，在机器体系的资本主义应用中，“自动机本身是主体，而工人只是作为有意识的器官与自动机的无意识器官并列，而且和后者一同从属于中心动力”。① 可见，在资本主义大机器生产中，劳动主体和劳动所凭借的客观物质条件的关系完全倒置了。劳动

① ［德］马克思：《资本论》第 1 卷，人民出版社 2004 年版，第 483 页。

不再是为了人、满足人，而是为了物，为了生产更多的物，为了增殖资本；劳动的过程不再由劳动者操控，而是由资本操控，由资本化的劳动资料或者机器体系来操控，由物来操控，劳动者反而成了被物统治的对象，被物操控的对象，成了被物消耗的物。所以，马克思尖锐指出："不再是工人使用生产资料，而是生产资料使用工人了。不是工人把生产资料当作自己生产活动的物质要素来消费，而是生产资料把工人当作自己的生活过程的酵母来消费。"① 《资本论》甚至直接发出了"生产资料扼杀工人"的控诉。②

《资本论》除了控诉、批判之外，更主要的还是冷静的客观的科学而历史的分析。《资本论》反复强调，劳动主体和劳动资料的关系倒置的根本原因是资本主义生产方式，是资本主义生产不断生产出来的。而不是像一些资产阶级思想家所想象的那样，是自然而永恒的。马克思进一步指出，物对人的统治的实质是人对人的统治，资本家阶级对雇佣工人的统治。因为劳动的对象，劳动所凭借的自然条件，甚至以大机器体系为代表的生产资料等等，它们本身作为物来看，和纯粹的自然物并没有任何不同。它们只有作为资本主义生产关系的代表，作为资本的代表时，才成为资本主义社会异化劳动的根本原因，才是人的异化的根本原因。生产资料作为物来看，包括劳动过程中所使用的技术，作为纯粹的物质手段或方式来看，它们仅仅是劳动关系倒置的自然物质因素。比如，一项成熟技术有它自身的要求，要求人按照它的规则运行。一个庞大的机器体系建立起来并在生产中运用之后，劳动者人就要配合机器系统的运行，如此等等。也就是说，技术有技术的要求，有要求人按照它的特点而运行的特征。实体性的生产资料也有这样的要求或特点。这就像游戏规则要求从事游戏的人都遵守一样。但这种自然物理的特性只有在特定的社会生产关系中才能成为统御人、压迫人的工具。技术或者生产资料并不必然是人或者生产者的统御者。

从一般的意义上说，技术以及其他的物质手段是人的生产经验或智力的程式化的结晶，是科学理论的生产实践化的结晶。人所拥有的技术或物质手段越多、越先进，表明人的经验越丰富、智力越发达、科学越进步。

---

① ［德］马克思：《资本论》第1卷，人民出版社2004年版，第359页。
② 同上书，第497页。

因为技术主要是人利用自然改造自然以达到自己目的的手段。技术手段的强大或者丰富多样本身就是人的本质力量的体现，就是人的自由而全面发展的尺度或标杆。原始人所以是原始人，其中的一个基本尺度（尽管不是唯一尺度）就是技术手段的原始。一个技术手段落后甚至原始的社会，决不是高度发达的社会，而一个不发达的社会甚至原始的社会决不是进步而美好的社会，决不是支撑人的全面发展的社会。人只能通过劳动来不断发展，只能通过生产促进社会的发展而不断进步。有些学者喜欢把人的自由而全面的发展与技术的发展或利用对立起来，认为技术尤其是现代技术的广泛使用使人片面化、片段化、机器化、工具化、物化，总之，技术使人非人化，把技术的进步和人的全面发展对立起来。似乎只有批判技术，全盘否定技术，废弃技术，才能实现人的自由而全面的发展。这其实是对人和技术的错误的理解的结果。是要用对技术的批判掩盖甚至代替对资本主义生产关系的批判，掩盖甚至代替对资本主义剥削方式的批判；用抽象而一般的人掩盖甚至代替具体而历史的人。这是本书不能接受的。

从一般的意义上说，劳动资料就是劳动的物质凭借。劳动资料越丰富，既是劳动发展的实实在在的成果或证据，也是支撑新的劳动更快发展的物质条件。但在资本主义生产关系中，生产资料、技术手段等等都成了资本的代表，成了资本主义生产关系的物化，成了生产剩余价值的手段，因而就成为造成劳动关系倒置的物质力量了。“通过异化劳动，人不仅生产出他对作为异己的、敌对的力量的生产对象和生产行为的关系，而且还生产出他人对他的生产和他的产品的关系，以及他对这些他人的关系。”① “一切资本主义生产既然不仅是劳动过程，而且同时是资本增殖过程，就有一个共同特点，即不是工人使用劳动条件，相反地，而是劳动条件使用工人，不过这种颠倒只是随着机器的采用才取得在技术上很明显的现实性。由于劳动资料转化为自动机，它就在劳动过程本身中作为资本，作为支配和吮吸活劳动力的死劳动而同工人相对立。”② “大工业从技术上消灭了那种使一个完整的人终身固定从事某种局部操作的工场手工业分工。”③ “大工业的资本主义形式又更可怕地再生产了这种分工：在真正的工场

① ［德］马克思：《1844年经济学哲学手稿》，人民出版社2000年版，第60—61页。
② ［德］马克思：《资本论》第1卷，人民出版社2004年版，第487页。
③ 同上书，第557页。

中，由于把工人转化为局部机器的有自我意识的附件。”① 可见，马克思始终是把资本主义生产方式作为分析考察的重点，把批判的锋芒始终指向资本主义剩余价值生产上的。如果认识不到资本主义生产方式是造成劳动关系颠倒的根本原因，是造成人物化、人非人化的根本原因，那就没有真正理解《资本论》，也没有理解资本主义生产方式的本质。没有理解《资本论》研究人理解人的基本立场或方法。

《资本论》进一步指出，资本主义生产方式在造成劳动关系颠倒的同时，在将雇佣工人直接作为物来消费的同时，在将资本家生产成资本的看护者的同时，也给社会的物质生产以及社会的进步带来了巨大的发展动力，甚至也为人的全面发展创造了客观物质条件。因而资本主义生产方式也是人类社会历史进步所必需，也是社会历史进程中的一个重要的历史阶段。一方面，资本家对价值增殖的狂热追求，对剩余价值的永无止境的攫取，加深了、加强了对雇佣工人的剥削，资本不仅把雇佣工人创造的剩余价值的一部分不停地资本化，作为攫取新的剩余价值的手段，而且把种种自然的因素或条件，社会的因素或条件尤其是科学技术等都在生产中资本化，作为攫取剩余价值的物质手段，在资本不断增大不断扩张的同时，给雇佣工人带来了深重的苦难。从而使社会两极分化越来越严重，资本主义基本矛盾越来越激化。另一方面，资本家“作为价值增殖的狂热追求者，他肆无忌惮地迫使人类去为生产而生产，从而去发展社会生产力，去创造生产的物质条件；而只有这样的条件，才能为一个更高级的、以每一个个人的全面而自由的发展为基本原则的社会形式建立现实基础”。②

人的自由而全面的发展这个命题的理论含义不容易准确把握。理由很简单：因为这个命题是具体的历史命题而不是抽象的逻辑命题。逻辑命题的内涵不随时空变化而改变，而历史命题的理论含义往往随社会历史的发展而不断变化。作为历史命题的人的自由而全面的发展，我们大体只能确定它的一些大的方面的含义。人的自由而全面的发展包括人在自然方面的自由而全面的发展和人在社会方面的自由而全面的发展。人在自然方面的自由而全面的发展以人对自然规律的认识和利用程度为基础。人对自然规律掌握得越多越全面，就意味着人的自然知识越丰富，人在利用自然知识

---

① ［德］马克思：《资本论》第 1 卷，人民出版社 2004 年版，第 557 页。

② 同上书，第 683 页。

改造自然时就越自由。人对自然的利用改造的自由程度应当包括两个方面的量，一是在利用自然改造自然时最大限度地实现自己的目的。二是在利用自然改造自然的过程中引起的自然的反应或“报复”最小，也就是对社会的负面影响最小。这里的“最大”“最小”都是历史概念，指在特定社会历史条件下可能达到的最大或最小。要同时实现最大量和最小量，取决于各种社会条件和技术条件的综合运用。运用的具体细节因为明显超出了本章甚至本书的范围而不细说。人在社会方面的自由而全面的发展更不容易说清楚。这里同样只能简单说说大的方面。就个人而言，每一个个体的发展不能成为他人、集团或者社会发展的障碍，而应当成为他人、集团或者社会发展的有利因素；就或大或小的组织、集团而言，每一个组织或集团的发展不能成为其他个人、集团或者社会发展的障碍，而应当成为他人、集团或者社会发展的有利因素；就民族、国家而言，每一个民族或国家的发展不能成为个人或集团发展的障碍，也不能成为其他民族、国家发展的障碍，而应当成为他人、集团或者其他国家发展的有利因素。

上面的论说自然是一般意义上的简要论说。具体到资本主义社会，它的社会条件离自由而全面发展的人所需要的社会条件还十分遥远。它的处理自然的手段还是异化劳动。但作为异化劳动的资本主义生产，也首先是利用自然改造自然的物质活动，在利用自然改造自然的过程中也逐步累积起了丰富的改造自然的知识、技术手段或物质条件。马克思指出，资本主义生产一方面利用了现代社会最好的物质条件或技术手段；另一方面又生产出了目前最好的物质条件或技术手段。而以现代大工业的机器体系为代表的生产资料以及技术基础是先进的、进步的、革命的力量，是推动生产发展、社会进步、人的自由而全面发展的基本的物质力量。“现代工业通过机器、化学过程和其他方法，使工人的职能和劳动过程的社会结合不断地随着生产的技术基础发生变革。这样，它也同样不断地使社会内部的分工发生革命，不断地把大量资本和大批工人从一个生产部门投到另一个生产部门。因此，大工业的本性决定了劳动的变换、职能的更动和工人的全面流动性。”① “大工业……承认劳动的变换，从而承认工人尽可能多方面的发展是社会生产的普遍规律，并且使各种关系适应于这个规律的正常实现。大工业还使下面这一点成为生死攸关的问题：用适应于不断变动的劳

① ［德］马克思：《资本论》第1卷，人民出版社2004年版，第560页。

动需求而可以随意支配的人，来代替那些适应于资本的不断变动的剥削需要而处于后备状态的、可供支配的、大量的贫穷工人人口；用那种把不同社会职能当作互相交替的活动方式的全面发展的个人，来代替只是承担一种社会局部职能的局部个人。”① “大工业从技术上消灭了那种使一个完整的人终身固定从事某种局部操作的工场手工业分工。”② 马克思的这些论说都非常清楚，充分肯定了现代生产、现代大工业、现代技术等对人的全面发展的积极作用。

本书认为，马克思不是技术决定论者，不是生产工具决定论者。马克思清楚地意识到：社会生产关系对社会生产，对社会生产中的人具有更大的约束力。《资本论》始终注意将技术、生产的物质工具，物质手段和资本主义生产关系，资本主义社会制度区别开来，在肯定现代大工业及其技术基础对社会进步和人的发展的革命意义的同时，又批判了资本主义制度的剥削本质给社会和人带来的痛苦和灾难。马克思尖锐指出：资本主义的种种矛盾甚至罪恶都是机器的资本主义应用产生的！“因为机器就其本身来说缩短劳动时间，而它的资本主义应用延长工作日；因为机器本身减轻劳动，而它的资本主义应用提高劳动强度；因为机器本身是人对自然力的胜利，而它的资本主义应用使人受自然力奴役；因为机器本身增加生产者的财富，而它的资本主义应用使生产者变成需要救济的贫民，如此等等”。③ 这里的机器自然是马克思时代最先进的生产工具或物质手段的代表。最先进的工具本身尽管有革命的意义，但它在资本主义生产关系中是资本的代表，因而在生产中，它要执行资本职能，它就成了剥削工人的物质手段。“大工业的资本主义形式又更可怕地再生产了这种分工：在真正的工厂中，是由于把工人转化为局部机器的有自我意识的附件”。④ 这是对资本主义生产将人机器化碎片化的直接批判。在社会的其他生产部门或领域，也同工业领域一样。比如，“在农业中，像在工场手工业中一样，生产过程的资本主义转化同时表现为生产者的殉难史，劳动资料同时表现为奴役工人的手段、剥削工人的手段和使工人贫困的手段，劳动过程的社

① ［德］马克思：《资本论》第1卷，人民出版社2004年版，第561页。
② 同上书，第557页。
③ 同上书，第508页。
④ 同上书，第557页。

会结合同时表现为对工人个人的活力、自由和独立的有组织的压制”。①

《资本论》对资本主义生产方式的分析值得我们高度重视。一方面，从道理上说，马克思明确将机器和机器的资本主义应用区分开来，将生产工具、技术手段和社会生产关系区分开来，认定物质手段具有明显的物性、自然性以及适应不同社会形态或不同社会历史阶段的一般性、普遍性，而社会关系社会制度则是具体的、历史的，是特定社会历史条件下的产物。决定特定社会的生产方式的社会性质的更主要的因素是社会生产关系而不是生产的技术手段或物质条件。但物质条件、技术手段等等又具有对社会生产更为持久的影响力。技术手段、物质条件等不会随着某一具体的社会形态的更替而消失，它们会在新的生产活动中不断发扬光大。因而成为人的自由而全面发展的最基本的物质因素。另一方面，从事实上看，在具体的社会生产中，生产工具、技术手段和社会生产关系又是统一的。而且只有两方面结合在一起，才有具体的现实的生产。所谓结合，就是生产工具、技术手段等等物质条件或物质手段充当生产资料的职能，成为生产关系的物质代表。比如，在封建社会，手推磨代表的是封建生产关系；在资本主义生产中，机器等等生产资料则是资本的化身，并且行使资本的职能。也正因为如此，资本主义生产尽管广泛采用了大机器生产，并且生产出来更多更好的大机器，因而可以说，资本主义生产是生产工具最先进的生产，是技术基础最革命的生产，是生产效率最高的生产（自然是和前资本主义生产相比较）。但总体而言，资本主义生产又是剩余价值的生产，是异化劳动，是劳动关系倒置的生产，是使劳动者全面物化的生产，使人全面物化的生产。它不仅残酷剥削、摧残雇佣劳动者，使雇佣工人非人化，同时也使资本家非人化、物化。所以，从总体看，资本主义生产就是生产罪恶的生产，就是生产不平等的生产，就是生产大量的各类资本物的生产。这始终是问题的实质或核心。但就是这种生产罪恶的生产，它也是生产资本主义制度的掘墓人的生产，是为人的自由而全面的发展生产物质条件和社会条件的生产。这就是历史的辩证法！《资本论》客观而准确地呈现了这个历史的辩证法。

如果把《资本论》中的这类分析或论证与《1848 年经济学哲学手稿》中的有关论说进行比较，那就能更加清楚地看到：《资本论》完全是

---

① ［德］马克思：《资本论》第 1 卷，人民出版社 2004 年版，第 579 页。

社会历史地研究人的，是从社会的生产方式出发来研究人的社会历史性的，从而得出了：人是什么，他就如何生产；而人如何生产，他就是什么的历史而科学的结论。对于资本主义生产而言，它是生产各类资本物的生产，是把雇佣工人作为劳动力商品生产和再生产出来的生产，是把资本家阶级也作为资本物的代表生产和再生产出来的生产。因此，资本主义社会就是被资本物统治着的社会。在资本主义市场，直接生产者形式上是劳动力的所有者、物的所有者，但实质上是被货币持有者作为物买走的；货币持有者形式上与劳动力的所有者平等，但货币实质上代表着资本，行使着资本的职能。在资本主义工厂，直接生产者即雇佣工人形式上是作为物被使用或消耗的，但实质上仍然发挥了人的作用，生产出了新增价值，但资本并不承认直接生产者在生产中发挥了人的作用，只把他们作为物来使用（利润率这个概念就是直接证据），并且把直接生产者新生产出来的价值作为资本物继续进行新的生产；资本家形式上作为生产的组织者管理者出现，但他们实质上只是资本物的代表，被资本物统治着。所以，资本主义生产就是物统治人的生产，人被物奴役的生产。资本物不仅统治着雇佣工人，并且统治着资本家。而被资本物统治着的人生产出来还是资本物。可见，《资本论》把资本主义社会的人的生产关系，人的社会关系准确揭示出来了，也就把资本主义社会中的不同的人的集团在社会中的不同地位、不同的历史作用揭示出来了。这是真正的历史唯物主义的人学研究。而《1844年经济学哲学手稿》尽管已经显示出了马克思要从经济的角度，生产的角度研究人的思路或要求，但仍然多多少少残留有费尔巴哈等人的抽象的人性论人道主义的痕迹。请看下面的文字。“生产不仅把人当作商品、当作商品人、当作具有商品的规定的人生产出来；它依照这个规定把人当作既在精神上又在肉体上非人化的存在物生产出来。”① “通过异化劳动，人不仅生产出他对作为异己的、敌对的力量的生产对象和生产行为的关系，而且还生产出他人对他的生产和他的产品的关系，以及他对这些他人的关系。正像他把他自己的生产变成自己的非现实化，变成对自己的惩罚一样，正像他丧失掉自己的产品并使它变成不属于他的产品一样，他也生产出不生产的人对生产和产品的支配。”② 应当承认，这些文字的含义

① ［德］马克思：《1844年经济学哲学手稿》，人民出版社2000年版，第66页。

② 同上书，第60—61页。

基本是清楚的，而且基本正确。还要承认，这些文字应当是《1844 年经济学哲学手稿》与《资本论》最相近的文字。但就是这些与《资本论》接近的文字，也多多少少残留有抽象思辨的味道，理论上远没有达到《资本论》的历史高度。西方一些思想家将《资本论》中的丰富的具体的历史的人学理论或人学思想抛掷一边，转而大肆宣扬被他们重新诠释了的《1844 年经济学哲学手稿》中的人学思想或人学理论，我们从中不难看出，宣扬者的理论立场和理论目的。

三 个人和社会（关系）

古尔德把个人、关系和共同体的发展看成是社会实在的基本方面，并认为这些基本方面也是马克思的社会存在本体论研究的基本内容。古尔德所理解的个人、关系和共同体及其相互关系是否是马克思的社会存在本体论的基本内容，本书不予评论。但可以肯定，无论从什么立场、什么角度研究人，人的社会关系恐怕是不能不涉及的。因为人就是生活在社会关系或社会之中的。社会，按照马克思的理解，也就是社会关系，人的关系，人的社会关系。没有社会关系，社会并不存在；没有社会关系，人要么不存在，要么只是自然物。因此，就人来说，个体是生活在社会之中的，生产于社会之中的，而社会又是人的关系（其中最基本的关系是生产关系）构成的。所以个体和社会就是统一的。这样的事实其实没有思想家真正否认过。问题只是在理论上如何解释这个事实。

前文已经指出，与西方资产阶级思想家从道德情感价值的角度研究人不同，马克思是从社会生产方式的角度来研究人的。从道德情感价值出发，就会更多地强调人的抽象的价值或权利，因而就可能不恰当地把个人和社会对立起来，并认为社会是个人自由或者个人权利的羁绊；个人只有挣脱社会，才能获得自由与独立，最大限度地享有所谓天赋人权。即使是像海德格尔那样的思想家，他们看到了个人和社会密不可分的关系，并且对个人与社会的关系的某些方面有非常正确的描述，如“即使他人实际上不现成摆在那里，不被感知，共在也在生成论上规定着此在。此在之独在也是在世界中共在。他人只能在一种共在中而且只能为一种共在而不在。独在是共在的一种残缺样式，独在的可能性恰是共在的证明”。[①] 但由于海德格尔仍然是从个体的道德情感价值出发来思考或研究人的，因而他也只是看到了个人存在于社会关系之中的既成事实，并描述了这个事实的一些简单方面。海德格尔并没有能够准确理解个人和社会的关系。海德格尔与其他许多资产阶级思想家一样，仍然把社会看成是个体需要克服的羁绊。可见，从什么角度来研究人，用什么方法来研究人是至关重要的。马克思没有沿袭西方资产阶级思想家研究人的思路和方法，没有从道德情感价值的角度研究人，而是从生产方式的角度研究人，因而可能真正把个人和社会统一起来。因为一方面，生产劳动是离不开个体的，是需要个体的，劳动力作为自然的力量就存在于个体的肌体内。另一方面，个体又只有通过某种方式某种程度的组织、组合才能进行生产。马克思明确指出：“孤立的个人在社会之外进行生产……是不可思议的。”[②] 马克思这里说的“不可思议”，就是事实上不可能。进一步说，社会就是社会关系。而社会关系首先是生产关系。各种或小或大的社会组织也首先是生产组织。比如，马克思直接称“资产阶级社会是最发达的和最多样的历史的生产组织”。[③] 马克思的意思决不是说，资产阶级社会只是生产组织，只是由或大或小的生产组织组合而成的庞大的生产组织整体。而是说，社会（包括资产阶级社会）首先是生产组织。像现代资产阶级社会这样复杂的有机体也由生产组织生产关系作为其基础。总之，社会或者是生产组织，生产关系；或者是在生产组织，生产关系的基础上发展起来的复杂系统。而或小或大的生产组织也不是先验的，就是在劳动的过程中组合、组织起来的；生产关系同样是在生产之中不断生产出来的。通过生产，个体和社会融为一体。生产是个人的生产，或者，生产无论如何离不开生产者个人，而生产者个人只有在生产之中，才证实自己是类的存在。早年马克思就清醒地意识到“首先应当避免重新把‘社会’当作抽象的东西同个体对立起来。个体是社会存在物。因此，他的生命表现，即使不采取共同的、同他人一起完成的生命表现这种直接形式，也是社会生活的表现和确证”。[④]

十分明显，《1844 年经济学哲学手稿》确定地从社会与个体之统一的

---

① ［德］海德格尔：《存在与时间》，生活·读书·新知三联书店 1999 年版，第 140 页。

② 《马克思恩格斯选集》第 2 卷，人民出版社 1995 年版，第 2 页。

③ 同上书，第 23 页。

④ ［德］马克思：《1844 年经济学哲学手稿》，人民出版社 2000 年版，第 84 页。

角度来研究人的思路或方法，在《资本论》中就化为对资本主义生产的具体的实证性的研究了。前文的从劳动主体到生产关系的统治对象，也是百分百地从生产方式的角度研究人的。这里讨论的个体和社会的关系也是从生产方式的角度进行的。

劳动，无论是从抽象的、一般的、普遍的角度来思考，还是具体地、历史地研究某种社会条件下的生产，很明显，都离不开个体。

从抽象的、一般的角度看，前文说过，劳动就是劳动力的有目的的耗费过程。而劳动力肯定是个体的自然肌体内存在的自然物质力量。或者说，就是个体的四肢和大脑的功能。没有个体存在，就没有劳动力。个体如果死亡了，个体所具有的自然的劳动力就随之消失。这是铁的事实。因此，任何社会要组织生产，首先必须进行劳动力的生产或再生产，即直接生产者的生产或再生产，也就是具有劳动力的人的繁殖。在商品社会，“要使他不断出现在市场上（这是货币不断转化为资本的前提），劳动力的卖者就必须‘像任何活的个体一样，依靠繁殖使自己永远延续下去’。因损耗和死亡而退出市场的劳动力，至少要不断由同样数目的新劳动力来补充”。① 没有个体的生产或繁殖，没有个体的劳动力的不断生产或再生产，社会的生产就不能持续进行，类就不能延续。

从抽象的、一般的角度看，劳动是处于社会条件或社会关系之中的。尽管不同社会条件下的生产所需要的社会关系不同，但劳动都是需要社会条件或社会关系支撑的。社会之外的孤立的个人并不能从事现实的劳动。而所谓社会关系，就是人的关系，不同的个人彼此之间的关系，不同的个人与或大或小的群体或集团之间的关系，或大或小的群体彼此之间的关系，如此等等。尽管社会关系不能简单还原为个体之间的关系，但社会关系无论如何是离不开个体的支撑的。因为无论何种规模的社会集团，无论何种性质的社会集团，都是由一定数量的个体组成的。

我们如果考察某种特定历史阶段的生产活动，也能发现特定社会生产是离不开生产者个体这个简单事实的。比如奴隶制的生产，就是由奴隶提供剩余劳动的生产。从历史上看，奴隶的很大一部分来源于战俘。战俘在原始社会是直接被处死的。在奴隶社会，奴隶主自然也可以处死战俘。但奴隶主并没有将所有战俘杀掉，而是将其中的大多数战俘变成了奴隶，让

① ［德］马克思：《资本论》第 1 卷，人民出版社 2004 年版，第 199 页。

他们为自己劳动。将战俘变成奴隶，就直接保存并利用了战俘个体体内的自然劳动力。这是奴隶社会不同于原始社会并优于原始社会的地方。如果奴隶社会不能保留并在生产中有效利用奴隶个体体内的劳动力，那么奴隶社会就难以成为奴隶社会。从这个意义上说，奴隶社会是奴隶创造的，是奴隶的劳动力的有效使用创造的。

封建所有制的生产，和奴隶制的生产相比，主要就是生产方式变化了。封建生产方式大致说来就是自给自足的生产方式。“三十亩地一头牛”就很通俗地描述了这种生产方式。这种生产，直接生产者除了向土地等生产资料所有者缴纳一定形式一定数量的租金之外，差不多就是自己生产，自己为自己生产使用价值，因而是自然的或者类自然的。因为是自然或者类自然的，所以，分工协作极简单。无论是生产组织内部，还是生产组织彼此之间，甚至整个社会，分工协作都极其简单。这种生产，因为是自然的并且分工协作简单，所以，生产规模不大。无论是生产组织内部，还是整个社会，生产的规模都不大。因此，在这种自然、简单且规模不大的生产中，劳动者个体所起的作用就是非常直接而明显的。直接而明显的作用至少表现在三个方面。一是劳动过程直接由个体操作，甚至就是由个体的自然肌体操作或完成。二是产品可以明确贴上个人标签，表明是某个人的劳动成果。即使某些产品没有贴上个人标签，但从事实上看，也仍然能够明确分辨是某人的劳动产品。三是产品具有明显的个人烙印甚至个人风格。在这样的生产方式中，许多手艺或者行业甚至成为世袭职业，父传子，子传孙，一代一代积累，一些劳动者个体甚至具有了“蜘蛛一样的技艺”。① 这样的技艺具有了不可复制，不可代替的独特个性。这种技艺即使在血亲内或者师徒之间传递，个体的独特的个性风格也往往难以完全复制。因此，一些独特的生产技艺，往往随着某个工匠的死亡而消失。封建制生产，从一方面看，它是生产效率不高，规模不大而且是为生产者自己生产使用价值的生产；从另一方面看，它又是极具个体性，个别性，技艺性甚至艺术性的生产。或者说，封建社会的生产，在某些领域，把直接生产者个人的劳动技艺技巧经验等等发挥到了极致。即使是同一个人生产出来的产品，彼此之间也不相同。许多手工产品作为“这一个”，既是精致的实用器物，也是美妙的艺术杰作。它们最大限度彰显了直接生

① ［德］马克思：《资本论》第1卷，人民出版社2004年版，第395页。

产者个人的经验、技巧、技艺、智慧或创造力，显示了个人的独特魅力。

资本主义生产毫无疑问是社会化大生产，而且社会化的规模、程度等等随着生产的发展仍在不断提升或扩大。在资本主义社会化大生产中，生产者个人的作用大大降低了。生产过程往往表现为流水线，表现为自动控制，产品也表现为流水线的终端，自动控制的结果，很难归功于某个个人的双手了。流水线上流下的产品彼此之间完全是一模一样的，没有个性的。但这并不意味着资本主义社会化大生产可以没有直接生产者个体。资本主义生产其实仍然以生产者个体为前提。因为资本主义生产以劳动力商品为前提。而劳动力商品就表现为个人肌体内的自然劳动力的资本主义市场化。资本主义社会通过制度安排或者国家机器的暴力剥夺，使劳动力的拥有者，除了拥有自然劳动力之外一无所有，“他个人的劳动力不卖给资本，就得不到利用。它只有在一种联系中才发挥作用，这种联系只有在它出卖以后，在资本家的工场中才存在。工场手工业工人按其自然的性质没有能力做一件独立的工作，他只能作为资本家工场的附属物展开生产活动”。① 这里的论述非常清楚。从一方面看，直接生产者个人的劳动力不能独立存在，它只有在资本主义工场中，在资本主义生产关系中才存在并发挥作用；从另一方面看，资本主义生产仍然以个体为前提，以直接生产者个人所拥有的自然劳动力为前提。因为资本在市场上购买的就是个体生产者的劳动力，而且只是个体的劳动力的一段时间的使用权。资本家即使雇用100个工人，他支付的也是“100个独立劳动力的价值，而不是100个结合劳动力的价值。工人作为独立的人是单个的人，他们和同一个资本发生关系，但是彼此不发生关系。他们的协作是在劳动过程中才开始的，但是在劳动过程中他们已经不再属于自己了”。② 可以说，资本主义生产的实质，就是在市场上购买个体的劳动力的使用权，然后，在生产领域把个体的自然力的独立性摧毁，让它完全依附于资本，依附于资本化的生产资料，依附于资本化的大机器生产，受资本的驱遣，为资本生产剩余价值。

马克思主义认为，生产虽然离不开个体，但它明显是社会的活动，是在一定社会关系之中的活动。这一点前文已有所论述。这里通过简要论说

① ［德］马克思：《资本论》第1卷，人民出版社2004年版，第417页。

② 同上书，第386页。

家庭、阶级和自由人联合体来论述社会关系。

被马克思、恩格斯称之为人类历史的最初的“唯一的社会关系”的家庭，一般而论，就是夫妻之间的关系和父母与子女之间的关系，而这些关系或“是通过劳动而达到的自己生命的生产，或是通过生育而达到的他人生命的生产，就立即表现为双重关系：一方面是自然关系，另一方面是社会关系”；[①]即使是通过生育而达到的他人生命的生产的自然关系也要通过共同的劳动而获得的生活资料来保障，即夫妻关系要成为共同的劳动关系才能保证生儿育女的功能的实现；而通过劳动以实现自己生命生产的夫妻关系更是直接表现为劳动关系。通过劳动来实现生命的存在，通过劳动维系性的关系。两性的组合就既是自然的性的关系，也是社会的劳动关系。性的关系适应了劳动的要求，而劳动又进一步巩固了维持了性的关系。人类社会即使在经过了漫长的历史演进，社会的物质财富有了极大的增长之后的现代社会，婚姻关系、夫妻关系或者两性关系也仍然不仅仅是性的关系，它仍然受到社会现实方面的、物质方面的，或者生产活动方面的深刻影响。可见，家庭的基本职能就是通过劳动来维持自己生命的存在并通过劳动来养育后代。具有婚姻关系或血缘关系的人一起共同组成了最基本最自然的共同劳动关系，因而家庭也就成为最基本最自然的劳动单元或劳动组织。所以，马克思、恩格斯就家庭作为人类历史的最初的“唯一的社会关系”来讨论，并明确指出，“社会关系的含义在这里是指许多个人的共同活动”，而且“这种共同活动方式本身就是‘生产力’”。[②] 马克思、恩格斯这里表达的观点非常清楚，家庭关系是最基本的社会关系，这个社会关系就是生产关系，而这样的生产关系就是生产力。我们对马克思、恩格斯的论述自然要有正确理解，我们不能认为，家庭关系只是生产关系。马克思、恩格斯的意思是，家庭要实现它的基本职能就要组织生产，而且事实上家庭关系也是人类历史上的最自然的生产关系。《资本论》就专门论述过封建社会的家庭生产模式或功能。这个时代的基本生产活动比如耕种、养殖、放牧、纺织、缝纫、屠宰以及其他一些手工业，差不多都是以家庭为单位进行的，而一般的家庭差不多也具有组织这些生产活动的功能。尽管不同地区的家庭，因为自然条件以及其他条件的限制，所从事的生产活动并不完全一样，

---

① 《马克思恩格斯选集》第1卷，人民出版社1995年版，第80页。

② 同上。

但家庭组织的生产差不多满足了家庭成员的基本生活需要，而家庭成员的基本的日常生活需要也差不多都能通过家庭组织的生产来满足。所谓自然经济就是这个意思：自己为自己生产使用价值。

家庭的存在和发展为在更大范围内组织生产，组织分工协作更精细更复杂的生产创造了条件。“在家庭内部，随后在氏族内部，由于性别和年龄的差别，也就是在纯生理的基础上产生了一种自然的分工。随着共同体的扩大，人口的增长，特别是各氏族间的冲突，一个氏族之征服另一个氏族，这种分工的材料也扩大了。”① 不同的人按不同的方式组合成不同的劳动共同体，既是劳动所必需的方式，也提高了劳动的效率，同时也为劳动成果的互通、交流、交换创造了前提条件。自然的分工以及以自然的分工为基础的更加精细的分工或复杂的劳动组合方式对社会的发展是至关重要的。它为生产更高效率地进行，为生产在整个社会范围内进行，为社会关系的进一步发展，为社会的成熟或完善，都起了至关重要的作用。马克思说，起初，“产品交换是在不同的家庭、氏族、共同体互相接触的地方产生的，因为在文化的初期，以独立资格互相接触的不是个人，而是家庭、氏族等等。不同的共同体在各自的自然环境中，找到不同的生产资料和不同的生活资料。因此，它们的生产方式、生活方式和产品，也就各不相同。这种自然的差别，在共同体互相接触时引起了产品的互相交换，从而使这些产品逐渐转化为商品。交换没有造成生产领域之间的差别，而是使不同生产领域发生关系，从而使它们转化为社会总生产的多少互相依赖的部门”。② 在自然劳动的基础上自然形成了具有一定自然性质的劳动分工，在自然分工的基础上生产，在生产的基础上进行劳动成果的交换，在交换的过程中形成互相依赖的生产组织生产单元或生产部门以及丰富复杂的社会关系。社会就是这样在生产劳动的过程中逐步成长起来的。《资本论》里的描述自然是最粗略的描述。但粗略描述从大的方面看，从理论的角度看，肯定是正确的，它强调了历史唯物主义的基本观点：最基本的社会关系首先是生产劳动的关系，是为了进行劳动而组合的关系，是在劳动的过程中组合而成的关系。正因为社会关系首先是并且主要是生产的关系，所以，它就必然随着生产的发展而不断发展或变化。

---

① ［德］马克思：《资本论》第1卷，人民出版社2004年版，第407页。

② 同上书，第407—408页。

"不论旧家庭制度在资本主义制度内部的解体表现得多么可怕和可厌，但是由于大工业使妇女、男女少年和儿童在家庭范围以外，在社会地组织起来的生产过程中起着决定性的作用，它也就为家庭和两性关系的更高级的形式创造了新的基础。当然，把基督教日耳曼形式看成绝对的东西，就像把古罗马家庭形式、古希腊家庭形式和东方家庭形式看成绝对的东西一样，都是荒谬的。这些形式依次构成一个历史的发展序列。同样很明白，由各种年龄的男女个人组成的结合劳动人员这一事实，尽管在其自发的、野蛮的、资本主义的形式中，也就是在工人为生产过程而存在，不是生产过程为工人而存在的那种形式中，是造成毁灭和奴役的祸根，但在适当的条件下，必然会反过来转变成人道的发展的源泉。"① 《资本论》这里对家庭关系家庭形式随生产的发展而发展的事实进行了描述，很明显，这里的描述仍然是粗线条的。因为《资本论》不是专门论述家庭形式的发展演变的社会学著作，我们也不能要求《资本论》提供它不能提供的关于家庭形式演化的具体历史细节。《资本论》主要分析了资本主义的机器和大工业生产对家庭关系的影响。《资本论》在这里除了继续强调家庭关系是生产关系、是生产组合方式，家庭是结合劳动人员这样的事实外，更多强调了家庭关系或家庭形式是历史发展的事实。尽管家庭关系，在历史发展的一定阶段也可能像其他社会关系一样，成为某些个人全面发展的障碍性因素，比如，在资本主义社会，家庭成了工场的延伸或工场的一部分，幼童也成了妈妈的好帮手，也成了资本的雇佣者，等等。但从历史的角度看，家庭关系也是历史发展所必需的社会关系。马克思明确指出，即使成了工场的延伸或工场的一部分的家庭，即使是被资本奴役的家庭，甚至资本化的家庭也是"人道的发展的源泉"，也是人的解放的阶梯。这就是一些学者所说的历史辩证法。这里再一次显示：《资本论》是通过研究生产方式来研究人的，是用社会历史的发展尺度来衡量人的，是用生产力的发展水平来衡量人的发展程度的。

在文明社会，强大并且有影响力的社会集团，大概就是阶级了。发现人类社会中有阶级的存在和阶级斗争的事实并不是马克思的功劳。因为大概从古希腊开始，就有思想家讨论阶级这个独特的社会现象了。应当指出，《资本论》直接而系统地论述阶级和阶级斗争的文字并不多。

---

① ［德］马克思：《资本论》第1卷，人民出版社2004年版，第563页。

第3卷尽管设置了专章即第52章讨论阶级，但这一章就现存的文字看，仅仅是一个开头，翻译成中文后也不足两个页面。这是令人十分惋惜的事情。但透过这些零星的文字，我们仍然可以看到马克思对阶级的历史唯物主义的理解。因为马克思是把阶级作为经济范畴来研究的，是从生产的角度来研究阶级的，是从生产关系的角度来理解阶级的。马克思认为，阶级既是在生产的基础上生产出来的，又是进行生产的强大社会集团。

作为研究资本主义生产方式的《资本论》，自然不可能详细描述阶级的产生和发展过程中的众多历史细节。但《资本论》对建立在资本主义生产方式上的现代社会的三大阶级集团还是有明确论述的。马克思指出："资本主义生产方式的经常趋势和发展规律，是使生产资料越来越同劳动分离，使分散的生产资料越来越大量积聚在一起，从而，使劳动转化为雇佣劳动，使生产资料转化为资本……适应于这种趋势，土地所有权同资本和劳动相分离而独立。"① 结果就是，大量没有生产资料而只拥有劳动力并被迫将自己的劳动力出卖给生产资料的所有者的人群就是雇佣工人阶级，拥有大量生产资料并且购买劳动力为自己生产剩余价值的人群就是资本家集团，而拥有土地并靠地租生活的人群就是土地所有者集团。这三大集团就是《资本论》所说的"建立在资本主义生产方式基础上的现代社会的三大阶级"。②

阶级是社会集团，是整体。整体不是个体的简单相加或者空间上的聚集。整体要通过社会的关系凝结以及自觉的整体意识持续浇灌。

社会历史中的阶级，作为整体，到底是如何形成的，并不容易说清楚，前文利用《资本论》中的有关文字，在论述资本家阶级的形成时有所涉及。这里再以雇佣工人为例简单说说。

前文说过，资本是同一个一个的雇佣工人发生关系的，雇佣工人也是作为一个一个的个人与资本发生关系的，因为市场交换就是个体之间的个别的偶然的行为。雇佣工人在生产中会发生彼此之间的关系。但雇佣工人彼此之间的关系是隶属于资本的，是为资本增殖服务的。应当承认，这两大因素对雇佣工人成为一个阶级整体并不是有利因素。但我们

① ［德］马克思：《资本论》第3卷，人民出版社2004年版，第1001页。
② 同上。

要清楚，雇佣工人成为一个阶级整体，是历史地生成的，是在资本主义生产的历史过程中不断生成的，是在雇佣工人的物质生产实践中不断生成的，是工人在科学理论指导下进行自觉的社会革命实践活动中不断生成的。

从道理上说，雇佣工人本身“天然”就是一个特殊的社会群体。他们每个人的社会地位都一样，他们都被剥夺了生产资料，甚至生活资料也不多。即使在资本主义高度发展的今天，一部分雇佣工人的生活资料已经增长了许多，但仍然相对得少。因此，他们就必须以劳动力所有者的身份出现在资本主义的商品市场，向货币持有者出卖他们的唯一所有物——劳动力。当他们出现在资本主义生产领域时，他们又都毫无例外的是直接生产者，是为资本统治或剥削的生产者，是为资本生产剩余价值的生产者，也可以说是资本物的生产者，是为资本家生产财富而为自己生产贫困的生产者。不管雇佣工人是否自觉意识到了自己的社会地位，是否自觉意识到了他们彼此一样，都不影响他们的社会地位的天然一致性。雇佣工人的天然一致性是资本主义生产方式生产出来的。而一旦生产出来了这些事实，它们就是硬性的事实，不以人的意志为转移的客观实在。

雇佣工人这个社会集团是资本主义生产不断生产出来的，这个集团也就会随资本主义生产而不断发展壮大。这里的发展壮大，既包括量的扩张，更指质的飞跃。量的扩张容易理解，就是人数的增加；而质的飞跃，首先就是整体性的形成及加强。雇佣工人人数的增加是资本主义生产的结果，这一点《资本论》是有许多明确论述的。整体性的形成，客观上也得益于资本主义生产。前文说过，雇佣工人在生产过程中形成的彼此之间的关系，从总体上看，是服从于服务于资本的。但工人在生产中结成的具有自然性的劳动关系，技术协作关系是稳定的，并且这种稳定的劳动关系或技术协作关系会在生产的过程中不断被强化。这类客观的劳动关系不因为它是资本统治下的关系就完全是资本。就像商品作为人工产品，作为社会存在，在资本主义生产关系中甚至作为资本而存在，但仍然不改其自然性的特点一样，雇佣工人在生产中形成的劳动关系也有其自然的方面。这种具有自然性的劳动关系会随着生产的不断持续而被强化。而不断强化的劳动关系会使雇佣工人彼此之间的其他社会关系也得到强化，甚至逐步培养出阶级意识，形成阶级整体。

阶级整体的形成，自觉的阶级意识的形成既靠物质生产实践的推动，也靠科学的理论指导。马克思主义理论就是为工人阶级准备的，就是用来武装工人阶级的，就是用来激励或鼓舞工人阶级自觉联合成阶级整体从而完成自己的历史使命的。从实际情况看，随着马克思主义理论的广泛传播，马克思主义理论对促成工人阶级作为一个阶级整体来行动，起到了非常大的作用。可以预见：马克思主义理论将继续指导工人阶级的革命和建设行动，帮助工人阶级完成自己的历史使命。

马克思在《资本论》中还提出了自由人联合体的概念。自由人联合体的准确含义可能不容易说清楚，但大体可以肯定，自由人联合体主要是一种生产关系，生产在其中得以进行的社会关系。或者说是组织生产的社会集团、社会关系甚至是社会本身。《资本论》粗略描述了这个联合体的一些基本特点。第一，生产资料和劳动力不再处于分裂对峙状态，而是为联合体共同拥有，因而人们能够“用公共的生产资料进行劳动，并且自觉地把他们许多个人劳动力当作一个社会劳动力来使用”，因此，“这个联合体的总产品是一个社会产品”。第二，生产资料在联合体内有计划按比例地分配到生产的不同部分或领域之中。而重新分配到各领域中的生产资料依旧“是社会的”，是联合体共有的。第三，生活资料要在联合体成员“之间进行分配”。① 每个生产者获得的生活资料的份额，由他贡献的劳动时间决定。贡献的劳动时间多，获得的生活资料的份额就大。《资本论》设想的这个联合体主要是作为商品社会的对立物而出现的，对这个联合体的论述，也“仅仅为了同商品生产进行对比”。因此，它是生产的集团，甚至是对立阶级消失之后组织生产的社会就不难理解了。在马克思的心目中，这样的社会是比以往分裂的社会能更好地组织生产的社会，是能促进生产更快更好发展的社会。这样的社会无疑能将个体和社会更好地统一起来。

本书反复强调，《资本论》是通过研究人的生产方式来研究人的，是通过人的社会关系来论述人的。人如何生产，人在什么样的社会关系中生产，人就是怎样的人。而包括生产关系在内的社会关系又是人通过生产活动逐步生产出来的。因此，人只能通过社会来存在和发展。而社会的发展或完善就是人的发展的尺度或标志。人要进一步发展，也只能通过发展生

① ［德］马克思：《资本论》第1卷，人民出版社2004年版，第98页。

产、完善社会来实现。马克思主义描绘的共产主义远大理想，既是社会发展的理想目标，也是人的全面发展的美好蓝图。社会发展的伟大理想只能通过人的伟大实践活动逐步实现。人在推动社会向理想目标前进的同时，也使自身不断向理想的目标迈进。这是人和社会存在和发展的根本方式。这也是历史唯物主义告诉我们的基本道理。

参考文献

1.［德］马克思：《资本论》第1—3卷，人民出版社2004年版。
2.［德］马克思：《资本论》第1卷，中国社会科学出版社1983年版。
3.［德］马克思：《1844年经济学哲学手稿》，人民出版社2000年版。
4.《马克思恩格斯选集》第1—4卷，人民出版社1995年版。
5.《马克思恩格斯全集》第46卷，人民出版社1979年版。
6.《列宁选集》第2卷，人民出版社1995年版。
7.《列宁全集》第38卷，人民出版社1959年版。
8.［匈］卢卡奇：《关于社会存在的本体论》上、下卷，白锡堃、张西平、李秋零译，重庆出版社1993年版。
9.［匈］卢卡奇：《历史与阶级意识》，杜章智、任立、燕宏远译，商务印书馆1992年版。
10.［英］戴维·麦克莱伦：《马克思以后的马克思主义》，李智译，中国人民大学出版社2004年版。
11.［加］罗伯特·韦尔、凯·尼尔森编：《分析马克思主义新论》，鲁克俭、王来金、杨洁等译，中国人民大学出版社2002年版。
12.［美］古尔德：《马克思的本体论：马克思社会实在理论中的个性和共同体》，王虎学译，北京师范大学出版社2009年版。
13.［德］费彻尔：《马克思与马克思主义：从经济学批判到世界观》，赵玉兰译，北京师范大学出版社2009年版。
14.［美］威廉姆·肖：《马克思的历史理论》，阮仁慧、钟石声、冯瑞荃译，重庆出版社1989年版。
15.［法］路易·阿尔都塞、［法］艾蒂安·巴里巴尔：《读〈资本论〉》，李其庆、冯文光译，中央编译出版社2008年版。

16. ［法］路易·阿尔都塞：《保卫马克思》，顾良译，商务印书馆 2010 年版。
17. 《陶德麟文集》，武汉大学出版社 2007 年版。
18. 金岳霖：《知识论》，商务印书馆 1983 年版。
19. 金岳霖：《论道》，中国人民大学出版社 2005 年版。
20. 俞吾金：《从康德到马克思》，广西师范大学出版社 2004 年版。
21. 俞吾金、陈学明：《国外马克思主义哲学流派》，复旦大学出版社 1990 年版。
22. 韩林合：《分析的形而上学》，商务印书馆 2003 年版。
23. 俞宣孟：《本体论研究》，上海人民出版社 1999 年版。
24. 张奎良：《唯物主义：社会主义的思想来源与实践指引》，人民出版社 2009 年版。
25. 阎孟伟：《在马克思实践哲学的视野中》，武汉大学出版社 2011 年版。
26. 王路：《"是"与"真"——形而上学的基石》，人民出版社 2003 年版。
27. 顾海良、张雷声：《马克思劳动价值论的历史与现实》，人民出版社 2002 年版。
28. ［德］黑格尔：《小逻辑》，贺麟译，商务印书馆 1980 年版。
29. ［德］黑格尔：《历史哲学》，王造时译，上海书店出版社 1999 年版。
30. ［美］约翰·塞尔：《心灵语言和社会——实在世界中的哲学》，李步楼译，上海译文出版社 2001 年版。
31. ［德］海德格尔：《存在与时间》，陈家映、王庆译，生活·读书·新知三联书店 1999 年版。
32. ［德］海德格尔：《形而上学导论》，熊伟译，商务印书馆 1996 年版。
33. ［美］威拉德·蒯因：《从逻辑的观点看》，江天骥、宋文淦等译，上海译文出版社 1987 年版。
34. ［奥］熊彼特：《经济分析史》第 2 卷，朱泱、李宏译，商务印书馆 1996 年版。
35. ［奥］熊彼特：《资本主义、社会主义和民主主义》，吴良健译，商务印书馆 1979 年版。
36. ［德］亨利希·库诺：《马克思的历史、社会和国家学说》，袁志英译，上海世纪出版集团 2006 年版。
37. ［英］柯林武德：《自然的观念》，吴国盛译，北京大学出版社 2009 年版。
38. ［英］贝克莱：《人类知识原理》，关文运译，商务印书馆 1973 年版。
39. ［英］休谟：《人性论》上、下册，关文运译，商务印书馆 1991 年版。
40. ［美］戴维森：《真理、意义、行动与事件》，牟博译，商务印书馆 1994 年版。
41. ［法］笛卡尔：《第一哲学沉思》，庞景仁译，商务印书馆 1996 年版。
42. ［英］彼得·斯特劳森：《个体》，江怡译，中国人民大学出版社 2004 年版。
43. ［英］迈克尔·达米特：《形而上学的逻辑基础》，任晓明、李国山译，中国人民大学出版社 2004 年版。